MARIE-LUISE HERSCHTEL

Die Bedeutung der Finanzgebarung der öffentlichen Hand für den Geldwert in Frankreich nach 1945

Untersuchungen über das Spar-, Giro- und Kreditwesen

Schriften des Instituts für das Spar-, Giro- und Kreditwesen
an der Universität Bonn

Herausgegeben von Prof. Dr. Dr. Dr. h. c. Fritz Voigt

Band 39

Die Bedeutung der Finanzgebarung der öffentlichen Hand für den Geldwert in Frankreich nach 1945

Von

Dr. Marie-Luise Herschtel

DUNCKER & HUMBLOT / BERLIN

Gedruckt 1968 bei Buchdruckerei Bruno Luck, Berlin 65
Printed in Germany

Inhaltsverzeichnis

Einleitung

Beherrschendes Phänomen der Konjunkturentwicklung in Frankreich nach 1945 ist die Inflation. In dem von ständigen Regierungskrisen geschüttelten Lande mit den chronischen Defiziten seiner öffentlichen Haushalte wird das Problem der Bedeutung der Finanzgebarung der öffentlichen Hand für den Geldwert schnell durch die Belastung dieser Finanzgebarung mit der ausschließlichen Verantwortung für diese Inflation gelöst.

Ein solches summarisches Verfahren muß jedoch, selbst bei schwerwiegenden Anklagen, notwendig die Wahrheit verfehlen. Eine Geldentwertung kann nicht ausschließlich als Konsequenz einer schlechten Finanzpolitik erscheinen; denn wäre dies der Fall, so müßte man schließen, daß eine gute Finanzpolitik existiert, und daß die Aufgabe der schlechten und ihr Ersatz durch diese gute Politik das Verschwinden der Inflation garantiert.

Die Formel: wenn die öffentliche Finanzgebarung die Inflation schafft, kann sie sie auch beseitigen, wird sich als ungeeignet für unsere Untersuchung erweisen und uns ihre Grenzen zeigen. Denn soll die öffentliche Finanzgebarung bei der Gestaltung ihrer Budgets konjunkturpolitischen Ansprüchen genügen, so ist zu berücksichtigen, daß sich gleichzeitig andere Zielsetzungen, z. B. solche der Wachstums-, Sozial- oder Militärpolitik, in diesen Budgets niederschlagen.

Die öffentliche Finanzgebarung ist hineingestellt in eine Vielzahl wirtschaftspolitischer Bezüge. Die Frage nach ihrer Bedeutung für die Entwicklung des Geldwertes kann nur unter Berücksichtigung dieser Bezüge beantwortet werden.

Zu einem wesentlichen Teil ist nun diese Rolle der öffentlichen Finanzgebarung bei der Entwicklung des Geldwertes im Zeitablauf zu Beginn der Periodenfolge fixiert. Diese Fixierung entstammt ihren institutionalisierten Verflechtungen mit dem System von Geld und Kredit, welche sich im Ablauf der Perioden seit 1945 nur wenig ändert. Ihnen wollen wir in unserem Teil A eine Sonderstudie widmen.

Nach kurzer historischer, theoretischer und statistischer Rahmengebung wendet sich dann ein Teil B unserer eigentlichen Aufgabe zu.

nämlich der empirischen Analyse des Beitrags der öffentlichen Ausgaben- und Einnahmengebarung zur Geldwertentwicklung in Frankreich während der einzelnen Zeitabschnitte und über die ganze, seit 1945 verflossene Periode.

Teil A

Die Institutionellen Historischen und Theoretischen Grundlagen

Erster Abschnitt

Die Institution des Trésor Public

I. Das Wesen des Trésor

Die Suche nach den für die Finanzgebarung der öffentlichen Hand und ihren Beziehungen zu Geld und Kredit verantwortlichen Institutionen führt uns über die öffentlichen Haushalte hinaus und hin zur zentralen Institution Trésor Public. Der französische Trésor, ursprünglich als Kasse der öffentlichen Hand zu definieren, hat in der Neuzeit seinen Aufgaben im eng umrissenen Bereich der öffentlichen Finanzwirtschaft eine Fülle weiterer Aktivitäten in übrigen Bereichen des wirtschaftlichen und sozialen Lebens hinzugefügt. Eine exakte Bestimmung für alles das, was unter dem Begriff „Trésor Public" zu verstehen ist und was die zentrale Stellung dieser Institution in der französischen Volkswirtschaft erklärt, ist deshalb äußerst erschwert. Beschränken wir uns im Hinblick auf unsere Problemstellung lediglich auf die finanzwirtschaftlich und geld- und kreditpolitisch wesentlichen Aspekte dieser Institution, so bietet sich uns eine Begriffsumschreibung an.

Der Trésor ist Staat unter einem anderen Namen. Er ist dazu neben Bankensystem und übrigen Finanzinstitutionen Mittler im Geld- und Kreditkreislauf[1]. Wie ist das zu verstehen? Primär erscheint uns der Trésor als Organ des Budgetvollzugs. In dieser Funktion kassiert er das Steueraufkommen und veranlaßt die Auszahlung der vom Haushaltsgesetz im Staatshaushalt, in Anhangsbudgets sowie auf Spezialkonten vorgesehenen Ausgaben. Er unterhält Beziehungen zu den Institutionen der „correspondants", die man Korrespondenten oder auch Geschäftspartner des Trésor nennen kann und die die autonomen Ver-

[1] J. *Marchal*, Monnaie et Crédit, Paris, Cujas 1964, S. 188 f.

waltungen, die Gebietskörperschaften, die öffentlichen und gemischten Betriebe umfassen. Diesen Korrespondenten eröffnet er Konten in seinen Büchern und gibt ihnen Zuschüsse im Bedarfsfalle. Endlich verwaltet er die Staatsschuld, indem er kurz-, mittel- und langfristige Anleihen aufnimmt sowie die Zinszahlungen und die Amortisierung der aufgenommenen Kapitalien sichert. Wollte sich der Trésor darauf beschränken, den Verwaltungsvollzug zu erleichtern, so würde man nicht verstehen, warum er einen Platz unter den Finanzinstitutionen einnimmt. Der Trésor ist jedoch gleichzeitig Organ der Investitionspolitik der öffentlichen Hand und ein Bankier im wahren Sinne des Wortes. In Ausübung der ersten Funktion vergibt der Trésor Kredite. Als Bankier empfängt der Trésor Einlagen. In seiner Rolle bei der Verteilung des langfristigen Kredites, bei der Sammlung von Einlagen und der Schaffung von Buchgeld erscheint der Trésor als Kreditvermittler und Geldschöpfungsinstanz ersten Ranges.

Nähern wir uns ihr aus historischer Sicht[2], so wird die Schlüsselstellung des Trésor Public innerhalb der institutionellen Verflechtungen von öffentlicher Finanzgebarung und System von Geld und Kredit noch eindringlicher.

Die Institution Trésor war relativ früh, um 1860 geschaffen, nach einer Reihe von Reformen, deren Ziel es war, eine einzige Staatskasse einer einzigen staatlichen Autorität zu unterstellen, dieser Kasse die Unabhängigkeit gegenüber Banken aller Art zuzusichern, schließlich eine umfassende Kontrolle ihrer Tätigkeit zu ermöglichen. Die Ausdehnung ihres Aufgabenbereichs dagegen, deren Ausmaß und Wirkung uns heute so sehr beschäftigen, beginnt mit dem ersten Weltkrieg. Sie spiegelt grundsätzlich die zu diesem Zeitpunkt einsetzende Zunahme öffentlicher Aktivität, die bis heute nicht ihr Ende findet.

Als Hintergründe einer solchen Entwicklung gelten allgemein die zwei letzten Kriege und ihre Folgen sowie die Krise des Kapitalismus in der Zwischenkriegszeit. Die Zunahme des Haushaltsvolumens und das quasi-permanente Defizit seit dreißig Jahren, sowie nach dem letzten Kriege der Übergang verschiedenster und wichtiger ökonomischer Aktivitäten aus dem privaten in den öffentlichen Sektor, das Versagen des Kapitalmarktes und die Devisenkontrolle mußten sich in Frankreich, wie in vielen anderen Ländern in einer Ausweitung der Tätigkeit des Trésor bemerkbar machen. Zur speziellen Erklärung der Aus-

---

[2] Vgl. u. a. F. *Bloch-Lainé* et P. de *Vogüé*, Le Trésor Public et le Mouvement général des Fonds, Paris, PUF 1960, S. 27 ff.; Ministère des Finances, Annuaire de Statistiques financières 1930—1959, in SEF (= Statistiques et Etudes financières), Suppl. Nr. 144, Dezember 1960; A. *Barrère*, Politique Financière, Paris, Dalloz 1959; H. *Laufenburger*, Budget et Trésor, Paris, Sirey 1948; J. *Marchal*, Monnaie . . .

dehnung der Rolle des Staates dienen in Frankreich die Neigung zu einer weitgetriebenen Zentralisation, die die politische und verwaltungsmäßige Organisation dieses Landes seit dem Empire und der Revolution auszeichnet, sowie die bedeutende Rolle, die der Finanzminister und seine zentrale Verwaltung im Regierungsapparat innehaben.

Deuten wir unter Vorgriff auf spätere Ausführungen einige Entwicklungslinien an.

Die traditionellen Aufgaben des Trésor als Kassierer der öffentlichen Budgets sowie als Bankier, soweit saisonale Fehlbeträge auftreten, werden erschwert durch den Anstieg der Masse des Staatshaushalts und durch das fast jährliche Erscheinen von Defiziten. Verstehen wir unter budgetärem Defizit die Differenz zwischen Ausgaben aller Art und Mittelbeschaffung ohne Verschuldung, so ist es Aufgabe des Trésor, auf verschiedene Art Anleihen aufzunehmen, um mehr oder minder langfristig diese Differenz zu finanzieren. Die Entwicklung zum chronischen budgetären Defizit hat für den Trésor zwei Konsequenzen: er sieht sich gezwungen, langfristige Anleihen zur Finanzierung anderer Lasten als außergewöhnlicher Ausgaben und langfristig amortisierbarer Investitionen zu verwenden; die permanente und unbegrenzte Ausgabe kurzfristiger Papiere, vor allem der „bons du Trésor" erscheint ihm unumgänglich. Nicht das budgetäre Defizit allein stellt den Trésor vor neue Aufgaben. Die Aktivitäten seiner traditionellen Korrespondenten oder Geschäftspartner, mit der zentralstaatlichen Tätigkeit in Ausdehnung begriffen, erschweren seine überkommene Rolle als Bankier. Die Ausweitung der Budgets dieser „collectivités secondaires", der Departements, Kommunen, öffentlichen Einrichtungen, „établissements publics" und überseeischen Gebiete, „pays d'outre-mer" zwingt den Trésor dazu, umfangreichere Mittel bereitzuhalten, um saisonalen Fehlbeträgen zu begegnen und kurz- oder längerfristige Vorschüsse zu gewähren.

Zur Ausdehnung des traditionellen Aufgabenbereichs kommen neue Betätigungen hinzu. Häufige und massive Rückgriffe auf den Geld- und Kreditmarkt sind geeignet, die Stellung des Trésor zu diesen Märkten zu wandeln. Der Trésor entwickelt eine Kontrollfunktion, die er heute mit der Zentralbank, der „Banque de France" teilt. Seit jeher übernimmt der Trésor ökonomische Aufgaben geringen Ausmaßes. Die Wirtschaftskrise der dreißiger Jahre beschwört Hilfeleistungen des Trésor für notleidende Betriebe sowie die Finanzierung von Arbeitsbeschaffungsprogrammen herauf. Die Volksfrontregierung leitet vor dem zweiten Weltkrieg mit Beginn der Aufrüstung die ersten Nationalisierungen in die Wege, die neue Arten der Kreditvergabe seitens des Trésors und seitens eigens dazu geschaffener oder dem Zwecke angepaßter Spezialinstitute notwendig machen. Nach der Nationalisierungswelle der ersten Nachkriegsjahre hält der Trésor sich aufgrund des daniederliegenden Kapitalmarktes geradezu für gezwungen, zum Hauptbankier solcher Industrien zu werden, die er kontrolliert. Diese Entwicklung wird 1948 mit der Realisierung des „Monnetplans" institutionalisiert und auf die Grundstoffindustrien im Bereich der Privatwirtschaft ausgedehnt. Die Notwendigkeit, sich Kredite nicht nur für seinen eigenen Bedarf zu besorgen, sondern darüber hinaus die Mittel aufzubringen zur Realisierung seines Hilfsprogramms für die Wirtschaft, veranlaßt den Trésor, mehr und mehr Liquiditäten und Ersparnisse in seinen Kassen zu sammeln. Er hätte das Bankensystem für sich arbeiten lassen können, doch mit Blick auf den Erfolg dreier Institutionen, von denen zwei zu ihm gehören, während ihm die dritte sehr nahesteht, nämlich die dem Publikum zugedachten „bons du Trésor", die Postscheckkonten, die Sparkassen, neigt er dazu, die Verfahren direkter Ansammlung weiterzuentwickeln. Denn „die Schwierigkeiten, denen sich einige Regierungen gegenübersahen ..., haben auf der politischen Ebene den Mythos von der ‚Geldmauer' geschaffen und den Wunsch entwickelt, den Staat bei der Kreditsuche mit zusätzlicher Macht auszustatten[3]."

Nach dieser ersten Begriffsumschreibung der für die französische Volkswirtschaft zentralen Institution Trésor Public wollen wir im folgenden einer Darstellung der Aufgaben des Trésor als Exekutivorgan im Bereich der öffentlichen Finanzen sowie seiner Funktionen innerhalb des Bankwesens eine Analyse der Auswirkungen dieser Doppelfunktion auf den Geld- und Kreditmarkt sowie rückwirkend auf die Finanzlage des Trésor gegenüberstellen. Der auf der gewonnenen Basis mögliche Versuch einer Erläuterung der vielfältigen Verflechtungen von Aufgabenbereich des Trésor und Geld- und Kreditpolitik soll den 1. Abschnitt unserer Rahmengebung beschließen.

II. Die Funktionen des Trésor Public als Kasse und Bank der öffentlichen Hand

1. Der Trésor als Exekutivorgan des Haushaltsgesetzes

a) Die quantitativen Aussagen im französischen Haushaltsgesetz, der „loi de finances" beschränken sich auf alle mit der Abwicklung der Einnahmen und Ausgaben im Rahmen des Staatsbudgets zusammenhängenden Vorausplanungen und sind an den Begriff der „perma-

---

[3] F. *Bloch-Lainé,* a. a. O., S. 34 f., Übersetzung der Verfasserin.

nenten Einnahmen und Ausgaben des Staates" gebunden. Unter den permanenten Einnahmen des Staates finden wir Steuern, Gebühren, Einkünfte aus wirtschaftlicher Betätigung sowie Rückzahlungen gewährter Darlehen und Vorschüsse. Die permanenten Lasten des Staates umfassen neben den ordentlichen Ausgaben die Kapitalausgaben sowie die Darlehen und Vorschüsse zu ökonomischen und sozialen Zwecken. Einmaligen öffentlichen Einnahmen oder Ausgaben, „opérations de caractère définitif", stehen solche Operationen gegenüber, in denen öffentliche Ausgaben in bestimmter Zeit zu entsprechenden Einnahmen führen müssen, „opérations de caractère temporaire".

Den permanenten, oder Budgetoperationen des Trésor, der „exécution des lois de finances", stehen die „opérations de Trésorerie" gegenüber. Sie beinhalten Auflage und Rückzahlung von Anleihen sowie Verwendung von Einlagen der Korrespondenten. Sie sind durch jedes Haushaltsgesetz in ihrem Prinzip autorisiert, entziehen sich jedoch jeder vorherigen Fixierung und jeder detaillierten Bezifferung. Die Finanzierung der Differenz der permanenten Einnahmen und Ausgaben des Staates (im Falle eines Defizits) oder deren Verwendung (im Falle eines Überschusses) fällt den Operationen der Trésorerie zu.

Weisen die der großen Masse der Staatseinnahmen und -ausgaben entsprechenden Einzahlungen und Auszahlungen durch den Trésor keine Besonderheiten auf — sie werden durch die Rechnungsführer, die „comptables" des Trésor abgewickelt —, so ist die Realisierung einiger Ausgaben- und Einnahmengruppen mit komplexen Vorgängen verbunden.

Zu den Ausgaben: Bei der Realisierung von Finanzsubventionen, Vorschüssen und Darlehen schieben sich zwischen den Trésor und den Empfänger solcher Fonds Institutionen spezieller Prägung. Die Vorgänge werden zusätzlich kompliziert durch die Tatsache, daß der Trésor zur Gruppierung gewisser, ähnlichen Zielen dienender Investitionsausgaben ein Konto in seinen Büchern offenhält. So erhält die autonome Wiederaufbaukasse, die „Caisse autonome de la reconstruction"[4] die dem Wiederaufbau der Kriegszerstörungen zugedachten Gelder, die „dommages de guerre". Desgleichen laufen der Investitionsfinanzierung über Vorschüsse und Darlehen zugedachte Mittel über das Konto des Fonds für die ökonomische und soziale Entwicklung, den „Fonds du développement économique et social" oder F. D. E. S.[5]. Beide Organisationen bedienen sich wiederum gewisser Spezialinstitute, so des „Crédit

---

[4] Vgl. La Caisse autonome de la reconstruction, in Ministère des Finances, Annuaire . . ., a. a. O.

[5] Vgl. die Berichte über den F. D. E. S. in SEF und spätere Ausführungen.

National"[6] für die „dommages de guerre" oder der „Caisse de dépôts et consignations"[7] für die Darlehen an den sozialen Wohnungsbau, „habitations à loyers modérés" oder H. L. M. Auf der Ausgabenseite ist eine weitere Besonderheit zu erwähnen: die über Spezialkonten, „comptes spéciaux" des Trésor und über Anhangsbudgets, „budgets annexes" abgewickelten Einnahmen und Ausgaben erscheinen im Kassenbericht des Trésor lediglich mit ihrem Saldo.

Zur Einnahmenseite: Fließt die Hauptmasse der Steuern dem Trésor über seine Rechnungsführer zu, so werden große Teile der übrigen budgetären Einnahmen intern verbucht; so die Überschüsse der Anhangsbudgets und einiger Spezialkonten, die ins Staatsbudget zurückfließen. Einige Einnahmen erreichen den Trésor nach einem Umweg über Spezialinstitute. Es handelt sich um Zinszahlungen und Schuldentilgung in Entsprechung zur Darlehensvergabe des Trésor. Erwähnen wir noch eine Besonderheit: unter gewissen Bedingungen können sich die Steuerpflichtigen ihrer Schulden an Zöllen und indirekten Steuern durch 3-4 Monatswechsel entledigen; man nennt diese Papiere „obligations cautionnées".

Wenden wir uns den statistischen Dokumenten zu, d. h. der Wiedergabe des Haushaltsplans und der Zusammenfassung der Lasten und Ressourcen des Trésor in seinem Kassenbericht, so beobachten wir, daß die für das Haushaltsjahr vorgesehenen Ausgaben- und Einnahmenposten mit den im Rechnungsjahr realisierten, entsprechenden Auszahlungen und Einzahlungen grundsätzlich nicht übereinstimmen. Während des Zeitabschnittes seiner „gestion", d. h. während eines Kalenderjahres führt der Trésor jeweils aus drei „exercises", aus drei Haushaltsgesetzen stammende Ausgaben und Einnahmen aus.

b) Zu den reinen Exekutivaufgaben des Trésor gehört neben der Ausführung des Haushaltsgesetzes diejenige der Spezialkonten der öffentlichen Verwaltung, der „comptes spéciaux". Sie werden wie folgt definiert: Die Spezialkonten der öffentlichen Verwaltung sind beim Trésor geführte Konten, über welche die nicht in einem Haushaltsplan vorgesehenen Einnahmen und Ausgaben von Verwaltungen des Staates geleistet werden. Diese öffentlichen Verwaltungen sind weder juristische Personen des öffentlichen Rechts, noch besitzen sie finanzielle Selbständigkeit[8].

Die Zahl dieser Spezialkonten vervielfacht sich nach dem Kriege, als es noch kein Parlament gibt; 1947 zählt man nicht weniger als 400. Mit

[6] Vgl. J. *Marchal*, Monnaie . . ., S. 198 ff. und spätere Ausführungen.

[7] Dgl., S. 204 ff. und spätere Ausführungen.

[8] Vgl. F. *Bloch-Lainé*, a. a. O., S. 64.

einer Reform vom 6. Januar 1948[9] verschwinden 300 von ihnen, durch Einstellung der Zahlungen oder durch die Eingliederung in den Haushalt. Bis heute bleibt die Zahl der Spezialkonten unter 100; sie sind weitgehend den für die Aufstellung des Haushalts geltenden Regeln sowie den entsprechenden Kontrollen unterworfen und umfassen zur Zeit[10]:

— Abzweigungen des Haushalts wie Handelskonten, „comptes de commerce", und Konten mit zweckgebundenen Einnahmen, „comptes d'affectation spéciale";

— Geldkonten, „comptes de relations monétaires",

— Kreditkonten, „comptes de crédit".

Die Handelskonten geben die Aktivitäten industriellen oder kommerziellen Charakters wieder, die von Staatsstellen akzessorisch durchgeführt werden. Ihre Zahl war bedeutend unmittelbar nach dem Kriege. Unter den Konten mit zweckgebundenen Einnahmen wären diejenigen zu erwähnen, die lange Zeit parafiskalische Vorgänge festhalten: auf Spezialkonten werden, vor ihrer Eingliederung in das Budget 1959, die Aufkommen steuerartiger Abgaben verbucht, welche, von gewissen Berufsgruppen aufgebracht, den gleichen Berufsgruppen zufließen. Die Geldkonten, die hauptsächlich die Form laufender Konten annehmen, geben einerseits Geldbewegungen wieder, die internationalen Verträgen entspringen, zum anderen solche, die ihren Ursprung in den Beziehungen des Trésor zur Franc-Zone haben. Die Kreditkonten sind die quantitativ bedeutsamsten unter den Spezialkonten. Wir begegnen neben den ausgegliederten Konten langfristiger Darlehen im Rahmen der Investitionspläne den kurzfristigen Vorschüssen (durchschnittlich auf zwei Jahre begrenzt) des Trésor an die Institutionen mit selbständiger Haushaltsführung, die Korrespondenten des Trésor.

Die Summe der Salden der Spezialkonten, wie sie im Überblick über die Lasten und Ressourcen des Trésor erscheint, und insbesondere der Kreditkonten, wird aufgrund ihrer Höhe im Zeitablauf häufig zu einer bestimmenden Größe für das vom Trésor zu finanzierende öffentliche Defizit.

2. Die Beziehungen des Trésor zu seinen Korrespondenten

a) Korrespondenten des Trésor sind alle Körperschaften, die ein laufendes Konto beim Trésor unterhalten. Ihre Klassifizierung ist jedoch schwierig: die Enge der Beziehungen zum Trésor ist weder in Korre-

[9] Dgl., S. 65.

[10] Dgl., S. 67 ff.

lation zur juristischen Abhängigkeit zu sehen, noch unbedingt zum Ausmaß budgetärer Verflechtung.

Die budgetären Verflechtungen des Staates mit irgendeinem öffentlichen oder halböffentlichen Organismus sind charakterisiert und definiert durch die unter ihnen stattfindende Verteilung der Lasten und Ressourcen, sobald sich ihre Aktivität auf gleiche Territorien oder gleiche Aufgabenbereiche erstreckt, sowie durch das Spiel der Subventionen und Darlehen, die sie sich gegenseitig aus den Einnahmen ihrer Budgets gewähren. Dagegen beinhalten die Beziehungen zur Trésorerie im wesentlichen zugunsten jedes Korrespondenten des Trésor ein laufendes Konto, welches, mehr oder weniger vollständig und mehr oder weniger detailliert, die Einnahmen und Ausgaben des Korrespondenten wiedergibt, sowie die Vorschüsse.

Die budgetären Verflechtungen des Staates mit anderen öffentlichen und halböffentlichen Organisationen und deren Beziehungen zur Trésorerie klaffen auf zweierlei Weise auseinander: zwar haben alle Korrespondenten des Trésor ein eigenes Budget, viele unter ihnen kennen jedoch keine eigene Kassenhaltung; zum andern braucht die Enge der budgetären Verflechtungen mit der der Beziehungen zur Trésorerie für den gleichen Korrespondenten nicht identisch zu sein. So laufen zwar die gesamten Einnahmen und Ausgaben der Gebietskörperschaften über Konten beim Trésor, während er von der „Société Nationale des Chemins de fer Français", der S. N. C. F., der staatlichen Eisenbahngesellschaft, lediglich dann disponible Gelder erhält, wenn sie in ihrer eigenen Buchhaltung erübrigt werden können. Der Rückgriff auf die Vorschüsse des Trésor ist beiden Organisationen jedoch in gleicher Weise ermöglicht.

Die Enge der Beziehungen der einzelnen Korrespondenten zum Trésor ist abhängig von verschiedenen Kriterien[11].

— So ist wesentlich, ob der Rechnungsführer, „comptable" der staatlichen oder halbstaatlichen Organisation identisch ist mit dem des Trésor oder nicht.

— Es ist bedeutsam, ob das laufende Konto der einzelnen Korrespondenten beim Trésor alle Ausgaben- und Einnahmenvorgänge aufzeichnet, lediglich den Saldo der disponiblen Gelder wiedergibt oder aber nur Einlagen ausweist, die einen Teil der disponiblen Gelder darstellen; das letzte ist beispielsweise der Fall der nationalisierten Industrie- und Handelsunternehmen.

— Das laufende Konto der Korrespondenten beim Trésor soll prinzipiell keinen Fehlbetrag aufweisen. Doch haben einige öffentliche

---

[11] Vgl. F. *Bloch-Lainé*, a. a. O., S. 74 ff.

Organisationen geradezu das Recht auf automatische Vorschüsse des Trésor im Falle eines Defizits: nennen wir als Beispiel noch einmal die Gebietskörperschaften und die S. N. C. F.

— Alle Korrespondenten des Trésor sind berechtigt, langfristige Anleihen aufzulegen. Einige unter ihnen können sich kurzfristig verschulden. Wenige dürfen sich bei Liquiditätsschwierigkeiten direkt an die Zentralbank wenden. Die Möglichkeiten der Kreditvergabe seitens der Korrespondenten sind gleichfalls unterschiedlich geregelt.

b) Mit dem Versuch der Durchleuchtung der Beziehungen des Trésor zu seinen Korrespondenten haben wir den Bereich der reinen Exekutivaufgaben, der ausschließlich passiven Funktionen des Trésor, zwar verlassen, das Feld seiner aktiven Funktionen jedoch noch nicht betreten. Zwar sind die Geschäftsverbindungen eines Kunden zu seiner Bank mit den Beziehungen eines Korrespondenten zum Trésor durchaus vergleichbar, doch fehlt den letzteren grundsätzlich — Abweichungen ergeben sich nur im Ausmaß der Beziehungen —, was die ersteren auszeichnet: die Freiwilligkeit der Geschäftsbeziehung[12]. Denn sehen wir einmal von der ursprünglichen politischen Entscheidung ab, so sind die Beziehungen von Korrespondent und Trésor institutionalisiert. Der Trésor genießt z. B. die Vorteile eines bedeutenden Zuflusses von Finanzierungsmitteln aufgrund der Angliederung der Postsparkasse, der Staatspost oder der „Caisse de dépôts et consignations“, der Bank der Sparkassen, Versicherungen und der Sozialversicherung als Korrespondenten, trägt aber z. B. auch die teilweise hohen Defizite der Familienbeihilfen für die Landwirtschaft oder der S. N. C. F. Auf den Geschäftsumfang kann er nur in geringem Maße durch eine Modalisierung seiner Geschäftsbedingungen einwirken. Versuchen wir im folgenden die Korrespondenten mit gleichartigen Beziehungen zum Trésor zu gruppieren.

Eine erste Gruppe von Korrespondenten wird von den autonomen Verwaltungen gebildet, den Anhangsbudgets, „budgets annexes“, und den autonomen Budgets, „budgets autonomes“. Es handelt sich bei diesen Budgets um eine den Spezialkonten des Trésor verwandte Erscheinung. Ihr Zweck ist die Aussonderung von Vorgängen aus dem Staatshaushalt, die Zuordnung gewisser Einnahmen und Ausgaben[13].

Zu den Anhangsbudgets gehören:

— die Postsparkasse, „Caisse Nationale d'épargne“,

---

[12] Aus diesem Grunde wollen wir im folgenden auf die Verdeutschung der französischen Bezeichnung „correspondants“ mit Geschäftspartner verzichten.

[13] Vgl. Les budgets annexes, in Ministère des Finances, Annuaire . . ., S. 1888 ff.

— der Staatsverlag, „Imprimerie Nationale“,
— die Ehrenlegion, „Légion d'honneur“,
— die Staatspost, „Postes-Télégraphes-Téléphones“ oder P. T. T.,
— die Staatsmünze, „Monnaies et Médailles“,
— die Familienbeihilfen für die Landwirtschaft, „prestations familiales agricoles“,
— der Staatsrundfunk, „Radio-diffusion Française“

und weitere Institutionen minderer Bedeutung.

Zu den autonomen Budgets gehören:

— Verwaltungseinrichtungen wie Universitäten, Gymnasien und Museen,
— Institutionen industriellen und kommerziellen Charakters sowie Finanzierungsinstitute, spezialisiert in der Vergabe mittel- und langfristigen Kredits an öffentliche Hand und Privatwirtschaft. Diese letzteren Körperschaften öffentlicher oder halböffentlicher Prägung mit Finanzautonomie werden uns später bei der Betrachtung der Verflechtung der öffentlichen Hand mit dem System von Geld und Kredit noch im einzelnen beschäftigen.

Zitieren wir einige wichtige unter den Finanzierungsinstituten:

— die „Caisse Nationale des marchés de l'Etat“[14]
— die „Caisse Nationale de crédit agricole“[15]
— die „Caisse centrale de crédit coopératif“[16]
— die „Caisse autonome de la reconstruction“[17]

und schließlich die bedeutendste,

— die „Caisse de dépôts et consignations“[18].

---

[14] Gegründet im Jahre 1936, stellt die „Caisse Nationale des marchés de l'Etat“ eine Einrichtung dar, deren Hauptaufgabe es ist, die Finanzierung auf Märkten zu erleichtern, auf denen die öffentliche Hand Kundin ist. Vgl. J. *Marchal*, Monnaie . . ., S. 201.

[15] Die „Caisse Nationale de crédit agricole“ ist eine 1920 gegründete Institution mit der Aufgabe, den für die Kreditvergabe an die Landwirtschaft spezialisierten Instituten finanziellen Beistand zu gewähren. Ihre Mittel entstammen im wesentlichen dem F. D. E. S. (Fonds de développement économique et social). Vgl. J. *Marchal*, Monnaie . . ., S. 203.

[16] Es handelt sich um eine 1938 geschaffene Einrichtung, deren wesentliche Aufgabe die Kreditversorgung von Kooperativen industriellen und kommerziellen Charakters ist. Ihre Ressourcen entstammen im wesentlichen dem F. D. E. S. Vgl. J. *Marchal*, Monnaie . . ., S. 202.

[17] Die „Caisse autonome de la reconstruction“ wird 1948 gegründet, um Ausgaben aller Art zu tätigen, die aufgrund der Kriegsentschädigungs- und Wiederaufbaugesetzgebung zu Staatslasten gehen. Da die Zuordnung budgetärer Einnahmen der Regierung für ihre Investitionspläne nicht aus-

Anhangsbudgets und autonome Budgets unterhalten praktisch identische Beziehungen zum Trésor. Sie unterliegen — mit einigen Ausnahmen, die die Institutionen industriellen und kommerziellen Charakters und die Finanzierungsinstitute betreffen — der gleichen Verpflichtung, ihre disponiblen Gelder beim Trésor einzulegen. Sie erfreuen sich alle des gleichen Privilegs, der Möglichkeit, finanzielle Hilfe vom Staat zu erhalten. Haben die Korrespondenten im allgemeinen Mühe, ihr Budget auszugleichen, so sind davon, wie erwähnt, ausgenommen die Organisationen, die Einlagen aus dem Publikum erhalten, so die „Caisse de dépôts", über die Sparkassen, die Versicherungen und die Sozialversicherungen, und die P. T. T. über die Postscheckkonten und die Postsparkasse. Diese Organisationen stellen dem Trésor bedeutende Summen zur Verfügung. Die Finanzhilfe des Trésor manifestiert sich als anfängliche Kapitalausstattung, der im Verlaufe der Geschäftsgebarung Darlehen, Subventionen und Vorschüsse folgen. Die Vorschüsse erscheinen in den Büchern des Trésor auf seinen Spezialkonten. Prinzipiell sind sie mit einer Laufzeit von zwei Jahren ausgestattet.

In einer zweiten Gruppe können wir die Gebietskörperschaften zusammenfassen, d. h. die Departements und Kommunen innerhalb des Mutterlandes[19]. Die gesamten Einnahmen und Ausgaben der Gebietskörperschaften werden durch die Rechnungsführer des Trésor realisiert. Die disponiblen Gelder werden automatisch und vollständig beim Trésor gesammelt und nicht verzinst. Die Gebietskörperschaften dürfen weder Schatzscheine ankaufen noch sich gegenseitig Vorschüsse gewähren. Zur Ergänzung ihrer Einkünfte aus Steuerquellen, Staatssubventionen und Anleihen steht ihnen allein der Trésor zur Verfügung.

Eine dritte Gruppe umfaßt die öffentlichen und die gemischten Betriebe[20]. Zu den öffentlichen Betrieben gehören die nach 1945 nationalisierten Unternehmen, deren einziger Aktionär zwar auch heute noch der Staat ist, die aber dennoch nicht wie öffentliche Einrichtungen einfachen Typs konstituiert sind, mit Rücksicht auf ihre Beteiligung am Wirtschaftsleben. Wir zitieren: die „Electricité et Gaz de France", „Charbonnages de France", „Société Nationale des Chemins

---

reichend erscheint, ist es der autonomen Wiederaufbaukasse ermöglicht, auf den Kapitalmarkt zu gehen. Vgl. Fußnote 4, S. 15.

[18] Die „Caisse de dépôts et consignations", eine schon 1816 geschaffene autonome öffentliche Einrichtung, versorgt heute öffentliche und halböffentliche Institutionen mit Krediten und ist die Bank der Sparkassen, Versicherungen und der Sozialversicherung. Die von ihr gesammelten und verteilten Kapitalien sind bedeutend. Vgl. J. *Marchal,* Monnaie . . ., S. 204 f.

[19] Vgl. F. *Bloch-Lainé,* a. a. O., S. 80 ff.

[20] Vgl. F. *Bloch-Lainé,* a. a. O., S. 82 f.

de fer Français", „Régie Renault", Großbanken wie „Crédit Lyonnais", „Société Générale", „Comptoir National d'escompte", „Banque Nationale pour le Commerce et l'Industrie[21]", Versicherungen usw. Zu den gemischten Betrieben gehören Aktiengesellschaften, bei denen der Trésor Mehrheitsaktionär sein kann, sowie Finanzierungsinstitute, deren Kapital ausschließlich privaten Quellen entstammt, deren Aktivität jedoch strengen gesetzlichen Bestimmungen unterliegt, wie der „Crédit National"[22] und der „Crédit Foncier"[23].

Die Beziehungen dieser Korrespondentengruppe zum Trésor weisen zwei Besonderheiten auf: ihre disponiblen Gelder lassen sie dem Trésor zukommen, wenn sie sie nicht anderweitig unterbringen wollen. Ein Recht auf automatische Vorschüsse haben sie, mit Ausnahme der S. N. C. F., nicht.

Schließlich unterhält der Trésor noch sehr komplexe Beziehungen zu den überseeischen Gebieten. Wir wollen auf ihre Darstellung[24] verzichten, eine Unterlassung, die uns erlaubt erscheint im Hinblick darauf, daß sie sich zahlenmäßig immer geringfügiger auswirken. Diese Tatsache findet ihre Erklärung in der zunehmenden Beschränkung der Staatsautorität auf Mutterland und einige überseeische Departements.

c) Die Sozialversicherung unterhält besondere Beziehungen zum Trésor. Sie ist kein Korrespondent.

Das heute vorliegende Gesetzeswerk der Sozialversicherung, der „Sécurité Sociale"[25], aufgeteilt in das „Régime Général de l'Industrie et du Commerce", das „Régime agricole" und verschiedene „régimes spéciaux", hat seine Ursprünge in den Jahren 1945 und 1946.

---

[21] Auf die Beziehungen des Trésor zum Bankwesen gehen wir noch an anderer Stelle ein.

[22] Der „Crédit National" wird 1919 geschaffen. Von Beginn hat er die Aufgabe, langfristige Kredite an Industrie- und Handelsunternehmen zu vermitteln. Heute ist ihm eine privilegierte Stellung bei der Verteilung des mittel- und langfristigen Kredites eigen; er arbeitet bei der Realisierung der Fünfjahrespläne eng mit der öffentlichen Hand zusammen. Die von ihm vergebenen Kredite finanziert er nicht allein aus eigenen Mitteln oder aus Obligationen, die er im Publikum, bei der „Caisse de dépôts" oder bei Versicherungsgesellschaften auflegt; er handelt hauptsächlich als Bevollmächtigter des Trésor bei der Verteilung von Mitteln, die im F. D. E. S. gesammelt wurden. Vgl. Fußnote 5, S. 15.

[23] Der „Crédit Foncier", schon 1852 ins Leben gerufen, beschäftigt sich mit der Vergabe von Bau- und Hypothekenkrediten. Seine Mittel stammen teilweise aus dem öffentlichen Haushalt. Vgl. J. *Marchal*, Monnaie . . ., S. 208.

[24] Vgl. F. *Bloch-Lainé*, a. a. O., S. 83 ff.

[25] Vgl. La Sécurité Sociale, in Ministère des Finances, Annuaire . . ., S. 1972 ff.

Die Finanzierung des „Régime Général" der Sozialversicherung erfolgt in allen ihren Zweigen grundsätzlich aus Beiträgen, weist jedoch im einzelnen Unterschiede auf.

— Die „assurances sociales" werden zu zwei Dritteln aus Beiträgen der Arbeitgeber, zu einem Drittel aus solchen der Arbeitnehmer gespeist. Basis der Berechnung bildet, wie grundsätzlich im System der Sozialversicherung, der Lohn.

— Die „prestations familiales" werden ebenfalls aus Beiträgen finanziert, die jedoch ausschließlich vom Arbeitgeber aufgebracht werden.

— Desgleichen sichern die Unternehmer allein die Finanzierung der „accidents du travail".

Das „Régime Général" ist nicht unmittelbar Korrespondent des Trésor. Kasse und Bank des allgemeinen Systems der Sozialversicherung ist vielmehr die „Caisse de dépôts"[26], die ihrerseits als Korrespondent dem Trésor verbunden, die Beziehung zur Staatskasse herstellt. Zuschüsse des Trésor an das „Régime Général" finden auf diese Weise ihre Legitimierung.

Die Finanzierung des „Régime agricole" der Sozialversicherung erfolgt nach ähnlichen Prinzipien wie das „Régime Général", mit dem Unterschied, daß die Mittel aus Beiträgen in allen drei Zweigen: „assurances sociales agricoles", „prestations familiales agricoles", „assurance vieillesse agricole" selten zur Deckung von den Verpflichtungen ausreichten. Auch das „Régime agricole" gehört grundsätzlich nicht zu den Korrespondenten des Trésor. Die Hilfestellung der öffentlichen Hand nimmt verschiedene Formen im Zeitablauf an: Beihilfen des Staatshaushalts, Zuschüsse des Trésor, Mittel aus Solidaritätsfonds, gespeist aus Steuern. Um der besonderen Schwierigkeiten der Kasse der Familienbeihilfen für die Landwirtschaft Herr zu werden, wird 1949 das „budget annexe des prestations familiales" geschaffen und so die direkte Beziehung zum Trésor und seinen Vorschüssen hergestellt.

3. Die Rolle des Trésor für das öffentliche Schuldenwesen

a) Wir verlassen nun endgültig den Bereich, in welchem der Trésor lediglich als Exekutivorgan für öffentliches Finanzgebaren dient, welches institutionalisierten Schemata folgt — so in der Ausführung der Finanzgesetze und in den Beziehungen zu seinen Korrespondenten —, um uns solchen Gebieten zuzuwenden, in denen der Trésor eigenver-

[26] Vgl. Fußnote 18, S. 21.

antwortlich zum öffentlichen Finanzgebaren beiträgt. Nun ist verantwortliches Handeln des Trésor, soweit es die öffentliche Schuld betrifft, zwar vorhanden, scheint jedoch erheblich durch das französische Anleihesystem eingeschränkt. Die Emissionen lang- und mittelfristiger Anleihen erfolgen im französischen System diskontinuierlich, d. h. als Ergebnis einer Entscheidung, die dem Trésor zufällt, während die kurzfristigen Anleihen zugunsten des Trésor laufend gezeichnet und die Sichtgelder zu jedem Zeitpunkt und auf Initiative der Geld- und Kreditgeber auf seinen Konten eingelegt werden können, ohne daß es seiner besonderen Initiative bedürfte.

b) Bei den diskontinuierlichen Versuchen der Unterbringung lang- und mittelfristiger Anleihen tritt der Trésor — entgegen der Gewohnheit in der privaten Wirtschaft, nach der eine Geschäftsbank oder ein Bankenkonsortium die gesamte Emission übernimmt und sie entsprechend den Bedingungen abzusetzen sucht — direkt mit dem Publikum in Verbindung und bedient sich der Banken lediglich zur Kontaktnahme mit den Anlegern und zum Verkauf der Papiere.

Die Resultate der verschiedenen Anleiheemissionen sind, wie wir später sehen werden, sehr unterschiedlich im Zeitablauf; sie sind es um so mehr, berücksichtigen wir zwei Umstände. Zum einen wird im französischen System den privaten Kreditgebern bei einigen Anleiheemissionen die Möglichkeit zugestanden, Renten, Obligationen und gar kurzfristige Papiere in Zahlung zu geben. In dem Maße, wie das Publikum von dieser Möglichkeit Gebrauch macht, steht für den Trésor der Einnahme aus der neuen Anleiheemission des Trésor eine Ausgabe zur Annullierung der in Zahlung gegebenen Papiere gegenüber. Zum zweiten können die Anleiheemissionen des Trésor die Finanzierungsinstitute interessieren. So pflegt die „Caisse de dépôts“ die von ihr verwalteten Gelder der Sparkassen, Versicherungen und der Sozialversicherung in Staatspapieren unterzubringen und sich so insbesondere mit bedeutenden Summen an öffentlichen Arbeiten und am Bau von Sozialwohnungen zu beteiligen. Eine solch massive Anleihezeichnung wird grundsätzlich vom Trésor und vom Finanzminister begrüßt, doch setzt sie keine Fonds in Bewegung und stellt lediglich eine nominale Einnahmequelle für den Trésor dar.

Anleihen speziellen Charakters stellen die Zwangsanleihen dar, die uns nach 1945 unter mehreren Formen begegnen und auf die wir später und in anderem Zusammenhang eingehen werden.

Die Anleihen des Trésor im Ausland gehören gleichfalls zu den diskontinuierlichen Anleiheemissionen. Unmittelbar nach Beendigung des zweiten Weltkrieges wendet sich der Trésor an ausländische Geldinstitute, als bedeutende Mittel für das Anlaufen des ersten Modernisierungsplans der französischen Wirtschaft benötigt werden. Bis 1949 vermitteln nun im französischen System, wie später noch genauer zu erläutern, Anleihen im Ausland sowohl die Möglichkeit eines Ausgleichs der Zahlungsbilanz wie auch zusätzliche Einkünfte für den Trésor. Doch als Folge einer Umstellung dieses Systems ab 1949 werden z. B. die Gegenwerte der während der Zahlungsbilanzkrise der Jahre 1956 und 1957 dem Staate von der Europäischen Zahlungsunion zur Verfügung gestellten bedeutenden Summen bei der Banque de France stillgelegt.

Die mittel- und langfristigen Anleihen des Trésor bilden die zu tilgende Staatsschuld. Die Zinsverpflichtungen des Staates erscheinen jedes Jahr im Haushalt; sie sind in der im Haushaltsgesetz vorgesehenen Ausgabenmasse inbegriffen. Die Tilgung der lang- und mittelfristigen Staatsschuld ist bis 1958 Aufgabe der „Caisse autonome d'amortissement“[27]. Diese Aufgabenteilung ist mehr eine traditionelle als eine tatsächliche, denn die von der Kasse an die Kreditgeber zurückgezahlten Summen entstammen internen Überweisungen, da ihre Einnahmen ausschließlich vom Trésor in laufender Rechnung verwaltet werden. So bringt ihre Auflösung kein zusätzliches Problem für den Trésor mit sich, welches seit jeher einmal darin besteht, die der Tilgung der Staatsschuld entspringenden Lasten im Zeitablauf möglichst regelmäßig zu verteilen, zum anderen darin, über ein wirksames Instrument zu verfügen, welches eine Einwirkung auf die Börsenwerte der öffentlichen Papiere erlaubt. Der „Fonds de soutien des rentes“[28] stellt dieses Instrument dar.

Die der Verzinsung und Tilgung der lang- und mittelfristigen Staatsschuld entspringenden Aufgaben löst der Trésor relativ problemlos. Wie wir in unserem Teil B zahlenmäßig aufzeigen werden, fallen die lang- und mittelfristigen Quellen bei der Deckung seiner Fehlbeträge recht wenig ins Gewicht.

Neben die diskontinuierlichen Emissionen mittel- und langfristiger Anleihen treten die kontinuierlichen Emissionen kurzfristiger Anleihen. Erscheinen bis 1956 in den Kassenberichten des Trésor noch Wechsel,

[27] Die „Caisse autonome d'amortissement“ wurde 1926 gegründet und 1958 aufgelöst. Sie bezog ihre Einkünfte zur Finanzierung ihrer Aufgaben, der Tilgung der Staatsschuld, aus zweckgebundenen Mitteln, hauptsächlich aus dem staatlichen Tabak- und Streichhölzermonopol. Vgl. La Caisse autonome d'amortissement, in Ministère des Finances, Annuaire . . .

[28] Der 1937 gegründete „Fonds de soutien des rentes“ hat zur Aufgabe, an der Börse ewige oder zu tilgende Renten sowie mittelfristige Papiere des Trésor anzukaufen oder zu verkaufen. Der Fonds wird von der „Caisse de dépôts“ für Rechnung und unter Verantwortung des Trésor verwaltet. Vgl. F. *Bloch-Lainé,* a. a. O., S. 113 f.

die „traites de dépenses publiques“, so besteht heute seine kurzfristige Schuld ausschließlich aus Schatzscheinen, den „bons du Trésor“.

Dem Publikum bietet der Trésor Briefschatzscheine an, die „bons sur formules“, welche in ihrer Ausgestaltung Variationen aufweisen. So unterscheidet man die „bons à échéance fixe“, d. h. die Papiere, die nach ein oder zwei Jahren fällig werden und mit festen Zinssätzen ausgestattet sind, von den „bons à intérêt progressif“, die nach einer Laufzeit von drei Monaten ausgezahlt werden können und deren Zinssatz mit der Fälligkeit variiert.

Von den Briefschatzscheinen sind die Schatzscheine in laufender Rechnung, die „bons en comptes courants“ zu unterscheiden, die nicht dem Publikum, sondern ausschließlich den Geld- und Kreditinstituten zugedacht sind. Seit 1945 werden die von den Geschäftsbanken, den Emissionsbanken der Franc-Zone, den Finanzierungsinstituten, den Versicherungen und Wechselmaklern gezeichneten „bons du Trésor“ nicht mehr gestückelt ausgeliefert, sondern nur noch auf einem bei der Banque de France zu führenden Konto verbucht. Die Schatzscheine auf laufenden Konten werden fällig nach drei Monaten, nach einem Jahr, oder, wie am häufigsten, nach zwei Jahren.

Die Verwaltung der kurzfristigen Staatsschuld bringt, in Hinblick auf Ausmaß und Modalitäten der kurzfristigen Anleiheemissionen eine Fülle von Problemen für den Trésor mit sich. Die Zins- und Rückzahlungsverpflichtungen der „bons du Trésor“ variieren von Tag zu Tag, denn der Ankauf von Schatzscheinen ist gleichfalls ein tägliches Ereignis. Wir verweisen diese Problematik in die folgenden Kapitel, denn die Frage der Erneuerung der fällig gewordenen „bons du Trésor“ ist dem allgemeinen Liquiditätsproblem und seinen Rückwirkungen auf die Trésorerie untergeordnet.

4. Die Funktionen des Trésor im Bankwesen

a) Innerhalb des Bankwesens hat der Trésor zwei Funktionen inne: er ist selbst Bankier, und er beteiligt sich an der Bankenkontrolle.

Die Aktivität des Trésor als Bankier ist dreierlei Art:

— er empfängt Einlagen, schöpft Metallgeld und interveniert auf dem Devisenmarkt;

— er erwirbt Kapitalbeteiligungen;

— er vergibt Darlehen und Garantien.

Die Funktionen des Trésor als Empfänger von Einlagen, im wesentlichen über die Postscheckkonten und die Sparkassen, wurden von uns schon bei der Behandlung der Beziehungen zu seinen Korrespondenten angedeutet. Wir wollen ihnen noch einige Worte widmen, wenn wir im folgenden die Rolle des Trésor als Kreditgeber behandeln, da sie im wesentlichen das Gegengewicht zu dieser Tätigkeit bildet. Die Metallgeldschöpfung seitens des Trésor muß erwähnt werden. Die Intervention des Trésor auf dem Devisenmarkt wollen wir kurz in ihrer institutionellen Ausgestaltung darstellen[29]. 1939 bis 1949 übernimmt der Trésor sowohl im Innern der Franc-Zone wie zwischen der Franc-Zone und dem Ausland als einziger die Vermittlung bei der Durchführung von Devisenoperationen. 1949 gibt er die Funktion an die Banque de France ab. Er schöpft seitdem, und das ist das Ziel, direkt weder Vorteile noch Nachteile aus der Entwicklung der Situation auf dem Devisenmarkt. Der Trésor früher, die Banque de France heute bedienen sich eines Instrumentes, des 1936 geschaffenen „Fonds de stabilisation des changes", mit Einführung der Devisenkontrolle im September 1939 einzig befugt, Devisenoperationen mit dem Ausland durchzuführen. Seit der Aufweichung dieser Kontrollen übernimmt der Fonds die Aufgaben einer zentralen Bank, die mit Salden operiert. Doch sein Statut ist das gleiche geblieben: der „Fonds de stabilisation des changes" ist auch heute noch ein Spezialkonto des Trésor; er ist der Kontrolle durch das Parlament entzogen; seine Einkünfte und seine Verpflichtungen aus Verkauf und Ankauf von Devisen werden bis 1949 vom Trésor in laufender Rechnung verwaltet, ab 1949 von der Banque de France.

Bei Betrachtung der Ausgabenseite der Tätigkeit des Trésor als Bankier glauben wir uns berechtigt, die Kapitalbeteiligungen des Staates als Fragenkomplex im Rahmen einer Analyse zurückzustellen, die die Bedeutung der Institution Trésor Public mit Blick auf die Finanzgebarung der öffentlichen Hand in und für den Konjunkturablauf behandeln will. Unsere ungeteilte Aufmerksamkeit wollen wir dagegen der Funktion des Trésor als Kreditgeber widmen.

Das Einlagevolumen auf der Einnahmenseite, die Vergabe von Darlehen und Garantien auf der Ausgabenseite, entwickeln sich, obwohl in Ansätzen seit jeher vorhanden, zwischen den beiden letzten Kriegen und insbesondere unmittelbar nach dem zweiten Weltkrieg und geben dem Staat als Bankier die Prägung, die wir heute kennen.

Der Trésor will mit den von ihm vergebenen Darlehen und Garantien erlauben, die Zielsetzungen der französischen Vierjahrespläne trotz ungenügender langfristiger Ersparnis zu erreichen[30]. Es handelt sich für ihn darum, Betrieben mit vorhandener Investitionsneigung die

---

[29] Vgl. J. *Marchal,* Monnaie . . ., S. 159 f.; F. *Bloch-Lainé,* a. a. O., S. 158 f.

[30] Vgl. Les investissements publics en France et à l'Etranger: France, in SEF, 2e Année, 1950, S. 727 ff.; F. *Bloch-Lainé,* a. a. O., 136 ff.

gesuchten Kapitalien zu beschaffen oder aber eine ungenügende Investitionsneigung durch teilweise Übernahme der Risiken zu stimulieren. Mehrere Gründe veranlassen den Trésor dazu, nach dem zweiten Weltkrieg die traditionellen Kreditmechanismen zu ergänzen. Im Vordergrund steht die schon häufig erwähnte Nationalisierung von Grundstoffindustrien. Diese können sich in der Folgezeit für ihre bedeutenden Investitionen auf dem Kapitalmarkt die benötigten Mittel nicht beschaffen, da dieser sie nicht hergibt. So wird 1948 der „Fonds de modernisation et d'équipement" geschaffen, Vorläufer des F. D. E. S. Ein weiterer Grund ist die Disproportionalität im Angebot von kurzfristigem und langfristigem Kapital mit der Nachfrage nach den jeweiligen Kapitalarten. In dieser Situation erweist sich der Trésor als geeignet, die im Hinblick auf die gewünschte gesamtwirtschaftliche Investitionsquote notwendig erscheinende, mit erheblichen Immobilisationsrisiken verbundene Kredittransformation vorzunehmen. Er leitet der Investition nicht nur Mittel aus der Auflage seiner Schatzscheine und aus dem Aufkommen aus Einlagen seiner Korrespondenten zu; er greift zu einer Art öffentlicher Selbstfinanzierung durch Anziehen der Steuerschraube zu Investitionszwecken[31]. Schließlich sieht sich der Trésor zum Einschreiten aufgerufen, da unter den geschilderten Umständen ungenügenden Kapitalmarktangebots grundsätzlich die Vernachlässigung für die Volkswirtschaft wesentlicher, doch nicht unbedingt rentabler Investitionen droht.

Die vom Trésor vergebenen Darlehen und Garantien betreffen[32]: die vom Plan vorgesehenen Investitionen, den Wohnungsbau, die Hilfe für überseeische Gebiete, den Export, einige besonders zu fördernde Produktionen.

Die Darlehen des Trésor, früher teilweise auch auf den Haushaltsplan aufgeteilt, erscheinen heute vollständig auf den dafür vorgesehenen Spezialkonten. Unter ihnen dienen die drei wichtigsten der Aufzeichnung:

— der Darlehen an die Organisationen des sozialen Wohnungsbaus, H. L. M.;

— der Konsolidierung von im wesentlichen seitens des „Crédit Foncier" vergebenen speziellen Wohnungsbaudarlehen;

— der Kreditoperationen des F. D. E. S., Nachfolger des „Fonds de modernisation et d'équipement" (1948—1953) und des „Fonds d'expansion" (1953—1955), die heute fast vollständig die aus öffentlichen

[31] Vgl. das entsprechende Zahlenmaterial in Teil B bei Behandlung des Zeitabschnitts 1945—1948.

[32] Vgl. F. *Bloch-Lainé*, a. a. O., S. 137.

Mitteln gewährten Darlehen für ökonomische und soziale Investitionen (mit Ausnahme des Wohnungsbaus) beinhalten.

Die vom Trésor gegebenen Garantien materialisieren sich selbstverständlich nur dann im Kassenbericht, wenn sie zu Ausgaben führen. Sie betreffen hauptsächlich die seitens der Finanzierungsinstitute vergebenen mittel- und langfristigen Kredite.

Betrieben wie „Electricité et Gaz de France", S. N. C. F., „Charbonnages de France" usw. und selbst einigen Privatbetrieben vergibt der Trésor Investitionsdarlehen und -garantien selbst. Will er jedoch die Risiken von Investitionsprojekten übernehmen, sie aber nicht selbst im Detail studieren, so beauftragt er Spezialinstitute wie die „Caisse de dépôts", den „Crédit National" oder den „Crédit Populaire" in ihrem Namen, für seine Rechnung mit der Ausführung. Will der Trésor jedoch schließlich nur die Spezialinstitute bei der finanziellen Realisierung der von ihm vorwiegend der Privatindustrie zugesagten mittel- und langfristigen Kredite unterstützen, so gibt er Kredite an den „Crédit National", den „Crédit Foncier" usw. oder kommt ihnen zur Hilfe mit Garantien oder Zinsbonifikationen[33].

Eine Beurteilung des Beitrags des Trésor zur Investition der französischen Wirtschaft, insbesondere in Hinblick auf seine Auswirkungen auf den Geldwert, bleibt dem Teil B vorbehalten.

b) Wenden wir uns der zweiten Funktion des Trésor innerhalb des Bankwesens zu: der Bankenkontrolle.

In großen Zügen, d. h. unter Verzicht auf juristische Einzelheiten, wollen wir nun die Kontrollfunktionen darstellen, die der Trésor in Zusammenarbeit mit der Banque de France direkt oder indirekt, d. h. durch verschiedene Organisationen, über das Bank- und Finanzierungswesen ausübt[34]. Ein Einblick auch in diese institutionellen Zusammenhänge erscheint uns wichtig in Hinblick auf das Erkennen und die Beurteilung möglicher und tatsächlicher Interessenkollisionen von Trésor, Bank- und Finanzierungswesen und Zentralbank im Konjunkturablauf.

Nach juristischen Gesichtspunkten stehen neben dem Trésor in seiner Funktion als Bankier die Banken des Zivilrechts, „de droit commun", sowie die Banken und Finanzierungsinstitute mit juristischem Spezialstatut, „à statut légal spécial". Die juristische Unterscheidung beruht allerdings letztlich weit weniger auf dem unterschiedlichen Ursprung der

---

[33] Vgl. J. *Marchal,* Monnaie . . ., S. 198 ff.; F. *Bloch-Lainé,* a. a. O., S. 143 ff.

[34] Vgl. K. F. *Wolff,* Die Leitungsorgane der Bankwirtschaft in Frankreich, Dissertation, Tübingen 1962, insb. S. 42 ff. und 103 ff.; J. *Marchal,* Monnaie . . ., S. 147 ff. und 183 ff.; F. *Bloch-Lainé,* a. a. O., S. 161 ff.

Kapitalien der verschiedenen Institutionen, als auf ihrem speziellen Aufgabenbereich.

Banken des Zivilrechts sind die Einlagenbanken, „banques de dépôt" — unter ihnen die vier 1945 nationalisierten Großbanken, Korrespondenten des Trésor —, die Geschäftsbanken, „banques d'affaires" und die Banken für den mittel- und langfristigen Kredit, „banques de crédit à moyen et à long terme". Diese drei Bankengruppen unterliegen der Kontrolle durch den „Conseil National du crédit"[35].

Zu den Institutionen mit juristischem Spezialstatut gehören einige Banken mit besonderen Aufgaben, die auch gesonderten Kontrollen unterliegen, sowie die Finanzierungsinstitute.

Den Finanzierungsinstituten[36], d. h. den Institutionen, deren primäre Aufgabe nicht die Geldschöpfung, sondern die Vermittlung mittel- und langfristigen Kredites ist, begegneten wir schon unter den Korrespondenten des Trésor als autonomen Budgets[37] oder öffentlichen und gegemischten[38] Betrieben. Alle Finanzierungsinstitute verfügen über teilweise sehr komplizierte juristische Spezialstatuten, die im Gegensatz zum zivilrechtlich konstituierten System der — teilweise nationalisierten — Banken, dem parastaatlichen Charakter ihrer Aufgaben gerecht werden wollen. Ihre Aufgabenbereiche sind prinzipiell voneinander abgegrenzt: so widmen sich der „Crédit National", die „Caisse Nationale des marchés de l'Etat", die „Caisse centrale de crédit coopératif" speziell den industriellen und kommerziellen Unternehmen, die „Caisse Nationale de crédit agricole" der Agrarwirtschaft, die „Caisse de dépôts et consignations" den öffentlichen und halböffentlichen Organisationen und der „Crédit Foncier" dem Wohnungsbau, um nur die wichtigsten zu nennen. Doch sind ihre Verflechtungen untereinander und mit dem Trésor vielgestaltig und bedürften sorgfältiger Einzelstudien.

Man faßt häufig die Banken und Finanzierungsinstitute mit juristischem Spezialstatut unter der Bezeichnung: öffentliches Bankensystem, „système bancaire public", zusammen, um sie vom „système de droit commun" oder privaten Bankensystem abzugrenzen.

Die Bank der Banken, die Banque de France[39], die das Monopol der Bankgeldschöpfung im Mutterland innehat, gehört gleichfalls, wie übrigens ihre Ausgliederung, der „Fonds de stabilisation des changes"[40],

[35] Vgl. K. F. *Wolff*, Die Leitungsorgane . . ., S. 35 ff.

[36] Vgl. J. *Marchal*, Monnaie . . ., S. 198 ff.

[37] und [38] Vgl. S. 19 ff. und S. 21 f.

[39] Vgl. J. *Marchal*, Monnaie . . ., S. 148 ff.

[40] Vgl. S. 27.

zum öffentlichen Bankensektor, da auch sie unter juristischem Spezialstatut steht.

Die Kontrolle des Banken- und Finanzierungswesens ist in Frankreich Ergebnis einer engen Zusammenarbeit seitens der Finanzautorität und der Geldautorität, seitens des Trésor Public und der Banque de France. Sie erfolgt nach sorgfältig ausgearbeiteten Regeln, die der unausweichlichen Verquickung der Fragen der Trésorerie und der Geld- und Kreditmarktfragen gerecht werden wollen. Wir wollen die Darstellung des institutionellen Rahmens dieser gemeinsamen Kontrolle unterlassen und uns der Kontrollaufgabe des Trésor im einzelnen zuwenden.

Die vom Trésor tatsächlich über das Banken- und Finanzierungswesen ausgeübte Kontrolle ist weitgehend abhängig von der Enge der Beziehungen zu den entsprechenden Institutionen. Zur Abwicklung seiner laufenden Aufgaben benötigt der Trésor das Banken- und Finanzierungswesen relativ wenig, da er über ein eigenes Netz durch seine Rechnungsführer und die Postämter verfügt. Er unterhält ein laufendes Konto lediglich bei der Banque de France und den Zentralbanken der Franc-Zone. Er beauftragt nur die Zentralbanken und die Finanzierungsinstitute mit Auszahlungen und Vereinnahmungen. Der Banken des „droit commun" bedient er sich zur Plazierung seiner Anleihen. Doch weisen die Ansprüche des Trésor an das Banken- und Finanzierungswesen einige Besonderheiten auf, die ihn von den übrigen Kunden wesentlich unterscheiden:

- er ist ein bedeutender Kunde;
- er bezahlt die von ihm verlangten Dienste zu niedrigem Tarif: die Zentralbanken und Finanzierungsinstitute bedienen ihn ganz oder fast kostenlos; die Banken erhalten von ihm Kommissionen, deren Tarif die in den Bankenkonditionen festgelegten unterschreitet;
- er verpflichtet die Banken, einen Minimalprozentsatz ihrer disponiblen Gelder in Staatspapieren anzulegen;
- er läßt sich von den Zentralbanken, insbesondere der Banque de France, Vorschüsse geben.

Gegenüber den Banken macht der Trésor von seinen Kontrollfunktionen nur indirekt Gebrauch, d. h. im wesentlichen über die „Commission de contrôle des banques" und den „Conseil National du crédit", die ihrerseits weitgehend von den Entscheidungen des Gouverneurs der Banque de France abhängig sind. Diese Institutionen nehmen sich vor allem der Reglementierung der Bankaktivitäten an. Dieser Aufgabe wird gedient durch ein System von Kreditrichtsätzen,

„ratios“[41], d. h. einem System von vorgeschriebenen Verhältnissen zwischen Bilanzpositionen einer Bank. Unter diesen Kreditrichtsätzen interessiert uns hier mit Blick auf den Trésor insbesondere die „ratio de couverture en effets publics“. „Plancher“-System[42] genannt, verpflichtet dieser Richtsatz die Banken dazu, einen bestimmten Prozentsatz ihrer Einlagen in kurzfristigen Staatspapieren anzulegen. Diese Maßnahme ist insofern nicht mit Mindestreservebestimmungen zu vergleichen, als die der Verwendung durch die Banken entzogenen Mittel dem Staate zufließen und von ihm dem Geldkreislauf wieder zugeführt werden können. Der so gestaltete Kreditrichtsatz hat jedoch neben der Funktion der Bankenkontrolle auch eine kreditpolitische Funktion, da den Banken einmal in der Höhe der „planchers“ die Möglichkeit genommen ist, Kredite an die private Wirtschaft zu gewähren, zum andern negative Rückwirkungen von Schwankungen in der Liquiditätslage des Bankensystems auf die Kassenlage des Trésor eingeschränkt sind. Ende 1960 ergänzt der „Conseil National du crédit“ die „planchers“ durch den „coefficient de Trésorerie“[43], ein primär kreditpolitisches Mittel. Die Existenz dieses Koeffizienten zwingt die Banken, einen bestimmten Prozentsatz der Einlagen in „bons du Trésor“, in Papieren, die außerhalb der Plafonds bei der Notenbank rediskontierbar sind, vor allem Papiere des mittelfristigen Kredits[44], und in sofort verfügbarer Liquidität anzulegen.

Ungleich direkter ist die Kontrolle, die der Trésor gegenüber den Banken und Finanzierungsinstituten mit juristischem Spezialstatut ausübt. Er übernimmt, bleiben wir beim Wesentlichen, gegenüber dem „öffentlichen Banksystem“ die Rolle des „Conseil National du crédit“ und der „Commission de contrôle des banques“. Der scharfen Staatskontrolle stehen jedoch eine Reihe von Privilegien gegenüber. Diese Finanzierungsinstitute genießen nicht nur fiskalische Vorteile, sondern auch über die ursprüngliche Dotation hinaus eine laufende Zufuhr von Betriebskapital seitens des Trésor.

Als Gegenleistung zu dem vom Staat gewährten Exklusivprivileg der Banknotenschöpfung (als Gegenposten zu staatlicherseits streng reglementierten Kreditoperationen), stellt der Trésor Ansprüche an die Banque de France. So fließen ihm einige Gewinne aus der Aktivität der Zentralbank teilweise, einige gar vollständig zu, wie der Gegenwert verlorengegangener und annulierter Banknoten sowie das Aufkommen

---

[41] Vgl. K. F. *Wolff*, Die Leitungsorgane . . ., S. 70 ff.

[42] Dgl., S. 75.

[43] Vgl. J. *Marchal*, Monnaie . . ., S. 184.

[44] Vgl. den XVI. Rapport des „Conseil National du crédit“ in SEF sowie spätere Ausführungen.

Er verlangt Dienstleistungen von der Zentralbank, die wir schon er-
aus Goldaufwertungen (ein allerdings lediglich buchmäßiger Gewinn).
wähnten, so die Zurverfügungstellung ihrer Schalter, so den Rediskont öffentlicher Papiere, schließlich die Vergabe von Vorschüssen. Die vom Trésor über die Zentralbank ausgeübte Kontrolle „betrifft eine der unwichtigsten Handlungen der Bank, nämlich die materielle Schöpfung von Geldscheinen, die unausweichliche Konsequenz von Vorgängen, für die die Kontrollbeamten keine ausdrückliche Entscheidungsbefugnis haben“[45].

5. Ein Überblick über die Lasten und Ressourcen des Trésor

a) Überblicken wir die vielgestaltige Tätigkeit des Trésor Public, so erscheint es uns zweifelhaft, daß eine wie auch immer geartete zahlenmäßige Aufzeichnung dieser Tätigkeit allen an sie gestellten Ansprüchen gerecht werden kann. Die tatsächliche Wiedergabe der Lasten und Ressourcen des Trésor, als Ergebnis seiner kassen- und bankmäßigen Funktionen, erfolgt im wesentlichen mit Rücksicht auf die administrativen und politischen Imperative; juristische und budgetäre Kriterien stehen im Vordergrund.

Doch welches ist der Wert solcher Kriterien? Berücksichtigen wir „die Struktur des französischen Trésor, gekennzeichnet durch die Einbeziehung einer bedeutenden ‚bankmäßigen' Abteilung, so ist man schnell zu der Feststellung gezwungen, daß einige elementare Finanzbegriffe präzisiert werden müssen, sobald es sich um den Trésor handelt. Was ist eine Ausgabe, was ist eine Einnahme, was ist ein Defizit für einen Organismus, der in der Lage ist, Geld zu schöpfen und zu vernichten und der gegenüber den monetären Zonen außerhalb der Metropole einige der Aufgaben einer wirklichen Zentralbank übernimmt?“[46] „Desgleichen können die bei der Darstellung der Ausgaben und Einnahmen angewandten budgetären Kriterien nicht mit den Ansprüchen einer wirklichen ökonomischen Analyse zusammenfallen[47].“ So können die Ausgaben des gleichen Ministeriums solche für Güter und Dienste darstellen, Transferzahlungen oder schließlich Kapitalausgaben; so kann die Einlage eines Korrespondenten beim Trésor eine einfache Kollekte von Liquiditäten beinhalten, die Auszahlung einer Subvention durch den Haushalt oder schließlich die vorübergehende Plazierung von Fonds, die der Anleihezeichnung zugedacht sind. Vergessen wir schließlich nicht, daß die Zahlendarstellung der Lasten und Ressourcen des Trésor, wird sie schon in ihrer

[45] F. *Bloch-Lainé*, a. a. O., S. 181, Übersetzung der Verfasserin.

[46] F. *Bloch-Lainé*, a. a. O., S. 119, Übersetzung der Verfasserin.

[47] Dgl., S. 120.

Form allen unseren Ansprüchen nicht gerecht, auch in ihrem Inhalt ungenügend ist; nicht die gesamte Finanzgebarung der öffentlichen Hand, sei sie nun kassenmäßiger oder bankmäßiger Art, wird in ihr wiedergegeben. Wenn wir uns der empirischen Erforschung der Bedeutung der Finanzgebarung der öffentlichen Hand für den Geldwert nähern, so werden wir den Bericht des Schatzamts über seine Tätigkeit durch weitere umfassendere und/oder spezifischeren Fragestellungen gerecht werdende Dokumente ergänzen müssen.

b) Doch wie sieht die Berichterstattung des Trésor nun im einzelnen aus? Das „Journal Officiel", die Primärquelle staatlicher Aktivität, veröffentlicht jeden Monat eine „situation résumée des opérations du Trésor". Dem Bericht geht ein „tableau sommaire des charges et ressources du Trésor" voraus, welcher das Zentraldokument der Veröffentlichung darstellt. Dieser Überblick über die Lasten und Ressourcen des Trésor ist, wie wir wissen, in zwei Teile geteilt: der Ausführung der Haushaltsgesetze folgen die Operationen der Trésorerie; beide Teilberichte schließen mit dem gleichen Saldo, versehen mit unterschiedlichem Vorzeichen. Greifen wir beispielhaft die zu einem Jahresbericht zusammengefaßten Monatsberichte für 1963 heraus und geben wir sie in Tabelle I wieder.

Der erste Teilbericht bedarf keines weiteren Kommentars. Wir verweisen auf unsere Ausführungen in den vorhergehenden Kapiteln.

Wie wir sehen, erscheinen im zweiten Teilbericht, den Operationen der Trésorerie, nach den Tilgungskosten der öffentlichen mittel- und langfristigen Schuld, die Emissionen neuer mittel- und langfristiger Anleihen. Das Aufkommen aus „bons du Trésor" wird dagegen netto ausgewiesen, desgleichen die Vorschüsse der Banque de France. Die Operationen der Korrespondenten des Trésor sind nicht vollständig, sondern lediglich mit dem Saldo ihrer Einlagen im Bericht aufgezeichnet. Ein negativer Saldo beinhaltet einen Rückzug von Einlagen durch die Korrespondenten, grundsätzlich jedoch keinen Vorschuß des Trésor. Der Posten der Variationen der Kassenbestände gibt die Veränderungen im Kassenbestand der Rechnungsführer des Trésor, im laufenden Konto bei der Banque de France und bei ausländischen Banken, schließlich im Bestand von mobilisierbaren Papieren wieder.

c) Die Zahlendarstellung der Ausführung der Finanz- oder Haushaltsgesetze durch den Trésor schließt mit einem Überschuß oder, wie in der Regel, mit einem Defizit. Welches sind nun, präzisieren wir, Inhalt und Grenzen dieses Defizits?

Die französische Konzeption des Budgetgleichgewichts bezieht lediglich die staatliche Finanzgebarung ein. Ausgeschlossen sind die Anhangsbudgets, die Gebietskörperschaften, die öffentlichen Anstalten, die nationalen Betriebe, die Sozialversicherung. Übernimmt der Trésor ganz oder teilweise die Ausführung der Aufgaben dieser Organisationen, so erscheinen die entsprechenden Vorgänge innerhalb der Opera-

Tabelle I

Übersicht über die Lasten und Ressourcen des Trésor (in Mrd. F)

	1963	
I. Ausführung der Finanzgesetze [a]	—	+
A. Operationen definitiven Charakters	89,89	88,41
a) Allgemeines Budget	86,65	84,94
1. Budget des vorhergehenden Haushalts	4,32	0,81
2. Budget des laufenden Haushalts	81,31	84,13
Ausgaben:		
Zivile Ausgaben (Titel I bis VI)	63,36	
Militärische Ausgaben (Titel III bis V)	17,00	
Kriegsentschädigungen (Titel VII)	0,95	
Einnahmen:		
Fiskaleinnahmen		75,48
Übrige budgetäre Einnahmen		6,98
Hilfsfonds		1,67
3. Budget des folgenden Haushalts	1,02	
b) Konten mit spezieller Zuordnung [b]	3,24	3,47
B. Operationen temporären Charakters	7,86	1,13
a) Darlehenkonten	6,92	1,13
Darlehen des F. D. E. S.	3,31	0,69
Darlehen an Organismen des H. L. M.	2,73	0,28
Konsolidierung von Spezialbaudarlehen	0,68	0,09
Übrige konsolidierte Darlehen und Vorschüsse	0,20	0,07
b) Übrige Spezialkonten	0,94	
A. + B. insgesamt	97,75	89,54
Saldo der Ausführung der Finanzgesetze	8,21	

	1963	
II. Operationen der Trésorerie	—	+
A. Amortisierungslasten aus der öffentlichen Schuld	2,72	
B. Anleihen		
Emissionen lang- und mittelfristiger Inlandsanleihen:		
Emissionen im Publikum		3,00
Übrige Anleihen		0,20
Bons du Trésor:		
Laufende Konten: Banksektor und übrige	0,38	
Laufende Konten: Korrespondenten des Trésor		1,16
Laufende Konten: Emissionsinstitute der Franc-Zone		0,07
Briefschatzscheine		2,27
Vorschüsse der Banque de France		0,10
Diverse Operationen zu den Anleihen	0,40	
Anleihen insgesamt	0,78	6,80
C. Operationen der Korrespondenten des Trésor		
Staatliche Verwaltung mit Anhangsbudget		2,51
Öffentliche und halböffentliche Einrichtungen		2,43
Verwaltungskollektivitäten		1,20
Übrige Korrespondenten	0,68	
Korrespondenten insgesamt	0,68	6,14
D. Konten der Emissionsinstitute der Franc-Zone	0,18	
E. Kassenbewegungen	0,57	0,20
A. bis E. insgesamt	4,93	13,14
Saldo der Operationen der Trésorerie		8,21

Quelle: Statistiques, in SEF, Nr. 189, September 1964, S. 966 f.

a) Finanzgesetz = Haushaltsgesetz.
b) Konten mit spezieller Zuordnung = Konten mit zweckgebundenen Einnahmen.

tionen der Trésorerie unter der Rubrik der Beziehungen zu den Korrespondenten. Treten Fehlbeträge auf, so werden sie vom Trésor über die Spezialkonten gedeckt.

Das Defizit des ersten Teilberichts beinhaltet daher den Überschuß aller vom Trésor tatsächlich übernommenen Staatsausgaben, in der Ausführung von in den Finanzgesetzen enthaltenen Ermächtigungen, über das Gesamt der Einnahmen aus Budget und Spezialkonten, die tatsächlich im Laufe eines Jahres eingezahlt werden. Dieses Defizit wird „impasse"[48] genannt.

Die Operationen der Trésorerie schließen spiegelbildlich zu der Ausführung der Finanzgesetze mit einem Defizit, oder, wie in der Regel, mit einem Überschuß ab, der Deckung der „impasse". Denn in Höhe der „impasse" sieht der Trésor sich aufgefordert, sich Finanzierungsmittel durch Anleihen, auf den Finanz- und Geldmärkten und durch Einlagen seiner Korrespondenten zu sichern. Die Bedeutung von Art und Umfang der einzelnen Finanzierungsmittel für eine eventuelle inflationäre Entwicklung wird uns noch ausführlich beschäftigen.

Der Überblick über die Lasten und Ressourcen des Trésor Public stellt ein Zentraldokument dar, ohne das eine Analyse der Finanzgebarung der öffentlichen Hand in ihrer Bedeutung für den Geldwert nicht denkbar wäre. Seine Ergänzung durch umfassendere und/oder spezifischere statistische Dokumente ist jedoch unumgänglich, wollen wir zum Versuch einer Lösung der uns gestellten Aufgabe auf empirischem Wege vordringen.

III. Die Stellung des Trésor Public im Geld- und Kreditsystem

1. Der Trésor im Geldkreislauf

a) Bevor wir uns der besonderen Stellung des Trésor im Geldkreislauf und ihrer Problematik zuwenden, wollen wir eine Erläuterung der Komponenten der Geldmenge in Frankreich und ihrer Gegenposten, d. h. eine Darstellung der Entstehung des Gesamtgeldkreislaufes als Ergebnis des Zusammenwirkens der verschiedenen Teilkreisläufe, versuchen[49].

---

[48] Vgl. u. a. A. *Barrère,* Le Trésor et le budget, Rapport général au Congrès de Barcelone de l'Institut International des Finances Publiques, Madrid—Bruxelles 1960, S. 37.

[49] Vgl. P. *Caubue,* La masse monétaire, Paris, Ed. de l'épargne, 1960; G.-C. *de Verdière,* Conjoncture et monnaie, Paris, Sirey 1960, S. 25 ff.; J. *Marchal,* Monnaie . . ., S. 117 ff. und dortige Bibliographie.

Zwei große Gruppen bilden die Geldmenge: das Bankgeld, „monnaie fiduciaire“, d. h. die von der Zentralbank ausgegebenen Banknoten, und das Buch- oder Giralgeld, „monnaie scripturale“, repräsentiert durch die Sichteinlagen bei den verschiedenen Bankorganisationen. Dieser Geldmenge fügt der „Conseil National du crédit“[50] die Quasigeldmenge hinzu[51], dargestellt durch Termineinlagen.

Die Verwaltung der Banknotenmenge steht allein der Banque de France zu, die der Giralgeldmenge wird besorgt vom Bankensystem, vom Postscheckdienst, der dem Trésor untersteht, und von den Rechnungsführern des Trésor. Kann man also die in einer Volkswirtschaft gegebenen monetären Umlaufmittel allgemein in zwei Gruppen einteilen, d. h. dem Notengeld der Zentralbank das Giralgeld der Geschäftsbanken gegenüberstellen, so sehen wir uns im System Frankreichs drei Teilkreisläufen gegenüber: dem Giralgeld der Geschäftsbanken gesellt sich das Giralgeld des Trésor hinzu.

Tabelle II

Komponenten der Geld- und Quasigeldmenge (in Mrd. F)

	1963
Sichteinlagen der Unternehmen und Privaten bei der Banque de France	1,45
Sichteinlagen bei den Banken	72,15
Einlagen auf Postscheckkonten	17,15
Guthaben von Privaten beim Trésor	1,46
Sichteinlagen insgesamt	92,21
Banknoten im Umlauf	55,78
Münzgeld im Umlauf	1,77
Geldmenge insgesamt	149,76
Termineinlagen	14,57
Geld- und Quasigeldmenge insgesamt	164,33

Quelle: Statistiques, in SEF, Nr. 189, September 1964, S. 970.

[50] Die Berichte des „Conseil National du crédit“, in SEF, bilden die statistische Primärquelle für das System von Geld und Kredit. Es handelt sich demnach um die statistische Wiedergabe der Geld- und Quasigeldmenge.

[51] Vgl. u. a. die von J. *Marchal* in seiner Economie Politique, Licence 2e année, 1964—1965, Polycopié, La Cité du Droit, S. 293 ff. dargestellte Problematik der Ausweitung des Begriffes der Liquidität.

Greifen wir zur Illustrierung unserer Ausführungen die Statistik des „Conseil National du crédit“ über die Komponenten der Geld- und Quasigeldmenge im Jahre 1963 heraus, und geben wir sie in Tabelle II wieder.

Die in der französischen Volkswirtschaft umlaufende Geldmenge schlägt sich nieder in den Krediten an den Trésor und an die Wirtschaft sowie in den Gold- und Devisenbeständen der Notenbank. Zu den Krediten an den Trésor rechnen alle Sichteinlagen Privater beim Postschecksystem und bei den Rechnungsführern des Trésor. Der Gegenwert für das umlaufende Münzgeld ist den Krediten der Notenbank an den Trésor zuzurechnen. Die Gold- und Devisenbestände der französischen Notenbank bzw. des „Fonds de stabilisation des changes“ und die anderweitigen Guthaben der französischen Banken im Ausland können als Kredite der Notenbank an das Devisenausland angesehen werden. Somit haben wir in Frankreich drei primäre Kreditnehmer: den Trésor, die Wirtschaft und das Devisenausland.

Vergegenwärtigen wir uns die in Tabelle II a dargestellten Zusammenhänge durch eine Detailbetrachtung.

Die Gegenposten der Banknotenmenge entnehmen wir im einzelnen der Bilanz der Banque de France[52]. Sie wären aus allen drei in Tabelle II a festgehaltenen Gruppen von Kreditnehmern auszusondern und beinhalten:

— Die Kredite an den Trésor: es sind zu nennen die Vorschüsse und Darlehen an den Staat, die Guthaben der Notenbank auf laufenden Postscheckkonten, der Diskont von Fiskalwechseln oder „obligations cautionnées“[53] durch die Notenbank sowie schließlich das bei ihr stehende Münzgeld. Diese Kredite betragen 1963: 9,71 Mrd. F.

— Die Kredite an die Wirtschaft: sie entstammen der Mobilisierung kurz- und mittelfristiger Papiere und betragen 1963 23,14 Mrd. F.

— Die Kredite an das Devisenausland von 24,40 Mrd. F für 1963. Gegen sie sind aufzurechnen die Forderungen des Devisenauslandes aus laufenden Konten des „Fonds de stabilisation des changes“ und der ausländischen Banken und Finanzinstitute von 0,18 Mrd. F für 1963. Die Kredite an das Devisenausland können aufgrund der vollen Konvertibilität des Franc den Banknoten der Zentralbank gleichgestellt werden. Wie wir schon erwähnten, war der Währungsausgleichsfonds bis 1949 dem Schatzamt angegliedert. Dies hatte zur Folge, daß die gesamten aus dem Außenwirtschaftsverkehr auf

---

[52] Vgl. für 1963: Statistiques, in SEF, Nr. 189, September 1964, S. 971.

[53] Vgl. S. 16.

Tabelle II a

Gegenposten der Geld- und Quasigeldmenge (in Mrd. F)

	1963
A. Kredite an den Trésor Public	41,33
Forderungen der Banque de France:	
Vorschüsse und Darlehen an den Staat	8,77
Laufende Postscheckkonten	0,91
Diskont von Fiskalwechseln	—
Münzgeld bei der Banque de France	0,03
Öffentliche Papiere in den Portefeuilles:	
der Banque de France	0,23
der Banken	11,01
Forderungen von Unternehmen und Privaten:	
auf Postscheckkonten	17,15
beim Trésor	1,46
Münzgeld im Umlauf	1,77
B. Kredite an die Wirtschaft	98,34
seitens der Banque de France	23,14
seitens der Banken	75,20
C. Gold und Devisen (netto)	24,22
in der Bilanz der Banque de France:	
Aktivelemente	24,40
Passivelemente	— 0,18
Rubriken A, B, C insgesamt	163,89
Bilanz der Diversen	+ 0,44

Quelle: Statistiques, in SEF, Nr. 189, September 1964, S. 970.

das französische Geldsystem zukommenden Einwirkungen von der öffentlichen Finanzwirtschaft getragen werden mußten. Der Trésor hatte somit plötzlichen Liquiditätsveränderungen zu begegnen, die ihn zwangen, sein Vorschußkonto bei der Notenbank zu belasten, oder die ihn zu falschen Entscheidungen bei einem kurzfristigen Anschwellen seiner Liquidität führen konnten.

Den Banknoten ist das Münzgeld — 1,77 Mrd. F für 1963 — hinzuzurechnen, obwohl dies vom Trésor ausgegeben wird, denn der seitens der Banque de France dem Trésor gutgeschriebene Betrag stellt nichts anderes dar als einen Kredit der Banque de France an den französischen Staat.

Die Gegenposten der Giralgeldmenge werden gebildet:

— durch die Kredite seitens der Banken an die Wirtschaft von 75,20 Mrd. F für 1963,

— und daneben durch die Kredite seitens der Banken an den Trésor einerseits — 11,24 Mrd. F für 1963 — und die Kredite der Unternehmen und Privaten an den Trésor andererseits, 18,61 Mrd. F für 1963.

Mit dem letzten Posten stoßen wir erneut auf das Kernproblem im französischen System von Geld und Kredit, nämlich die Geldschöpfungsfunktion des Trésor. Das Giralgeld tritt in zwei voneinander völlig unabhängigen Banksystemen auf. Es handelt sich um die Organisation der Geschäftsbanken und der Zentralbank auf der einen Seite und um die öffentlichen Finanz- und Kreditinstitutionen und die lokale Verwaltungsorganisation des Finanzministeriums auf der anderen Seite. Ist die Unterscheidung zwischen dem Giralgeldkreislauf der Geschäftsbanken und demjenigen des Trésor geldtheoretisch kaum bedeutsam, da sie gleichen Gesetzen gehorchen, so wird sie wesentlich für die geldpolitische Betrachtung der französischen Verhältnisse.

Wie ist das zu verstehen? Die Banque de France ist Durchgangsstelle aller Transaktionen innerhalb des Banksystems, soweit Notenbankkonten berührt werden. Sie ist obligatorische Verrechnungsstelle zwischen den Banken und dem Trésor, da eine Transformation von Giralgeld des Trésor in Giralgeld der Geschäftsbanken und umgekehrt direkt nicht möglich ist und in der Praxis über die Konten erfolgt, die beide Giralgeldsysteme bei der Notenbank unterhalten. Sie ist schließlich Clearingstelle zwischen der Geldmenge des Mutterlandes und dem Ausland. Die ganze Liquidität des Geldsystems ist tatsächlich in Abhängigkeit von ihr und unter ihre Kontrolle gestellt. Weder die Banken noch der Trésor können den reibungslosen Umlauf der Geldmenge sichern, sind sie nicht zu jedem Zeitpunkt in der Lage, ihr laufendes Konto bei der Banque de France mit Zentralbankgeld aufzufüllen, mit dem Geld, welches diesen reibungslosen Umlauf gewährleistet. Die Liquiditätspolitik der Banken wie des Trésor ist zu verstehen aus dieser Abhängigkeit von der Zentralbank.

Doch diese Zentralbedeutung der Banque de France für die Mechanismen des Geldumlaufs als Basis ihrer geldpolitischen Eingriffe wird, wie für das Banksystem, so für den Trésor erst dann offensichtlich, wenn sein Giralgeldkreislauf der Clearingstelle Zentralbank bedarf, d. h. in dem Augenblick, in dem eine Überführung von Giralgeld des Trésor in Zentralbankgeld oder aber in Giralgeld der Geschäftsbanken notwendig wird.

b) Wir sind nun in die Lage gesetzt, auf die besondere Stellung des Trésor im Geldkreislauf und die daraus für ihn entstehende Liquiditätsproblematik einzugehen[54].

Wir stellten in früheren Kapiteln den Trésor als ein Bankinstitut dar, das für seine Kunden alle üblichen Geld- und Kreditgeschäfte übernehmen kann und das seinerseits die sich daraus ableitenden, spezifischen Bankprobleme zu lösen hat. Doch wir wiesen auch darauf hin, daß der entscheidende Unterschied zum übrigen Bankensystem darin besteht, daß der Staat und die öffentlichen Organisationen jeglicher Art von vorneherein als Kundschaft des Trésor bestimmt sind.

Eine Minderung der ihm aus seinen umfangreichen Finanzierungsaufgaben gestellten Schwierigkeiten bringt die Existenz des dem Trésor eigenen Giralgeldkreislaufes. Denn bemüht der Trésor für seine Auszahlungen den Postscheck oder die Postüberweisung, werden über die gleichen Kanäle Einzahlungen zu seinen Gunsten getätigt — wie es für einen nicht geringen Teil der öffentlichen Finanzoperationen geschieht —, so wird, zumindest unmittelbar, die Liquidität des Trésor, d. h. seine Situation gegenüber der Zentralbank, nicht berührt. Diese Liquidität bleibt gleichfalls unangetastet, sobald Ein- oder Auszahlungen zugunsten oder zu Lasten des Kontos eines Korrespondenten beim Trésor durch andere öffentliche Institutionen erfolgen. So wickeln sich z. B. alle finanziellen Beziehungen des „Budget Général" zu den Anhangsbudgets, den Gebietskörperschaften, den öffentlichen Anstalten usw. durch einfache Überweisungen in den Büchern des Trésor ab. Schließlich wird die Liquidität des Trésor primär nicht berührt, sobald er Ein- oder Auszahlungen mittels Währungen der Franc-Zone tätigt.

Hebt jedoch ein Kunde des Trésor oder seiner Korrespondenten von seinem Konto bar ab oder verlangt er, wie weit überwiegend, eine Überweisung seines Guthabens beim Trésor oder bei einem seiner Korrespondenten, z. B. bei der Staatspost, auf sein Konto bei einer Geschäftsbank, so wird die Liquidität des Trésor unmittelbar verringert. Ausgaben, die mit Hilfe des Banknotenkreislaufs der Zentralbank gewährleistet werden, beinhalten nun für den Trésor verlorene Liquidität. Realisiert der Trésor dagegen öffentliche Ausgaben

---

[54] Vgl. F. *Bloch-Lainé,* a. a. O., S. 205 ff.

im Giralgeldbereich der Geschäftsbanken, so können diese durch den entsprechenden Zustrom an Liquidität zur Zeichnung von „bons du Trésor“ veranlaßt werden und damit einen Rückfluß der verlorengegangenen Liquidität an den Trésor sicherstellen.

Ist es nun möglich und wahrscheinlich, daß zur Lösung der insbesondere aus den öffentlichen Defiziten entstehenden Finanzierungsschwierigkeiten des Trésor sein eigener Giralgeldkreislauf nicht ausreicht und daß die restlichen monetären Teilkreisläufe — der Banknotenkreislauf und der Giralgeldkreislauf der Geschäftsbanken — beansprucht werden, so muß der Ausgleich des dem Trésor entstehenden Liquiditätsdefizits durch eine Verschuldung der öffentlichen Finanzwirtschaft bei den Banken oder schließlich bei der Banque de France erfolgen.

c) So steht der Geldschöpfung und -vernichtung durch die Zentralbank und die Geschäftsbanken eine Geldschöpfung und -vernichtung durch den Trésor Public zur Seite, auf deren Mechanismen wir noch einmal im Detail eingehen wollen[55].

Geldschöpfung und -vernichtung erfolgt einmal im Giralgeldkreislauf des Trésor. Der Trésor empfängt wie das Bankensystem Einlagen von Unternehmen, Privaten und öffentlichen Organisationen; er ist wie das Bankensystem in der Lage, diese Einlagen in eigener Initiative zu vergrößern. Bei Zahlungen durch Postüberweisung oder Postscheck wie bei Überweisungen über Konten von Privaten und Unternehmen bei den Rechnungsführern des Trésor liegen Geldschöpfung oder Geldvernichtung auf der Hand. Bloch-Lainé und Vogüé möchten jedoch auch die nicht offiziell unter den Elementen der Geldmenge aufgeführten Einlagen von Korrespondenten einbezogen sehen, da sie „für ihre Inhaber monetäre Guthaben (darstellen), die unter der Einwirkung der öffentlichen Ausgaben oder Einnahmen zur Ausdehnung oder zur Reduzierung neigen“[56], geben aber zu, daß die Einschätzung des wirklich liquiden Charakters dieser Konten mit Schwierigkeiten verbunden ist. Die genannten Autoren gehen noch weiter und wollen den Charakter des Quasigeldes auch der kurzfristigen Schuld des Trésor zuerkennen, genauer den „bons du Trésor“ mit progressivem Zinssatz, zurückzahlbar nach drei Monaten. „Die Existenz der ‚schwimmenden Schuld‘ und der Einlagen der Korrespondenten beim Trésor vermittelt ... den Operationen des Trésor besondere monetäre Aus-

[55] Vgl. J. *Marchal*, Monnaie . . ., S. 187 ff.;
G. C. *de Verdière*, Conjoncture . . ., S. 59 ff.;
F. *Bloch-Lainé*, a. a. O., S. 246 ff.

[56] F. *Bloch-Lainé*, a. a. O., S. 247 f., Übersetzung der Verfasserin.

wirkungen, die sich von denen der Finanzvorgänge industrieller oder kommerzieller Unternehmen wesentlich unterscheiden[57]."

Die wie auch immer geartete Giralgeldschöpfung durch den Trésor findet einmal ihre Begrenzung in der Höhe der in Trésor-Giralgeld entstehenden Verpflichtungen, zum anderen in der Berücksichtigung der Gefahr eines Liquiditätsabzugs bei Transferierungen von Trésor-Giralgeld in Zentralbankgeld oder in Giralgeld der Geschäftsbanken.

Geldschöpfung auf Initiative des Trésor geschieht gleichfalls, sobald er beim Bankensystem und bei der Zentralbank um Liquidität nachsuchen muß. Umgekehrt ist der Akt der Geldvernichtung aufzufassen.

Das Bankensystem vermittelt Liquidität durch die Aufnahme von „bons du Trésor", eine Placierung, die ihm Zinsen einbringt. Die Banken geben diese Schatzscheine, im allgemeinen von kurzer Laufzeit, üblicherweise drei Monate vor ihrer Fälligkeit an die Zentralbank zum Rediskont ab. Das Verfahren stellt dann eine Geldschöpfung zugunsten des Trésor dar, wenn dieser die ihm vermittelten Liquiditäten zur Bezahlung seiner Ausgaben mit Zentralbankgeld verwendet. In diesem Fall ruft die Zeichnung von Schatzscheinen durch die Banken einen Rückfluß von Liquiditäten durch den Kanal der Ausgaben des Trésor in den allgemeinen Zahlungskreislauf hervor. Benutzt der Trésor dagegen die ihm vom Bankensystem vermittelten Liquiditäten zur Auffüllung seines laufenden Kontos bei der Zentralbank, d. h. zum Abbau seiner Verschuldung bei der Banque de France, so kann von einem Anschwellen der Geldzeichen im Umlauf nicht die Rede sein. Dieser Gesichtspunkt wäre bei der Analyse der monetären Auswirkungen des dem Bankensystem vorgeschriebenen Systems der „planchers" zu berücksichtigen.

Die Banque de France vermittelt dem Trésor Zentralbankgeld durch den Rediskont von Fiskalwechseln sowie durch direkte Vorschüsse in den Grenzen eines gesetzlich fixierten Plafonds. Ist es dem Trésor demnach möglich, ohne gesetzliche Begrenzung durch den Kanal seiner Korrespondenten Geld zu schöpfen, ist es ihm erlaubt, ohne Limitierungen direkter Art[58] beim Bankensystem um Liquidität durch die Placierung von „bons du Trésor" nachzusuchen, so ist er im Gegensatz dazu bei seinem Rückgriff auf direkte Zuschüsse der Zentralbank von der Zustimmung des Gesetzgebers abhängig.

Wollen wir im Verlaufe späterer Analyse der Finanzgebarung der öffentlichen Hand in der Form der Geldschöpfung auf Initiative des

---

[57] Dgl., S. 248.

[58] Wir verweisen auf spätere Ausführungen.

Trésor eine Bedeutung beim Versuch der Erklärung einer eventuellen inflationistischen Entwicklung zuschreiben, so seien wir schon an dieser Stelle vor einer Überschätzung dieser Bedeutung gewarnt.

Entsprechend einer Variation der in der französischen Volkswirtschaft umlaufenden Geldmenge müssen die drei Gruppen von Kreditnehmern, der Trésor, die Wirtschaft und das Devisenausland, ihr Kreditvolumen verändern. Die Summe der Veränderungen der Kreditvolumina aller drei Bereiche muß mit der Variation der umlaufenden Geldmenge übereinstimmen. Innerhalb eines längeren Zeitraumes ist ein gewisser automatischer Ausgleich nachzuweisen, der beinhaltet, daß die im Trend feststellbare Umlaufmittelzunahme durch das entsprechende Zusammenwirken der drei Kreditnehmer der französischen Volkswirtschaft gesichert wird. Jede Liquiditätsanspannung im Bankensystem, z. B. aufgrund von Defiziten in der Devisenbilanz, stellt nun aber die Finanzierung des Trésor in Frage. Der Trésor kann, zeitlich völlig unabhängig von dem Bestehen zu finanzierender öffentlicher Haushaltsdefizite, auf direkte Verschuldung bei der Zentralbank angewiesen sein. Ein solcher Vorgang zur Auffüllung der gesamtwirtschaftlich notwendigen Geldmittelmenge beruht auf einer Entscheidung der Geld- und Kreditpolitik, wie wir im folgenden nachweisen wollen.

2. Die Bedeutung der Geld- und Kreditpolitik für die Trésorerie

a) Dem Gleichgewicht oder Ungleichgewicht der Trésorerie, d. h. dem Umstand, ob am Ende eines Rechnungsjahres im Kassenbericht des Trésor ein Ausgleich erscheint oder aber ein Defizit an Zentralbankgeld, wird im Sinne eines Versuches eines Kausalitätsnachweises für eine eventuelle inflationistische Entwicklung entscheidendes Gewicht beigemessen. Erinnern wir uns an die beiden Funktionsbereiche des Trésor als öffentliche Kasse und Bank, so muß erstaunen, daß im Zeitablauf seit 1945[59] nicht die geringste Korrelation zwischen der Höhe des budgetären Defizits, der „impasse" des Trésor und seinen Ansprüchen an die Zentralbank besteht. Dies schließt nicht aus, daß in einzelnen Jahren von einer solchen Korrelation gesprochen werden kann.

Soll zu einem bestimmten Zeitpunkt ein Rückgriff des Trésor auf zusätzliches Zentralbankgeld vermieden werden, so sind die Aussichten hierfür selbstverständlich günstiger bei Stabilisierung oder Abbau des Fehlbetrags der Trésorerie, der „impasse" Dies ist jedoch weder eine notwendige noch eine hinreichende Bedingung. Entscheidend sind vielmehr Wille und Möglichkeit des Bankensystems, „bons du Trésor" zu

[59] Vgl. das entsprechende Zahlenmaterial in Teil B.

zeichnen, worauf die Banque de France u. a. entscheidenden Einfluß hat.

Soll der Trésor den Rückgriff auf die Zentralbank vermeiden, so muß er für die Schließung seines Zahlungskreislaufes, die „fermeture du circuit", sorgen: er muß zur Deckung seiner „impasse" im Banksektor seiner Tätigkeit die Summen vereinnahmen, die er im Budgetsektor verausgabt. Daß zur Erreichung dieses Zieles eine Stabilisierung der „impasse" eine wünschenswerte Voraussetzung bildet, liegt auf der Hand. Doch kann selbst bei Stabilisierung oder gar Reduzierung der „impasse" der dem Trésor eigene Giralgeldkreislauf, welcher durch die Postämter und die Rechnungsführer gebildet wird und welcher automatisch die Schließung des „circuit" herbeiführen würde, sich als ungenügend für die Erfüllung aller seiner Verbindlichkeiten erweisen. Ausgaben jedoch, die mit Hilfe des Banknotenkreislaufs der Zentralbank oder des Giralgeldkreislaufs der Geschäftsbanken gewährleistet werden, beinhalten für den Trésor endgültig oder vorübergehend verlorene Liquidität. Diese ihm fehlende Liquidität muß der Trésor durch Anleihen auf dem Geldmarkt in seine Kassen zurückzuleiten suchen. Doch der Erfolg dieses Versuchs ist jeweils von der allgemeinen Liquiditätslage abhängig.

So ist die Problematik der Schließung des Zahlungskreislaufes oder der Erreichung eines Gleichgewichtes seiner Trésorerie für den Trésor auf eine einfache Formel zu bringen: will er die endgültige Deckung seiner „impasse" durch zusätzlichen Zentralbankkredit vermeiden, so muß er durch Auflage von Schatzscheinen beim Bankensystem dem Geldmarkt die von ihm benötigten Liquiditäten entziehen. Bei der Beurteilung seiner Chancen, auf diese Weise ein Gleichgewicht herbeizuführen, sind nun aber zwei Faktoren zu berücksichtigen, nämlich die Konjunktursituation und die Geld- und Kreditpolitik.

Es ist einmal möglich, daß die Banken über die dem Trésor nötigen Liquiditäten nicht verfügen, da der Geldmarkt, als Ergebnis von Devisenbewegungen und Schwankungen der inländischen Geldmenge so verknappt, daß er alle vom Defizit des Trésor in Umlauf gesetzten Liquiditäten aufsaugt. Es ist zum zweiten von Bedeutung, daß die Banken versucht sind, ihre Liquiditätsüberschüsse anderweitig als in „bons du Trésor" anzulegen. Obgleich ihnen sowohl durch ihre eigene Geschäftspolitik wie durch die Zentralbank Grenzen für ihre Auslandsanlagen gesetzt sind, können die Banken diese Anlagen in einem Maß ausdehnen, das die inländische Liquidität einschränkt. Spekulative Umstände verursachen also eine Abhängigkeit des Trésor von der Außenhandelsbilanz. Schließlich ist zu berücksichtigen, daß den Banken unter gewissen Umständen eine Umorientierung ihrer Liquiditätspolitik von der Geld- und Kreditpolitik aufgezwungen wird. Verfügen die Banken über überschüssige Liquidität, so stehen sie u. a. vor der Wahl, ihre ständige Verschuldung bei der Zentralbank zu verringern oder aber „bons du Trésor“ zu zeichnen, eine Wahl, die letztlich nach Ertragsgesichtspunkten getroffen wird. Die Schließung seines Zahlungskreislaufes setzt demnach seitens des Trésor eine adäquate Zinspolitik voraus, welche sich mit derjenigen der monetären Autorität in Kollision befinden kann. Doch selbst wenn er einen ausreichenden Zins bietet, ist der Trésor nicht sicher, die ihm notwendigen Liquiditäten zu erhalten, da die Banque de France in gewissen Konjunktursituationen eine autoritäre Umleitung der überschüssigen Bankliquiditäten auf die Bankreservekonten in ihren Büchern für angezeigt hält. Die Schließung des Zahlungskreislaufes, diese Grundbedingung für ein Gleichgewicht der Trésorerie, kann also jederzeit durch das Tätigwerden der Zentralbank verhindert werden.

b) Welche Bedeutung ist aber unter diesen Bedingungen dem Begriff des Gleichgewichts der öffentlichen Trésorerie in der wirtschaftspolitischen und insbesondere konjunkturpolitischen Diskussion zuzumessen[60]?

Nach den Vorstellungen der klassischen Geldpolitik ist die Kassenführung des Trésor dann zufriedenstellend, wenn es ihm gelingt, deren Einwirkungen auf das Geldsystem zu neutralisieren. Sind Schwierigkeiten der Trésorerie vorauszusehen, wird es, um alle Einwirkungen auf den Geldwert zu vermeiden, als notwendig angesehen, öffentliche Ausgaben zu beschneiden oder öffentliche Einnahmen auszudehnen.

Heute wird der Trésor, wie wir sahen, in enger Verflechtung mit dem gesamten Geldsystem tätig; das Gleichgewicht der Trésorerie ist Einflüssen unterworfen, die der traditionellen Budgetpolitik entgleiten. Neben dem Umfang und der Verschiedenartigkeit der Phänomene, die die Alimentierung der Bankabteilung des Trésor variieren lassen können und sich aus Konjunkturlage und Kreditpolitik herleiten, erscheinen die budgetären Gegebenheiten der Kassenlage des Trésor geradezu als zweitrangig. Welches ist in einem solchen Fall der Wert eines Kriteriums wie das des Ungleichgewichts der Trésorerie für die Entscheidungen der Budgetpolitik einerseits, der Geldpolitik andererseits?

Nach den traditionellen Vorstellungen von den öffentlichen Finanzen bleibt die Möglichkeit, als Begrenzung des Fehlbetrages der Kassen-

---

[60] Vgl. A. *Barrère*, Le Trésor . . ., Rapport . . .;
F. *Bloch-Lainé*, a. a. O., S. 328 ff.

haltung die „normalen“ Ressourcen des Trésor zu setzen, d. h. diejenigen, welche eine zusätzliche Geldschöpfung ausschließen.

Unsere Analyse der Zahlungskreisläufe, in die sich der Trésor einschaltet, ist dazu geeignet, eine solche Argumentation abzuschwächen. Es ist tatsächlich niemals sicher, daß Ausgabensenkungen oder Einnahmenerhöhungen den Rückgriff des Trésor auf die Zentralbank überflüssig machen, ganz abgesehen davon, daß seine Geldschöpfungsmöglichkeiten sich nicht auf die Hilfe der Zentralbank beschränken. Die allgemeine Liquiditätslage, abhängig von Konjunktursituation und Geldpolitik, ist, wie wir sahen, entscheidend für den Erfolg des Trésor bei seinem Versuch einer Schließung seines Zahlungskreislaufs. Der Hinweis auf ein „tolerierbares Defizit“ verliert jede genaue Bedeutung, sobald man sich darauf beschränkt, es mit Bezug auf die Finanzierungsprobleme der Trésorerie zu definieren. Die Höhe der „impasse“ des Trésor, welche das Budgetdefizit einschließt[61], ist nach wie vor wesentlich. Doch wird es unsere Aufgabe sein, sie nicht allein nach Finanzkriterien, sondern auch und vor allem nach ökonomischen Kriterien zu beurteilen. Denn geht von ihr ein inflationistischer Druck aus, so ist dieser vorwiegend der Tatsache zuzuschreiben, daß Masse und Struktur der „impasse“ den Möglichkeiten der Produktion und der Nachfrage nicht angepaßt sind, nicht aber allein dem Faktum, daß ein übrigens im Zeitablauf sehr variabler Teil dieser „impasse“ durch Rückgriff des Trésor auf das Bankensystem finanziert wird.

Wir wollen in unserer in Teil B folgenden empirischen Analyse der Bedeutung der Finanzgebarung für den Geldwert in Frankreich nach 1945 versuchen, dem Finanzargument gerecht zu werden. Wir wollen uns aber davor hüten, durch eine Überbewertung des Finanzargumentes die Probleme des ökonomischen Gleichgewichts zu verdrängen.

[61] Schließt der Fehlbetrag des Trésor, die „impasse“, zwar das Defizit des Staatshaushalts völlig ein, so gilt das Gleiche nur teilweise von den Defiziten der Haushalte aller übrigen staatlichen und parastaatlichen Verbände. So werden z. B. die Defizite der Gebietskörperschaften nur in dem Maße in der Höhe der „impasse“ berücksichtigt, wie sie durch die dem Trésor eigenen Ressourcen, d. h. im wesentlichen durch Einlagen der Korrespondenten sowie Kredite des Banksystems und der Zentralbank finanziert werden müssen. Unberücksichtigt bleiben die durch Anleihen im Publikum gedeckten Teile. Vgl. dazu auch spätere Ausführungen in der statistischen Rahmengebung.

Zweiter Abschnitt

Die historische, theoretische und statistische Rahmengebung

I. Zum Konjunkturverlauf von der IV. zur V. Republik

1. Eine Übersicht[1]

Seit 1914 lebt Frankreich mit der Geldentwertung. Zwischen 1939 und 1945 verdreifachen sich die Preise trotz ausgedehnter Preis- und Mengenkontrollen.

Nach der Befreiung 1944 erholt sich die französische Wirtschaft mit ihrem erschöpften Land, zerstörten Städten, lahmgelegten Transportwegen, mit ihren Fabriken ohne Rohstoffe innerhalb weniger Jahre. Heute ist Frankreich ein wohlhabendes Land, doch erfreut sich dieses Land nicht eines störungsfreien wirtschaftlichen Wachstums mit ausgelasteter Industrie, mit Arbeitsfrieden, mit ausgeglichenem öffentlichen Budget, mit ausgewogener Außenhandelsbilanz und ausreichenden Investitionen als Grundlage regelmäßig wachsenden Konsums. Zusätzlich erlebt Frankreich nun eine nur vorübergehend zum Stillstand kommende Expansion mit steigender Produktion, steigendem Konsum und Vollbeschäftigung, die begleitet wird von einer das wirtschaftliche Wachstum übersteigenden, d. h. inflationistischen Lohn-Preis-Entwicklung.

1944 bis 1948 steigen die Preise durchschnittlich um 50% pro Jahr; nach einer Zäsur Ende 1948 schreitet die Geldentwertung bis Anfang 1952 mit durchschnittlich 15% pro Jahr fort. Es folgen Jahre relativer

---

[1] Vgl. aus einer reichhaltigen Literatur:

R. *Aron*, Immuable et changeante de la IVème à la Vème République, Paris, Calman-Lévy 1959.

W. B. *Bing*, Wirtschaft und Währung Frankreichs im Spiegel der Jahresberichte der Banque de France, Frankfurt 1956.

P. *Dieterlen*, Quelques renseignements de l'évolution monétaire récente 1948—1952, Paris, Colin 1954.

Divisia, Dupin et *Roi*, A la recherche du franc perdu, 2 vol., Paris, Ed. Homme et Mondes 1954—1955.

J. *Fauvet*, Von de Gaulle bis de Gaulle, Frankreichs vierte Republik, Tübingen 1961.

J. M. *Jeanneney*, Forces et faiblesses de l'économie française 1945—1959, Paris, Colin 1959.

R. *Schneider*, Die französische Geld- und Kreditpolitik 1945—1955, Diss., Freiburg (Breisgau) 1960.

R. *Sedillot*, Le franc: Histoire d'une monnaie des origines à nos jours, Paris, Sirey 1953.

R. *Sedillot*, Du franc Bonaparte au franc de Gaulle, Paris, Calman-Lévy 1959.

Preisstabilität; 1956 setzt, allerdings verlangsamt, der Preisanstieg erneut ein; er hat jedoch mit kürzeren und längeren Pausen nicht seinen früheren Höhepunkt erreicht[2].

Die Geldmenge dehnt sich korrelativ aus, doch decken die Phasen der Ausweitung beider Größen sich nicht. Während der Perioden rapide steigender Preise wie 1945—1948, 1950—1952, 1956—1958, 1962—1963 bleibt die Ausdehnung der Geldmenge hinter der des Preisniveaus zurück[3].

Tabelle III

Entwicklung der Groß- und Einzelhandelspreisindizes (Basis 1938 = 100)

Jahr	Großhandelspreise	Vorjahr = 100	Einzelhandelspreise	Vorjahr = 100
1945	366	100	401	100
1946	631	172	612	153
1947	960	152	913	149
1948	1655	172	1449	159
1949	1847	112	1640	113
1950	2000	108	1804	110
1951	2555	128	2097	116
1952	2676	105	2347	112
1953	2555	95	2307	98
1954	2510	98	2317	100
1955	2507	100	2339	101
1956	2615	104	2437	104
1957	2765	106	2511	103
1958	3083	112	2889	115
1959	3230	105	3067	106
1960	3314	103	3178	104
1961	3382	102	3283	103
1962	3474	103	3441	105
1963	3602	104	3638	106
1964	3659	102	3723	102

Quellen: 1945—1959 in SEF, Suppl. Nr. 144, Dezember 1960 (Umschlagblatt).
1960—1964 in SEF, Suppl. Nr. 196, April 1965 (Umschlagblatt).

[2] Vgl. die im Bulletin mensuel de statistique sowie in den Annuaires statistiques, des I.N.S.E.E. veröffentlichten Preisindizes und Tabelle III, S. 50.

[3] Vgl. die Übersichten über die Geld- und Quasigeldmenge in La monnaie et le crédit, SEF.

Wir beobachten, daß der nach dem letzten Kriege in der ganzen Welt anzutreffende Preisanstieg verschiedene Ausmaße in den einzelnen Ländern annimmt. So bilden die Preiskurven einen Fächer, dessen Öffnungen von der Bedeutung nationaler Faktoren abhängen können. Das schließt die Bedeutung internationaler Einflüsse für das Entstehen der Preiskurven nicht aus. Es läßt sich z. B. ein ähnlicher Phasenablauf in Frankreich wie in den USA nachweisen, und wir dürfen annehmen, daß es die französischen Preise sind, obwohl sich, wie gesagt, ihre Entwicklung durch ihr Ausmaß und durch Details abhebt, die den großen internationalen Schwankungen folgen[4].

Könnte nun die Aufeinanderfolge der Phasen von Preisanstieg und -stabilität grosso modo durch die Durchleuchtung internationaler Faktoren erklärt werden, so können nur nationale Besonderheiten erhellen, warum die französischen Preise zwischen 1945 und 1948 so unwahrscheinlich schnell steigen, warum sie sich nur zögernd Ende 1948 stabilisieren, warum die Inflation 1949 wieder einsetzt, um bis Anfang 1952 fortzuschreiten, warum schließlich mit kurzen Unterbrechungen die schleichende Geldentwertung bis heute Ausmaße annimmt, wie sie vielen Nachbarländern unbekannt sind. Mit anderen Worten: warum Ausmaß und Dauer der Geldentwertung in Frankreich sich von ähnlichen Phänomenen in den Nachbarländern abheben, kann allein das Zusammenspiel nationaler sozialer, allgemeinwirtschaftlicher, insbesondere monetärer und budgetärer, sowie politischer Faktoren erklären, ohne die psychologischen außer acht zu lassen.

Für dieses Phänomen kann demnach nicht nur, wie es unser Thema vermuten lassen könnte, in der Durchleuchtung der öffentlichen Ausgaben- und Einnahmengebarung der Schlüssel gefunden werden; es ist vielmehr Ergebnis verschiedenster zusammenwirkender Erscheinungen, deren Gewichte sich im Zeitablauf verschieben.

Die Erfassung dieser Fülle von Faktoren bedürfte umfangreicher Einzelstudien. Doch wir können und wollen keine vollständige Erklärung des Inflationsphänomens in Frankreich seit 1945 bieten. Wir wollen nicht einmal der Rolle der öffentlichen Hand in allen ihren Verästelungen nachgehen, die diejenige, welche sich aus ihrer Finanzgebarung ergibt, erheblich übersteigt. Wir wollen uns auf eine Darstellung des Konjunkturablaufs seit 1945 unter Betonung hervorstechender wirtschaftlicher und außerwirtschaftlicher Ereignisse beschränken, um unserer Spezialanalyse einen historischen Rahmen zu geben.

---

[4] Vgl. J. M. *Jeanneney,* Forces . . ., S. 102 f., der sich bemüht, dies nachzuweisen.

Wir können 1945 bis heute eine Vielzahl von Konjunkturphasen unterscheiden. Um eine Überlastung unserer Darstellung zu vermeiden, wollen wir diese Phasen in fünf Zeitabschnitten zusammenfassen. Sie sind neben den konjunkturellen durch politische Ereignisse gekennzeichnet.

2. Die Ausgangssituation 1945 und ihre Entwicklung zur galoppierenden Inflation bis Mitte 1948

a) Nach der Stagnation im Frankreich der Vorkriegsjahre, nach dem Einsatz von Arbeitskräften und Sachproduktionsmitteln für die Besatzungsmacht, nach den Kriegszerstörungen, insbesondere in der Infrastruktur, erreicht die Produktion 1945 ein sehr niedriges Niveau im Vergleich zur Vorkriegszeit[5]. Dagegen schwillt die in der Volkswirtschaft umlaufende Geldmenge zu Rekordhöhen an[6].

Die Ausgangssituation ist demnach die aller am Kriege beteiligt gewesenen Staaten: einer aufgestauten Nachfrage steht ein reduziertes Angebot gegenüber als Folge der Kriegsereignisse. Das mehr oder minder große Geschick der in den einzelnen Ländern für die Überwindung dieser Lage verantwortlichen Politiker hilft zur Erklärung der unterschiedlichen Entwicklung des Geldwertes.

Frankreich kann sich zu einer Geldreform, wie P. Mendès-France sie vorschlägt, d. h. zu einer Blockierung von Teilen der Geldmenge, nicht entschließen; am 4. Juni 1945 findet lediglich ein Umtausch der Geldscheine statt — eine Maßnahme, die allein dem Finanzamt zugute kommt, fixiert sie doch die aus dem Kriege geretteten Geldvermögen. So bleibt die Geldmenge erhalten[7], bis auf Teile, die nicht umgetauscht werden.

Die durch Kriegszerstörungen, aber auch durch Veralterung des erhalten gebliebenen Produktionsapparates im Gefolge der Stagnation der französischen Vorkriegswirtschaft geschaffene akute Mangellage beschwört staatliche Planung und Tätigkeit zu ihrer Beseitigung herauf. Eine Anfang September 1944 von Ch. de Gaulle geformte erste provisorische Regierung legt in fünfzehn Monaten durch tiefgreifende ökonomische und soziale Reformen den Grundstein zu einem Staatswesen mit erweitertem Aufgabenkreis: Nationalisierungen, Maßnahmen zur Vermögensumverteilung, Reform der Sozialversicherung,

---

[5] Vgl. den Index der industriellen Produktion in SEF, Suppl. Nr. 144 . . . (Umschlagblatt).

[6] Vgl. La monnaie et le crédit, in Annuaire . . ., SEF, Suppl. Nr. 144 . . ., S. 2019, sowie entsprechende Zahlen in Teil B.

[7] Vgl. J. *Ullmo*, Le franc depuis 1939, in W. *Baumgartner*, Le franc, mythe et réalité, Paris 1953, S. 53.

Schaffung des „Commissariat au plan de modernisation et d'équipement", d. h. des für den Monnetplan verantwortlichen Organismus, mit dem Ziel, dem Wachstum der französischen Volkswirtschaft umfassende staatliche Hilfestellung zu geben, bilden im wesentlichen das Programm. Die ersten Parlamente bauen den Staatsdirigismus zu einem umfassenden System aus[8].

Doch das anfangs geringe, dann verzögert steigende Angebot kann sich nicht schnell genug an die hohe Nachfrage anpassen. Nach dem Rückzug de Gaulles von der politischen Bühne 1946 beginnt der Reigen der wechselnden Regierungen, beginnt die politische Instabilität, die es erheblich erschwert, gleichzeitig der Anforderungen aus dem geschilderten kostspieligen Programm Herr zu werden und die Preisstabilität nicht zu sehr zu vernachlässigen. Die Währungs-, Wirtschafts- und Finanzpolitik gehorcht den Tagesnotwendigkeiten; sie wird ein Flickwerk auf allen die Konjunktur beeinflussenden Gebieten.

Die Dämme brechen schon mit der im März 1945 erfolgenden Erhöhung der Nominallöhne seitens der Regierung, der „Beginn eines lächerlichen Schauspiels mit sich wie in einem Alptraum ohne Ende wiederholenden Szenen, in denen die Löhne vergeblich die beweglicheren Preise einzuholen suchten[9]." Denn Lohnpolitik heißt ab jetzt: schrittweises Zurückweichen des Staates vor den Lohnforderungen der gewerkschaftlichen Gruppierungen, die den Lebensstandard der Vorkriegszeit möglichst schnell wieder zu erreichen suchen, Forderungen, denen sie durch Streiks ohne Ende Gewicht verleihen. Die Preise können beweglicher sein und steigen, soweit die aus dem Kriege stammenden Preisregulierungen von der Regierung abgebaut werden. Die offiziellen Preisindizes geben die Situation nur unvollkommen wieder — sehen wir einmal von den Tücken ihrer Berechnung ab —, da die Mengen länger bewirtschaftet bleiben; ein blühender Schwarzmarkt ist die Folge.

b) Welche Versuche werden nun unternommen, die durchschnittlich 50 %ige Geldentwertung pro Jahr, wenn nicht zu stoppen, so doch zumindest abzuschwächen? Wir begegnen der Anwendung des üblichen Instrumentariums[10] seitens der sich ablösenden Regierungen Blum, Ramadier, Schuman, Marie und nochmals Schuman, nämlich

— dem Ansatz zum Einkommensentzug durch monetäre Maßnahmen wie dem Umtausch der Geldscheine am 4. Juni 1945 (als Grundlage

[8] Vgl. J. M. *Jeanneney*, Forces . . ., S. 28 f.

[9] J. *Ullmo*, Le franc . . ., S. 54, Übersetzung der Verfasserin.

[10] Vgl. L. *Laurat* et M. *Pommera*, Le drame économique et monétaire français depuis la libération, Paris 1953, S. 177 f.; J. G. *Mérigot* et P. *Coulbois*, Le franc, (1938—1950), Paris 1950, S. 128 ff.

steuerlicher Eingriffe gedacht) und dem Einzug der Banknoten von 50.00 F am 30. Januar 1948, denn alle Geldscheine werden nicht zum Umtausch präsentiert;

— der direkten Einwirkung auf die Preise, wie z. B. durch die unter der „expérience Blum“ bekannte, und zweimal 5% umfassende autoritäre Preissenkung Anfang 1947, die alle Preise betrifft, ob sie noch einer Preisregulierung unterliegen oder nicht;

— den währungspolitischen Maßnahmen der Banque de France in Form der Erhöhung des Diskontsatzes Ende 1947 und der Einführung von Kreditselektionen Ende 1948; zu diesen Maßnahmen gesellen sich häufige Maßhalteappelle des Gouverneurs der Zentralbank[11];

— der indirekten Preisbeeinflussung durch Gewährung von Subventionen, vorwiegend an Staatsbetriebe;

— dem Versuch der Einkommensminderung durch Steuererhöhung und Anleihenauflage sowie durch gezielte Reduzierung öffentlicher Ausgaben; eine Verminderung des öffentlichen Defizits wird somit gleichzeitig angestrebt.

Alle diese Eingriffe erweisen sich als völlig ungenügend; unsere Zahlen[12] zeigen uns allerdings nicht, daß sie nur einige Wochen oder im besten Fall einige Monate die Geldentwertung aufhalten, die sich dann um so stürmischer fortsetzt.

Theoretisch wäre eine härtere Lohn- und Preispolitik möglich gewesen, da sie im Frankreich der Nachkriegsjahre weitgehend Staatsangelegenheit ist, doch hätte es dazu neben einer stärkeren Verpflichtung an das eine politische Postulat unter allen übrigen, an die Währungsstabilität, auch stabilerer Regierungen bedurft[13]. Auch eine Begrenzung der staatlichen Aktivität wird als Heilmittel gefordert, doch steht dem das geschilderte umfangreiche Programm entgegen, das letztlich — wie z. B. institutionalisiert durch Ratifizierung des ersten Investitionsplans (Monnetplan) durch die Regierung Blum mit Dekret vom 16. Januar 1947 — auf eine sich budgetär niederschlagende Ausweitung der öffentlichen Ausgaben hinausläuft. Auch eine wirksame Kreditpolitik kann sich erst spät entfalten, da die staatliche

[11] Vgl. W. B. *Bing,* Wirtschaft . . ., S. 62 ff.

[12] Vgl. Tabelle III, S. 50.

[13] Umgekehrt wäre zu argumentieren, daß alle diese Regierungen ihren Sturz mit der Tatsache verdanken, daß ihnen die Verwirklichung der Zielsetzung der Währungsstabilität bei gleichzeitiger Produktionsausdehnung nicht gelingt.

Vgl. R. *Schneider,* Die französische . . ., S. 84.

Investitionspolitik bis Ende 1947 in einer Politik des billigen Geldes Unterstützung sucht und darauf in einer qualitativen Kreditpolitik zugunsten solcher Objekte, die für förderungswürdig angesehen werden[14].

In welchem Ausmaße es bei dieser Bevorzugung der Wachstumspolitik, zumindest kurzfristig, zu Zielkollisionen kommt und somit keine abgestimmte Konjunkturpolitik vorliegen kann, werden wir im Teil B zu analysieren suchen.

3. Erneutes Aufflammen der Inflation nach kurzfristiger Beruhigung Ende 1948 bis Anfang 1952

a) Schon im Laufe des Jahres 1948 macht sich eine Abschwächung des Preisauftriebs bemerkbar, die 1949 in eine sehr relative Preisruhe mündet. Diese Stabilität soll achtzehn Monate gewahrt bleiben, eine Zeitspanne, die in etwa mit der Amtszeit des Finanzministers M. Petsche in den Kabinetten H. Queille und G. Bidault zusammenfällt, die als erste ein Jahr überdauert.

1949 erreicht und übersteigt die französische Wirtschaft das Produktionsniveau der Vorkriegszeit[15], ein Ergebnis, das gleichermaßen dem erhöhten Angebot an Agrarprodukten nach den schlechten Ernten der Vorjahre und der nordamerikanischen Hilfe aus dem Marshallplan zu verdanken ist[16], ohne die ersten Erfolge der Modernisierungsanstrengungen der Industrie zu übersehen. Das Ende der Preis- und Mengenregulierungen wird eingeleitet und damit dem Schwarzhandel der Boden entzogen. Im internationalen Handel macht sich eine Entspannung bemerkbar; die Welthandelspreise geben nach[17]. Diese einer inländischen Preisstabilisierung günstige Situation wird genutzt; den 1947 eingeleiteten und 1948 ausgebauten Kreditrestriktionen mit genereller Wirkung[18] gesellt sich ein Lohnstopp hinzu, dessen Durchsetzung durch die Spaltung der Gewerkschaften erleichtert wird[19]. Die von Petsche im Januar 1949 in Szene gesetzte Offensive zur autoritären Senkung der Preise ist diesmal zum Teil von Erfolg gekrönt[20].

[14] Vgl. La monnaie et le crédit, in Ministère des Finances, Annuaire . . ., SEF, Suppl. Nr. 144 . . ., S. 2025; F. *Bloch-Lainé*, a. a. O., S. 339 ff.

[15] Vgl. Les principaux indices économiques, in Ministère des Finances, Annuaire . . ., SEF, Suppl. Nr. 144 . . ., S. 2106 ff.

[16] Vgl. J. M. *Jeanneney*, Forces . . ., S. 56.

[17] Dgl., S. 102 f.

[18] Einem einheitlichen Diskontsatz gesellen sich die Einführung des Rediskontplafonds und des Systems der „planchers" hinzu. Vgl. La monnaie et le crédit, in Ministère des Finances, Annuaire . . ., S. 2025.

[19] Vgl. K. F. *Wolff*, Die Leitungsorgane . . ., S. 124.

[20] J. G. *Mérigot* . . ., Le franc . . ., S. 169 ff.

b) Doch die Monate bis Mitte 1950 stellen keinen Wendepunkt im konjunkturellen Geschehen dar. Am 25. Juni 1950 Krieg in Korea: eine neue Preiswelle ist die Folge.

Unmittelbar beobachten wir als Folge dieses politischen Ereignisses keine Panik in Frankreich, von einem „run“ auf die Güter täglichen Bedarfs kann nicht gesprochen werden. Doch in der von der Erfahrung der Inflation jüngst gezeichneten Bevölkerung breitet sich die Ansteckung der internationalen Preishausse ungleich stärker aus als in vergleichbaren Nachbarländern. Ebenso überdauert der französische Preisauftrieb den weltpolitischen Anlaß, der im Frühjahr 1951 sein Ende findet[21].

Die sich ablösenden Regierungen — auf das Kabinett Queille folgen diejenigen von Bidault, Pleven, Queille, Pleven, Faure — „nehmen ohnmächtig teil an dieser Entfesselung einer wahrhaften psychologischen Inflation, in der wie in einer Kette die Hausse mit der Hausse verbunden ist, konsolidiert durch die Eingriffe der öffentlichen Hand[22].“

Gibt die innenpolitische Instabilität einer energischen Lohnpolitik schon wenig Realisierungschancen — eine Lohnwelle folgt vielmehr, insbesondere im Wahljahr 1951, auf die andere[23] —, so werden dem öffentlichen Haushalt nach Beendigung der Koreakrise weitere Lasten durch Beginn des Indochinakrieges aufgebürdet. Gleichzeitig zögern alle Regierungen, zu einer Beschneidung der öffentlichen Investitionsprogramme zu greifen. Zwar erfolgt eine Verschärfung der Steuerauflage. Ihren Chancen, eine reale Einkommensverminderung herbeizuführen, werden wir später nachgehen[24]. Erste Eindämmungsmaßnahmen durch Verschärfung der Kreditrestriktionen werden auf Drängen der Banque de France und des „Conseil National du crédit“ erst Ende 1951 ergriffen, doch sollen sie im Interesse der öffentlichen Investitionsanstrengungen wiederum weniger die Kredite an den Staat als die Kredite an die Privatwirtschaft treffen. So wird der Diskontsatz nur geringfügig heraufgesetzt, und eine Verschärfung der Berechnungsweise der „planchers“, die die Banken zu einer Mehraufnahme von Schatzscheinen zwingt, verbessert die Finanzierungsmöglichkeiten des Schatzamtes[25].

---

[21] Vgl. J. M. *Jeanneney*, Forces . . ., S. 102 ff.

[22] J. *Ullmo*, Le franc depuis 1939 . . ., S. 66, Übersetzung der Verfasserin.

[23] Vgl. K. F. *Wolff*, Die Leitungsorgane . . ., S. 125.

[24] Vgl. zur Finanzgebarung der öffentlichen Hand spätere Ausführungen in Teil B.

[25] Vgl. La monnaie et le crédit, in Ministère des Finances, Annuaire . . ., SEF, Suppl. Nr. 144 . . ., S. 2025; K. F. *Wolff*, Die Leitungsorgane . . ., S. 125.

4. Eine Wende im konjunkturellen Geschehen 1952 bis 1955: von der Stagnation zur Expansion bei Stabilität

a) Auf dem Höhepunkt der im Gefolge der Koreakrise erneut aufgeflammten Inflation sieht sich Frankreich ohne Regierung und ohne Haushalt Ende Februar 1952 einer chaotischen Situation gegenüber. Im März des gleichen Jahres wird A. Pinay Regierungschef. Während der auch ihm nur kurz bemessenen Zeit gelingt es diesem Politiker, die treibenden Kräfte der Geldentwertung zu bändigen. Das als „expérience Pinay" in die Wirtschaftsgeschichte Frankreichs eingegangene Phänomen ist äußerst vielgestaltig und schwer erklärbar. Beschränken wir uns auf einige Hinweise[26]:

Versuchen die kurzlebigen Regierungen vom Anfang des Jahres 1952 u. a., durch weitere Steuererhöhungen die Lage des Staatshaushalts aufzubessern, so verschafft sich Pinay Popularität, psychologischen Kredit durch seinen Versuch, das Inflationsproblem anders, als bisher üblich gewesen, einer Lösung zuzuführen.

Zu den Pfeilern seiner Politik gehören der absolute Verzicht auf die Einführung neuer Steuern zum Ausgleich des Staatshaushalts, ergänzt durch einen Verzicht auf Steuerrückstände, weiterhin das Prinzip der Finanzierung der durch Staatsinitiative realisierten Investitionen durch Anleihen, welches sich in der Auflage der als „emprunt Pinay" bekanntgewordenen 3,5 %igen Anleihe mit Goldgarantie konkretisiert, schließlich die Maßnahme, mit dem Gesetz vom 18. Juli 1952 den garantierten, interprofessionellen Mindestlohn (SMIG) mit dem Lebenshaltungskostenindex automatisch variieren zu lassen. Pinay ergänzt diese Politik durch Mittel der psychologischen Beeinflussung, d. h. durch Appelle an das Vertrauen der Bevölkerung in die Währung und an das Solidaritätsbewußtsein gegenüber Preis- und Lohnsteigerungen.

Die eindeutige Ausrichtung der Politik Pinays an dem Ziel der Preisstabilität wird unmittelbar von Erfolg gekrönt; nach seinem vorläufigen Abschied von der politischen Bühne im Dezember 1952 ist im März 1953 ein Jahr ohne Inflation durchschritten[27].

Mögen die einen Maßnahmen, deren Pinay sich bedient, die Vermutung einer Rückkehr zu orthodoxen Vorstellungen aufkommen lassen[28] — die Vorwürfe bleiben nicht aus, Pinay opfere die Zukunft, indem er den Investitionen ihren Vorrang verweigere —[29], mögen die

---

[26] Vgl. J. M. *Jeanneney*, Forces . . ., S. 39; J. *Ullmo*, Le franc depuis 1939 . . ., S. 67 f.

[27] Vgl. Tabelle III, S. 50, sowie Les principaux indices économiques, in Ministère des Finances, Annuaire . . ., SEF, Suppl. Nr. 144 . . ., S. 2106 ff.

[28] Vgl. F. *Bloch-Lainé*, a. a. O., S. 334 ff.

[29] Vgl. J. *Ullmo*, Le franc depuis 1939 . . ., S. 67.

anderen um so revolutionärer erscheinen — werden doch die gleitenden Löhne, traditionellerweise von den Linksgruppen gefordert, von einem Verfechter des wirtschaftlichen Liberalismus eingeführt —[30], Pinay gebietet der Inflationspsychose durch seine Politik Einhalt, er gibt den Franzosen das Vertrauen in ihre Währung zurück, er bringt ihnen erneut die „Tugenden der Stabilität" nahe[31].

Mag sie auch von der internationalen Konjunkturbewegung vorbereitet sein, so stellt die Wende im konjunkturellen Geschehen des Jahres 1952 doch ein schwer erklärbares, da psychologischen Zusammenhängen entspringendes Phänomen dar. Jede der von Pinay gewählten Maßnahmen hätte gegenteilige Wirkungen haben können. Wie die gleitenden Löhne im Inflationsprozeß weitere inflationistische Impulse auslösen, so sichern sie jetzt die Stabilität; sie zwingen die Regierung, „aufmerksamer die Lebenshaltungskosten zu überwachen und so zur Aufrechterhaltung des Geldwertes beizutragen"[32].Wie Steuern und Anleihen den Preisverfall im Inflationsklima verstärken, so wirkt der Ersatz zusätzlicher Steuern durch die zusätzliche Anleihe im Klima der Stabilität preisstabilisierend. „Wie das Mißtrauen hat das Vertrauen kumulative Effekte, die man auslösen kann, da Frankreich zutiefst nicht in Resignation gegenüber seinem Abstieg verfiel[33]."

Doch gleichzeitig mit der Inflation stoppt Pinay die wirtschaftliche Expansion. Nach der Stabilisierung bahnt sich eine leichte Rezession an[34]. Trotz erheblicher Exportsubventionen[35] verschlechtert sich die Außenhandelsbilanz. Von einer Abwertung, wie so häufig vorgenommen, nimmt man Abstand, um eine Verteuerung des Importes zu vermeiden[36]. Die militärische Lage in Indochina entwickelt sich zusehends unerfreulicher. Pinay muß abtreten.

b) Unter dem Nachfolger Pinays, R. Mayer, erlebt Frankreichs Wirtschaft eine Wiederankurbelung, doch diesmal bei Aufrechterhaltung der Preisstabilität, denn ab 1953 steigt das Sozialprodukt um jährlich 8 % bis 9 %, ohne daß es zu wesentlichen Preissteigerungen kommt[37].

---

30 Vgl. J. M. *Jeanneney*, Forces . . ., S. 39.

31 R. *Sédillot*, ABC de l'inflation, Paris 1958, S. 147, Übersetzung der Verfasserin.

32 J. M. *Jeanneney*, Forces . . ., S. 39, Übersetzung der Verfasserin.

33 J. *Ullmo*, Le franc depuis 1939 . . ., S. 68, Übersetzung der Verfasserin.

34 Vgl. Les principaux indices économiques, in Ministère des Finances, Annuaire . . ., SEF, Suppl. Nr. 144 . . ., S. 2106 ff.

35 Vgl. zur öffentlichen Finanzgebarung den Teil B.

36 Vgl. Le commerce extérieur, in Ministère des Finances, Annuaire . . ., a. a. O.;
J. M. *Jeanneney*, Forces . . ., S. 156 ff.

37 Vgl. Les principaux indices économiques, in Ministère des Finances, Annuaire . . ., S. 2106 ff.

Diese „Expansion bei Stabilität“[38] ist Ergebnis des Zusammenkommens einer Reihe günstiger Umstände. Zwar fehlt es nicht, wie wir später sehen werden, an einem „deficit-spending“, das über seinen Anlaß, die Rezession des Jahres 1952, hinaus erhalten bleibt. Gleichzeitig vermehrt jedoch eine Reihe guter Ernten das Inlandsangebot[39]. Frankreich erlebt eine Periode relativer Regierungsstabilität: bevor er 1955 selbst Regierungschef wird, ist E. Faure in vorangegangenen Regierungen Finanzminister, so daß die wirtschaftspolitische Führung zweieinhalb Jahre in den Händen eines Mannes ruht. 1954 wird unter Mendès-France der Krieg in Indochina beendet; eine Veränderung der militärischen Aufwendungen ist die Folge. Der im gleichen Jahre beginnende Krieg in Algerien bringt erst später spürbare finanzielle Belastungen mit sich. Das Kapitalmarktangebot wird angereichert durch die Repatriierung von Kapitalien aus Indochina[40]. Der zweite, 1954 für vier Jahre in Kraft tretende Investitionsplan verlagert sein Schwergewicht im Gegensatz zu seinem Vorgänger auf eine Vermehrung des Konsumgüterangebots; die öffentliche Hand hält sich im Investitionsbereich nicht unerheblich zurück[41]. Das Jahr 1953 leitet eine positive Tendenz in der Außenhandelsbilanz ein[42].

Ist Frankreichs Wirtschaftsgeschichte nach 1945 gekennzeichnet durch eine Serie von Ungleichgewichten, durch eine Folge binnen- und außenwirtschaftlicher Spannungen, durch eine Expansion der Produktion, die sich nur in Ausnahmefällen in einem inneren und äußeren Gleichgewicht vollzieht, so haben wir 1955 eine solche Ausnahmesituation vor uns, nämlich eine dynamische Gleichgewichtslage, gekennzeichnet durch Wirtschaftswachstum bei Preisstabilität und nahezu ausgeglichener Außenhandelsbilanz. Doch auch dieses Gleichgewicht ist labil: Ende 1955 geraten die Preise erneut in Bewegung, der Devisenabfluß erreicht in den folgenden Jahren selten gekannte Ausmaße.

5. Erneute Inflation 1956 bis 1958

a) Beherrschendes Phänomen bleibt, wie bisher, so auch in der letzten Konjunkturperiode der IV. Republik die politische Instabilität, die schließlich den Untergang dieser Republik herbeiführt.

Nach den Parlamentswahlen im Januar 1956 formt, auf die republikanische Front gestützt, G. Mollet eine Regierung, die bis Ende

---

[38] P. *Aymard,* La Banque et l'Etat, Paris 1960, S. 3, Übersetzung von K. F. *Wolff.*

[39] Vgl. J. M. *Jeanneney,* Forces . . ., S. 56 ff.

[40] Vgl. K. E. *Wolff,* Die Leitungsorgane . . ., S. 128.

[41] Vgl. unsere Ausführungen in Teil B.

[42] Vgl. J. M. *Jeanneney,* Forces . . ., S. 156 ff.

Mai 1957 besteht. Ihr folgt von Juni bis September 1957 das Kabinett Bourgès-Maunoury. Nach vier gescheiterten Versuchen gelingt es im November 1957 Gaillard, ein Kabinett zu bilden, das im April 1958 aufgelöst wird. Nach drei weiteren Versuchen wird am 13. Mai 1958 schließlich die Regierung Pflimlin verpflichtet.

Zu den einer rapide wachsenden Wirtschaft inhärenten Spannungsfaktoren, die sich in vielen Ländern gleichen, gesellen sich wie vor, so auch nach 1956 solche, die Phänomenen außerhalb des Wirtschaftswachstums zuzuschreiben sind und die die Besonderheit der französischen Entwicklung ausmachen[43].

Die existierenden inflationistischen Tendenzen, d. h. die Aufschwemmung der Nachfrage, heraufbeschworen durch die de facto generelle Indexierung der Einkommen, nicht nur der Löhne, sowie durch die wachsende Investitionsanstrengung in Vorbereitung auf den Eintritt in den Gemeinsamen Markt 1957, werden verstärkt durch strukturelle Fehlanpassungen sowie durch akzidentelle Faktoren. Zu den strukturellen Verzerrungen — genereller Überschuß an Getreide, Zuckerrüben und Wein, chronisch ungenügende Fleischproduktion — gesellen sich ab 1956 ungünstige klimatische Bedingungen. Der Erfolg ist eine qualitativ und quantitativ ungenügende Lebensmittelversorgung[44]. Hinzu kommt die Verteuerung der Einfuhr an Energiequellen als Folge der Suezkrise. Die Mobilisierung von Arbeitskräften während der Algerienkriege trägt keineswegs zur Entspannung der Situation bei.

b) Greifen wir kurz drei der bei wiedererwachender Geldentwertung 1956 auftretenden neuralgischen Punkte heraus, die Lohnentwicklung, das Außenhandelsdefizit und die öffentlichen Fehlbeträge, repräsentiert durch die „impasse“ des Trésor[45].

Mit einer neuen Welle von Streiks und Lohnforderungen, deren Durchschlagskraft durch den zunehmenden Mangel an Arbeitskräften erhöht wird, setzt sich die Lohn-Preis-Spirale in Bewegung. Die Entwicklung des Mindestlohnes, dessen automatische Anpassung an den steigenden Lebenshaltungskostenindex gesetzlich gesichert ist, bleibt jeweils hinter der der tatsächlich gezahlten Nominallöhne zurück[46], denn die Regierungen greifen zur Manipulierung (durch Senkung verschiedener Lebensmittelpreise, der Gastarife, der Kino-

---

[43] Vgl. die Halbjahresberichte: Conjoncture économique, Rapports présentés au nom du Conseil économique et social par MM. J. *Dumontier* et A. *Malterre*, Journal Officiel.

[44] Vgl. J. M. *Jeanneney*, Forces . . ., S. 337 f.

[45] Vgl. Premier semestre 1958, in Conjoncture économique, Rapports . . ., S. 7 ff.

[46] Vgl. J. M. *Jeanneney*, Forces . . ., S. 180 ff.

billets usw.), um die Indizes der Lebenshaltungskosten unter der Alarmziffer zu halten, die zur Schwelle einer Anhebung des SMIG wird. Die Lohnpolitik wird 1957 revidiert; die Einzelhandelsindizes werden auf eine neue Basis gestellt, um zusätzliche Verzerrungen im Preisgefüge und weitere Alimentierungen des Fehlbetrags des Trésor zu verhindern. Der im Vergleich zu den Großhandelspreisen hinausgezögerte, dann aber um so stärker einsetzende Anstieg der Einzelhandelspreise ist so zu erklären[47]. Die Überprüfung der Kalkulationsbasis schaltet jedoch keinesfalls die im System ruhende Inflationsgefahr aus. Das von Pinay eingeführte System der gleitenden Löhne, das von 1952 bis 1955 als Barriere gegen einen möglichen Preisverfall wirkte, wird nun zum zusätzlichen Antrieb der nicht mehr aufzuhaltenden Preishausse. Die Abschaffung des Indexlohnes wird zu einem Hauptanliegen im wirtschaftlichen Reformprogramm der Regierung de Gaulle Ende 1958[48].

Die ab 1953 zu beobachtende Tendenz zu einer Verbesserung der Außenhandelsbilanz schlägt 1956 mit fortschreitender Entwertung des Inlandsgeldes erneut um. Die Devisenausblutung erreicht allmählich solche Ausmaße[49], daß die Regierung sich gezwungen sieht, wie schon so häufig in früheren Jahren, zur Abwertung Zuflucht zu nehmen. Die versteckte Abwertung von 20 % im August 1957[50] hat übrigens u. a. unmittelbar eine Verteuerung der importierten Produkte zur Folge und trägt damit zum brutalen Anstieg der Einzelhandelspreise während der folgenden Monate ebenfalls bei. Da bei spürbarem Rückgang der Auslandskredite trotz Abwertungen und Subventionierung der Exportindustrie[51] das Gleichgewicht nicht hergestellt werden kann, sieht sich die Regierung de Gaulle dazu aufgerufen, auch die außenwirtschaftlichen Verhältnisse in das umfassende Reformprogramm einzubeziehen.

Die schon hohe, sich von 1952 bis 1955 um 6 Mrd. F stabilisierende „impasse" des Trésor, die bei stabilem Geldwert während der gleichen Periode geradezu in Vergessenheit geraten war, bricht 1956 erneut ein und erreicht ihren Tiefpunkt bei 10 Mrd. F. Die öffentlichen Haushalte werden, wie später zu beobachten[52], durch wirtschafts- und sozialpolitische Interventionen, geknüpft an die demographische Aufwärtsentwicklung, sowie durch militärische Ausgaben

---

47 Vgl. Tabelle III, S. 50.

48 Vgl. spätere Ausführungen in Teil B.

49 Les principaux indices économiques, in Ministère des Finances, Annuaire . . ., SEF, Suppl. Nr. 144 . . ., S. 2106 ff.

50 Vgl. J. M. *Jeanneney*, Forces . . ., S. 164 f.

51 Vgl. zur öffentlichen Finanzgebarung den Teil B.

52 Vgl. ebenda.

für die Suezkrise und den Algerienkrieg aufgeschwemmt. Die sich ablösenden Regierungen bemühen sich um eine Verringerung dieser für die Rolle der öffentlichen Hand im Geldentwertungsprozeß zu Recht oder Unrecht jetzt als Fanal angesehenen Größe: es gelingt erstmalig für das Rechnungsjahr 1958.

Mollets Finanzminister P. Ramadier will „im Frühjahr 1957 noch mit vorwiegend selektiv wirkenden kreditpolitischen Maßnahmen gegen spekulative Lagerhaltung und ‚volkswirtschaftlich unnütze' Investitionen und für eine Förderung der Exporte auskommen; im weiteren Verlauf des Jahres (sieht) man sich jedoch gezwungen, ... generelle Kreditrestriktionen durchzuführen"[53].

Die Bekämpfung der Inflation bei Erhaltung des Wachstums der französischen Volkswirtschaft ist wesentliches Anliegen jeder Regierung — Erfolg oder Versagen wird oft entscheidend für ihre Lebensdauer[54] —, doch bleibt es nach langjährigen, zögernden und unkoordinierten Versuchen den Finanzministern von General de Gaulle vorbehalten, zusammenhängende Programme vorzulegen und ihre Realisierung durchzusetzen[55].

6. Die schleichende Inflation ab 1959

a) War ein Leitmotiv in der Wirtschaftsgeschichte Frankreichs seit 1945 bis 1958 die politische Instabilität, so wird beherrschendes Ereignis in der Folgezeit bis heute die durch Verfassungsänderung garantierte politische Stabilität, da eine Gewichtsverlagerung auf die Exekutive durch Minimierung der parlamentarischen Kontrolle erfolgt.

Der 13. Mai 1958 wird zu einem entscheidenden Datum in der jüngsten Geschichte Frankreichs. Die politischen Instabilitäten sind Ausdruck eines tiefgreifenden politischen und wirtschaftlichen Unbehagens; sie müssen ihrerseits für eine Fülle politischer und wirtschaftlicher Versäumnisse und Fehlentscheidungen verantwortlich gemacht werden. Diese Summe politischer Mißverständnisse bereitet mit der Machtergreifung durch General de Gaulle nach den Ereignissen in Algerien der IV. Republik ein Ende und damit ebenfalls der Regierungsinstabilität. Die politische Leitlinie wird von diesem Datum an durch Regierungschef de Gaulle bestimmt; in seinen Kabinetten wechseln lediglich die Persönlichkeiten. So folgen auf A. Pinay als Finanz-

---

[53] K. F. *Wolff*, Die Leitungsorgane ..., S. 129; vgl. auch La monnaie et le crédit, in Ministère des Finances, Annuaire ..., SEF, Suppl. Nr. 144 ..., S. 2025: Nach der Erhöhung des Diskontsatzes und der Herabsetzung der Rediskontplafonds wird schließlich ein genereller Kreditstopp erlassen.

[54] Vgl. K. F. *Wolff*, a. a. O., S. 121.

[55] Vgl. Teil B.

minister W. Baumgartner und V. Giscard d'Estaing sowie schließlich M. Debré.

Die Konjunktursituation dieser Periode kann zwar generell als schleichende Inflation bezeichnet werden, da der Verlauf der Geldentwertung im Gegensatz zur Epoche nach 1945 der Ausmaße ermangelt, wie sie sich noch 1958 zeigen, doch ist sie keineswegs durch einen regelmäßigen Verlauf gekennzeichnet. Die konjunkturelle Erholung nach der Rezession 1952 setzt sich ab 1956 von Geldentwertung begleitet fort. Diese anfangs geringfügige Geldentwertung erreicht, wie gesagt, 1958 ihren Höhepunkt. Es schließt sich zu Beginn der Regierung de Gaulle eine leichte Rezession an, die bald von erneutem Konjunkturaufschwung abgelöst wird, bei Geldwertstabilität bis Ende 1961, bei weiterer Degradierung des Franc in der Folgezeit. Ab September 1963 machen sich Anzeichen einer Konjunkturschwäche bemerkbar, die sich im Laufe des Jahres 1964 verstärken und erst Ende 1965 verschwinden. Zu einer wirklichen Geldwertstabilität aber hat Frankreich bis heute nicht zurückgefunden[56].

b) De Gaulle läßt sich bei seiner Machtübernahme Sondervollmachten geben, die ihm helfen, eine Ende 1958 bis Anfang 1959 in Angriff genommene umfassende Währungs-, Wirtschafts- und Finanzreform zu realisieren, die die Grundlagen für eine Sanierung und internationale Anpassung der französischen Volkswirtschaft schaffen soll.

Durch die Vergabe des Finanzministeriums an A. Pinay ist eine psychologisch günstige Ausgangssituation hergestellt. Pinay betraut im September 1958 eine Expertenkommission unter Führung von J. Rueff mit der Sorge um die Auswahl der Konditionen und Maßnahmen zur wirtschaftlichen und finanziellen Gesundung. Die Regierung macht sich weitgehend die Anforderungen des Rueff-Plans[57] zu eigen, die sich in den folgenden Punkten zusammenfassen lassen[58]:

— erneute Abwertung des Franc um rund 15% und sukzessive Einführung einer neuen Franc-Einheit bis Ende 1959;

— Einführung der äußeren Konvertierbarkeit des Franc;

— Liberalisierung der Einfuhr bis zu 90% bzw. 70% gegenüber den Dollarstaaten;

---

[56] Vgl. Tabelle III, S. 50;
Les principaux indices économiques in Ministère des Finances, Annuaire . . ., SEF, Suppl. Nr. 144 . . ., S. 2106, sowie SEF, Nr. 189, September 1964 (Umschlagblatt) und SEF, Suppl. Nr. 196, April 1965 (Umschlagblatt);
Conjoncture économique, Rapports . . ., a. a. O.

[57] Vgl. Rapport sur la situation financière, veröffentlicht vom Ministère des Finances, SEF, Suppl. Nr. 121, Januar 1959.

[58] Vgl. Finanzbericht, Nr. 12, herausgegeben vom Bundesministerium der Finanzen, Bonn, April 1959, S. 36 f.

— Zollsenkungen im Rahmen der Verpflichtungen gegenüber dem Gemeinsamen Markt;

— Verringerung des öffentlichen Defizits und Sanierung der Budgetgebarung durch Steuererhöhungen einerseits und durch Abbau von Subventionen bei gleichzeitiger Erhöhung produktiver Investitionen andererseits;

— Erhöhung der Sozialversicherungsbeiträge und Änderung zahlreicher Sozialleistungen;

— Erhöhung des garantierten Mindestlohnes bei gleichzeitiger Abschaffung der allgemeinen Indexbindung von Löhnen und Gehältern;

— Neuregelung im sozialen Wohnungsbau und in der Mietgesetzgebung.

Zwar verringert sich der Produktionsanstieg in der Folgezeit gegenüber den Vorjahren, doch muß die Reform von 1958 insofern als ein Erfolg angesehen werden, als sich die Binnenpreise stabilisieren und die Gold- und Devisenbestände auffüllen[59].

Eine „Wende zum wirtschaftspolitischen Liberalismus"[60] stellt diese Reform jedoch nicht uneingeschränkt dar, da, wie wir an anderer Stelle beobachten werden, auch unter der V. Republik der Staat eine treibende Kraft in der wirtschaftlichen Entwicklung Frankreichs bleibt. Er investiert nicht nur selbst in großem Umfang; er hilft auch weiterhin bei der Finanzierung von Investitionen in Produktionsbereichen, die in den Investitionsplänen als förderungswürdig herausgestellt werden[61]. Nach den zwei ersten Investitionsplänen erfolgt die Realisierung zweier weiterer; 1966 schließlich tritt ein fünfter in Kraft. Sie alle unterscheiden sich durch jeweils variierende Schwerpunktgebung bei der Ansteuerung des Ziels, ein ausgeglichenes französisches Wirtschaftswachstum. Stellt sich der erste Plan zur wirtschaftlichen und sozialen Entwicklung im wesentlichen den Wiederaufbau der kriegsbeschädigten Infrastruktur, die Erneuerung des kriegszerstörten oder veralteten Produktionsapparates zur Aufgabe, zielt der zweite Plan hauptsächlich auf eine Vermehrung des unmittelbaren Konsumgüterangebotes ab, erklärt der dritte Plan 1958—1961 zu Hauptzielen die Förderung des Exports zur Verbesserung der Zahlungsbilanz und die Durchführung gezielter Strukturinvestitionen zur Einfügung der Wirt-

[59] Deuxième semestre 1959, in Conjoncture économique, Rapports . . ., a. a. O.

[60] M. *Wiebel*, Das französische Wirtschaftswunder, in Frankfurter Allgemeine Zeitung, Frankfurt 22. 4. 1961, S. 5.

[61] Vgl. zur Investitionstätigkeit der öffentlichen Hand den Teil B.

schaft in den Gemeinsamen Markt, so beschäftigen den vierten Plan 1962—1965 insbesondere die dynamische demographische Entwicklung mit ihren Anforderungen an Infrastruktur und Produktionsapparat, die Öffnung der französischen Wirtschaft in die Weltwirtschaft und schließlich die Hilfestellung für die unterentwickelten Länder[62].

Die Ausstrahlung dieser Pläne auf die öffentliche Finanzgebarung und von dort auf die Entwicklung des Geldwertes sind Gegenstand späterer Analyse. Erwähnen wir an dieser Stelle, daß die öffentlichen Haushalte über erneute anspruchsvolle wirtschaftliche und soziale Investitionsaufgaben hinaus mit weiteren Transferzahlungen zu sozialen Zwecken, mit zusätzlichen Kriegsausgaben in Algerien und schließlich heute mit Aufwendungen zum Aufbau einer Atomstreitmacht belastet werden.

Frankreichs wirtschaftliches Gleichgewicht gerät erneut in Gefahr. Der nach zwei Jahren relativer Preisruhe wiederum einsetzenden Degradierung des Franc tritt der dritte Finanzminister de Gaulles, V. Giscard d'Estaing, im September 1963 mit einem Stabilisierungsplan entgegen[63], der u. a. rigorose Lohn- und Preisstoppverordnungen sowie einschneidende Kreditrestriktionen enthält. Die Erfolge dieses Plans verfolgten wir skeptisch bis Ende 1965, als er unter M. Debré einige Auflockerungen erfährt. Er leitet eine „cure d'austérité" ein, die die französische Wirtschaft hart an den Rand der Depression führt, ohne daß es bis heute zu einer wirklichen Preisstabilität kommt.

7. Zusammenfassung und Ausblick

a) Frankreich kennt nach Kriegsende eine nur zu zwei Zeitpunkten unterbrochene Expansion der Produktion, die sich jedoch nur in Ausnahmefällen in einem inneren und äußeren wirtschaftlichen Gleichgewicht vollzieht. Die Wirtschaftsgeschichte nach 1945 ist im Gegenteil gekennzeichnet durch eine Serie von Ungleichgewichten, eine Folge binnen- und außenwirtschaftlicher Spannungen. Nach turbulenten Nachkriegsjahren wird die Wirtschaft aus ihrem mühseligen Gleichgewicht durch den Koreaboom herausgerissen. Es folgt die Rezession der Jahre 1952 und 1953. Überblicken wir die gesamte Periode vor 1958, so ragt das Jahr 1955 als außergewöhnlich durch seine dynamische Gleichgewichtssituation heraus.

---

[62] Vgl. die Veröffentlichung der Investitionspläne im Journal Officiel, so den Quatrième Plan de développement économique et social (1962—1965), in Cahiers annexés au Journal Officiel vom 7. August 1962.

[63] Vgl. Deuxième semestre 1963/64, in Conjoncture économique, Rapports . . ., a. a. O.

Bemühen wir das Bild vom „magischen Dreieck", welches die Schwierigkeit, ja die Unmöglichkeit illustrieren will, die drei gesamtwirtschaftlichen Ziele der Steigerung des Sozialproduktes, der Geldwertstabilität und des Zahlungsbilanzausgleichs miteinander zu vereinen, so ist es zweifelsohne der IV. Republik nicht oder nur ausnahmsweise gelungen, dieses Ideal zu erreichen. In dem Maße, wie es möglich ist, der IV. Republik, die derart an parlamentarischer Zerrissenheit und häufigen Regierungskrisen leidet, eine wirtschaftliche Gesamtkonzeption zuzuschreiben, können wir sagen, daß in Frankreich vor 1958 ein Kompromiß gewählt wird, bei dem der Steigerung des Sozialprodukts der Vorrang vor der Geldwertstabilität und dem Zahlungsbilanzausgleich zufällt. Der Verifizierung unserer Aussage ist unser Teil B gewidmet. Die Realisierung dieser Wahl wird schließlich durch eine arbeitsfähige, Kontinuität gewährleistende Verwaltung ermöglicht. „Die IV. Republik — und das ist ihr großes, aber vielleicht auch ihr einziges Verdienst — hatte den Willen und verstand es auch, die Neugestaltung, die Modernisierung der Wirtschaft und der Produktion des Landes durchzuführen und so die Versäumnisse nachzuholen, die nicht allein den beiden Kriegen, sondern auch der Trägheit der III. Republik zuzuschreiben sind[64]." Ursache ihres jähen Endes ist jedoch neben ihrer Unfähigkeit, das Kolonialproblem zu lösen, auch ihre Demission gegenüber dem Inflationsproblem. Im November 1957 greift eine der letzten Regierungen der IV. Republik zu nachfragedämpfenden Maßnahmen, die sich jedoch als ungenügend erweisen. Der konjunkturelle Umschwung 1958/1959 wird wohl durch sie eingeleitet, jedoch schließlich herbeigeführt durch die dargestellten tiefgreifenden Reformen der ersten Regierung der V. Republik nach den Plänen von J. Rueff.

Greifen wir später aus den vielfältigen welt- und binnenwirtschaftlichen Faktoren, die zur Geldentwertung führen, die Finanzgebarung der öffentlichen Hand heraus, so wird dieser Faktor im Rahmen einer Globalanalyse wichtig, d. h. als Ursache oder Wirkung einer Diskrepanz von Gesamtangebot und -nachfrage, und als solche dann in der einen oder anderen Form Angriffspunkt einer Politik zur Wiederherstellung des Gleichgewichts. Doch erscheint uns grundsätzlich zweifelhaft, auf dem Wege der Globalanalyse die ganze Wahrheit zu erfassen. Die Wirtschaftsentwicklung in Frankreich nach 1945 ist durch eine Fülle von Engpässen gekennzeichnet, d. h. durch mangelnde strukturelle Anpassung von Angebot und Nachfrage in verschiedenen Bereichen und auf unterschiedlichen Ebenen. Diese einzelwirtschaftlichen Erscheinungen mögen gesamtwirtschaftliche Auswirkungen haben.

---

[64] J. *Fauvet*, Von de Gaulle . . ., S. 15.

Vergegenwärtigen wir uns, daß zum Hintergrund der geradezu institutionalisierten Inflationsmisere folgende Situationen gehören[65]: zwar steht einer wachsenden, sich ständig verjüngenden Bevölkerung ein erneuerter Produktionsapparat gegenüber, doch weist dieser eine sich verschärfende Diskrepanz von landwirtschaftlicher und industrieller Produktion auf, wie auch innerhalb der einzelnen Bereiche. Andererseits existieren ein übersetzter und undurchsichtigen Gesetzen gehorchender Verteilungsapparat sowie eine von gewichtigen Mängeln behaftete Infrastruktur, die sich z. B. in der Schulmisere und in der Wohnungsnot äußert. Der soziale Apparat dehnt sich zusehens aus und wird schwerfälliger. Ständig entstehen Kosten in einzelnen Bereichen der Volkswirtschaft durch die militärischen Operationen Frankreichs.

Die Bekämpfung der Ursachen und Wirkungen der Diskrepanz von Gesamtangebot und -nachfrage ist unvollständig seitens der sich ablösenden Regierungen, solange die jeweiligen strukturellen Fehlanpassungen nicht beseitigt sind; denn Nachfrageüberhänge auf gewichtigen Märkten der Volkswirtschaft finden bei unvollständig wirkendem Preismechanismus immer wieder in einer Erhöhung der Lebenshaltungskosten ihren Niederschlag.

Politische Tendenzen begünstigen eine Übernahme der zur Befriedigung der Nachfrage auf ausgewählten Märkten entstehenden Kosten durch die öffentlichen Haushalte über das Maß hinaus, das in nach liberalen Gesichtspunkten dirigierten Volkswirtschaften vergleichbarer Nachbarländer üblich ist. Die Regierungsinstabilität vor 1958 sowie die durch Verfassungsänderung garantierte Regierungsstabilität mit Entmündigung der Parlamente ab 1958 sind dazu angetan, diese Tendenzen zu verstärken.

Und so entsteht, nicht nur gesamtwirtschaftlich, sondern auch einzelwirtschaftlich, die Zange, in der sich die Finanzgebarung der öffentlichen Hand seit 1945 in Frankreich befindet, und die wir darstellen wollen.

b) Wir werden zu beweisen suchen, daß die IV. Republik zwar die Steigerung des Sozialproduktes wählt — global und partiell unter erheblicher Belastung der öffentlichen Haushalte —, und dies bei häufiger Vernachlässigung der Geldwertstabilität und des Zahlungsbilanzausgleichs, daß sie diese Wahl jedoch mit Blick auf ein langfristig anzustrebendes dynamisches Globalgleichgewicht trifft.

---

[65] Vgl. Conjoncture économique, Rapports présentés au nom du Conseil économique . . ., a. a. O.

Ist der V. Republik eine andere Wahl zugänglich? Als Ergebnis der Reformen nach den Plänen von J. Rueff erreicht die französische Wirtschaft ein nahezu dynamisches Gleichgewicht, dessen Aspekt sich jedoch in einem wesentlichen Punkt von den Gleichgewichtszuständen der Vorperiode unterscheidet[66].

Eine gegen die Außenwirtschaft geschützte französische Volkswirtschaft weist bis 1958, häufig auf Kosten der Preisstabilität, eine relativ regelmäßige Zunahme des Sozialprodukts auf. Dieses Wachstum verlangsamt sich 1958 und 1959; es ist anzunehmen, daß die Wirtschaft sich an das neue Regime der Konvertibilität anpaßt. 1960 und während der ersten Hälfte von 1961 kennt sie, diesmal nach außen geöffnet, eine befriedigende Wachstumsrate bei Preisstabilität. Bei günstigem Wechselkurs, ein bis dahin geradezu unbekannter Faktor, wachsen die Devisenreserven.

Doch sind Mitte 1961 alle Probleme gelöst? Sind die durch das „magische Dreieck" formulierten wirtschaftspolitischen Ziele erreicht? Sind alle Spannungsfaktoren, Quellen erneuter Inflation, ausgeschaltet? Die Öffnung der französischen Wirtschaft in den Gemeinsamen Markt und in die Weltmärkte hat ihre inflationären Tendenzen verändert, jedoch nicht aufgehoben. Die Entwicklung der Binnenkonjunktur ist ab Ende 1958 unmittelbar an die Bewegungen der Weltwirtschaft angeschlossen.

Ab Mitte 1961 machen sich Preissteigerungen bemerkbar, die der französischen Wirtschaft und ihren Hauptkonkurrenten gemeinsam sind. Sie mögen die gleiche Ursache haben: „Es scheint so, als halte sich die derzeitige Wachstumsrate leicht unterhalb des vorgesehenen Rhythmus bei gleichzeitiger Ausschöpfung aller Arbeitskräftereserven ...[67]." Eine Verstärkung der Position der Arbeitnehmer im Lohnkampf ist die Folge. In Frankreich „geben die verschiedenen Sozialpartner, nach den Opfern der Jahre 1958 und 1959, die ihnen 1960 und 1961 den Eindruck vermitteln, nicht vollständig das ihnen Zustehende erlangt zu haben, die Sorge um das Gleichgewicht auf, um ein höheres Nominaleinkommen zu erhalten"[68]. Die Inflation, ausgelöst durch einen Nachfrageüberhang, verwandelt sich in eine Kosteninflation internationalen Gepräges[69].

Die der Binnenwirtschaft eigenen inflationären Faktoren sind ebenfalls nicht gebannt: Frankreich bleibt ein Land, in dem die Struktur-

---

[66] Deuxième semestre 1962, in Conjoncture économique, Rapports . . ., a. a. O.

[67] Deuxième semestre 1961, in Conjoncture économique, Rapports . . ., a. a. O., Übersetzung der Verfasserin.

[68] Deuxième semestre 1961 . . ., a. a. O., Übersetzung der Verfasserin.

[69] Vgl. J. *Marchal*, Economie politique . . ., S. 305 f.

reformen nicht genügend vorangetrieben sind, um die hauptsächlichen Hindernisse eines gleichgewichtigen Wachstums auszuräumen. Wohl verbessert sich die Struktur der Exportindustrie als Folge der Öffnung in die Weltwirtschaft. Doch viele andere strukturelle Verzerrungen bleiben erhalten: im Handel, in der Landwirtschaft, im Wohnungsbau, im Schulwesen ... Das Schlüsselwort von den „structures de base inflationnistes“[70] bezieht wohl auch folgendes Phänomen ein: die französische Wirtschaft scheint nur unter Schwierigkeiten die Vorteile einer freiwilligen und akzeptierten Planung mit einer Erneuerung der klassischen Geld- und Kreditmärkte vereinen zu können[71]. Die der derzeitigen demographischen Entwicklung innewohnende Tendenz zur Verschlechterung des Verhältnisses der Aktiven zur Gesamtbevölkerung fügt den vorhandenen Spannungen weitere hinzu, da sie Frankreich gegenüber seinen ausländischen Konkurrenten erheblich benachteiligt. Accidentelle Spannungsfaktoren sind wie in den Vorperioden auch jetzt nicht zu übersehen: die Ereignisse in Algerien mit ihren ursprünglich hohen militärischen Kosten verursachen heute erhebliche zivile Aufwendungen. Die Wiedereinbürgerung von Personen und Kapitalien hat unmittelbare Auswirkungen auf das Preisniveau.

Unter allen diesen Umständen ist es nicht verwunderlich, daß die globalen Maßnahmen von Finanzminister V. Giscard d'Estaing im September 1963, die neben den Preisstoppverordnungen vor allem die Kreditmechanismen bemühen, mit der Preishausse gleichzeitig das Wirtschaftswachstum aufhalten. „Zusammenfassend sei gesagt: es mußte wenigstens ein Jahr vergehen, um alle Konsequenzen des Stopps, der den erheblichen Preissteigerungen geboten wurde, zu enthüllen. Mit dem Unkraut zerstörte er die jungen Sprößlinge[72].“ Giscard d'Estaing bezahlt im Dezember 1965 den teilweisen Mißerfolg seines Stabilisierungsplans mit seinem Finanzministerposten, ein Los, welches er mit einigen Kollegen der IV. Republik teilt, die wie er versuchten, der Inflation Einhalt zu gebieten, und denen es nicht gelang, ein gleichgewichtiges Wachstum der französischen Volkswirtschaft zu erreichen. Wo liegt die Lösung?

Es ist nicht unsere Aufgabe, diese Lösung zu finden, etwa nach der Formel: etwas weniger Wachstum des Sozialprodukts, etwas mehr Währungsstabilität; es ist nicht einmal unsere Aufgabe zu entscheiden,

---

[70] Deuxième semestre 1963/64, in Conjoncture économique, Rapports . . ., a. a. O., Übersetzung der Verfasserin.

[71] Vgl. J. *Marchal*, Economie politique . . ., S. 293 ff., sowie J. *Marchal*, Monnaie . . ., S. 218 ff. und spätere Ausführungen. Wir denken an die bis heute notwendige Kredittransformation durch den Trésor.

[72] Deuxième semestre 1963/64 . . ., a. a. O., Übersetzung der Verfasserin.

ob, wann und inwieweit eine größere oder geringere Belastung der öffentlichen Hand mit wachstumspolitischen Verpflichtungen dem Ziel der Währungsstabilität förderlich wäre. Wir wollen lediglich zu klären suchen, welches der Beitrag der Finanzgebarung der öffentlichen Hand in ihrer jeweiligen tatsächlichen Ausgestaltung für die Entwicklung des Geldwertes seit 1945 gewesen sein kann. Der vorstehende historische Abriß, der sich auf der Literatur entnommene Aussagen stützt, die jeweils des Beweises bedürften, soll uns als Hintergrund dieser Aufgabe dienen.

II. Die theoretische Rahmengebung

1. Grundlegendes zum Problem: öffentliche Finanzgebarung und Geldwert

a) Die in unserem ersten Abschnitt bei der Behandlung der institutionellen Verflechtungen der Finanzgebarung der öffentlichen Hand mit dem System von Geld und Kredit in Frankreich aufgezeigten Beziehungen von öffentlicher Kassenhaltung und Gesamtliquidität weisen auf Wege hin, auf denen Inflation oder Deflation in das ökonomische Gesamtsystem eindringen können. Da die Finanzgebarung der öffentlichen Hand als Deflationsquelle in Frankreich nach 1945 insofern als zweitrangig betrachtet werden kann, als eine Deflation während dieses Zeitabschnittes nicht auftritt, allenfalls eine relative Preisstabilität[73], wollen wir das theoretische Problem der Bedeutung der öffentlichen Finanzgebarung für den Geldwert im wesentlichen[74] auf das Inflationsproblem reduzieren.

Man wäre versucht, diese Frage als ausgeschöpft zu betrachten, sobald als Konsequenz einer Geldschöpfung der öffentlichen Hand, d. h. des Trésor, zur Finanzierung der Ausgaben eine Ausweitung des Geldumlaufs zu beobachten ist, oder es wenigstens als genügend anzusehen, zum Beweis der inflationistischen Rolle der öffentlichen Hand der Aufschwemmung des Geldumlaufs die Aufwärtsbewegung der Preise gegenüberzustellen. Diese Überlegung wäre zu einfach. Die moderne Theorie verzichtet auf eine Deutung des Inflationsphänomens durch Herstellung einer notwendigen, direkten und proportionalen Verbindung von Ausweitung der Geldmenge und Preishausse. Das Inflationsphänomen ist weitaus komplexer. Der Inflationsbegriff ist weder klar noch einfach; „notieren wir als erstes, daß es sich um einen modernen Begriff handelt, nicht da er weder klar noch einfach

[73] Vgl. Tabelle III, S. 50.

[74] Die Tatsache, daß eine Deflation in Frankreich nach 1945 nicht stattfindet, schließt theoretisch und empirisch keinesfalls eine deflationistische Finanzgebarung des Staates aus, die durch stärkere inflationistische Faktoren überspielt worden sein kann. Vgl. spätere Ausführungen.

ist, sondern da man sich erst seit relativ kurzer Zeit um eine präzise Definition bemüht"[75]. Da wir auf die verschiedenen, von der modernen Theorie vorgeschlagenen Definitionstypen nicht näher eingehen wollen[76], halten wir uns an die Erscheinungsformen der Inflation, das Phänomen der Preishausse und dasjenige der Aufschwemmung des Geldumlaufs, sowie an die Mechanismen, deren sich die Inflation zu ihrer Ausbreitung bedient, den Zahlungsmechanismus sowie den Produktionsprozeß, ohne jedoch die Verfeinerungen der modernen Theorie zu übersehen.

b) Fragen wir nach der Bedeutung öffentlicher Finanzgebarung für den Geldwert innerhalb einer bestimmten Periode, so stoßen wir unmittelbar auf den Begriff des öffentlichen Defizits, zu dessen Klärung Vorstellungen der Quantitätstheorie durchaus verwertbar sind.

Zur Finanzierung ihrer Ausgaben will die öffentliche Hand sich real einen Teil des Gesamtprodukts sichern. Nehmen wir einmal an, daß ihr dies gelingt, so steht dem inflationären Effekt der öffentlichen Ausgaben der deflationäre Effekt der öffentlichen Einnahmen gegenüber. Wirkungen auf den Geldwert ergeben sich selbst bei überproportional steigender öffentlicher Tätigkeit in wachsender Wirtschaft zunächst nicht, da sich im Niveau von Gesamtangebot und Gesamtnachfrage nichts ändert. Voraussetzung dazu ist, daß zur Finanzierung wachsender öffentlicher Ausgaben eine Verringerung der privaten Ausgaben, z. B. über Steuern und Anleihen, zumindest angestrebt ist. Das ist nicht der Fall, wenn die öffentliche Hand über zusätzliche Kreditschöpfung ihre Ausgaben deckt. Das Gleichgewicht von Gesamtliquidität und Anspruch der öffentlichen Hand wird gestört. Eine Ausweitung der Gesamtnachfrage um ihre zusätzliche Nachfrage, finanziert durch zusätzliches Zentralbankgeld treibt die Preise in die Höhe. Die öffentliche Hand zieht einen zusätzlichen Teil des Gesamtprodukts über einen Preissteigerungsprozeß mittelbar an sich. Ein öffentliches Defizit mit seinen unvermeidbaren Auswirkungen auf den Geldwert besteht also, so verstanden, in dem Maße, wie Zentralbankkredit in Anspruch genommen werden muß.

Ist nun anzunehmen, daß ein neues Gleichgewicht von Gesamtliquidität und öffentlichem Anspruch sich bei angehobenem Preisniveau einstellt? Die Beantwortung dieser Frage wird bei der Beurteilung der Nachkriegsinflation in Frankreich von Bedeutung sein. Die Geldschöpfung zur Finanzierung zusätzlicher öffentlicher Ausgaben re-

---

[75] A. *Barrère*, Politique financière, Paris, Dalloz 1959, S. 382, Übersetzung der Verfasserin.

[76] Vgl. W. *Ehrlicher*, Geldwert und öffentlicher Haushalt, in Schriftenreihe der Friedrich-Naumann-Stiftung zur Politik und Zeitgeschichte Nr. 4, Stuttgart, S. 79 ff.

präsentiert gleichzeitig eine Ausweitung der verfügbaren Einkommen, die ihrerseits eine Veränderung der Kassenvolumina nach sich zieht. Die Thesaurierung müßte zunehmen, da in Perioden mit Geldüberfluß sinkende Zinssätze die Wirtschaftssubjekte von einer Placierung ihrer Liquiditäten abhalten. Doch die Aussicht auf weitere Preissteigerungen veranlaßt im allgemeinen die Einkommensempfänger, zusätzliche Liquiditäten für Transaktionszwecke zu verwenden. Diese nehmen daher stärker zu als ursprünglich anzunehmen, d. h. überproportional zur Ausweitung der verfügbaren Einkommen: eine weitere Preissteigerung folgt der ursprünglichen; die anfängliche Inflation wächst sich aufgrund des angedeuteten Kumulativprozesses, für den die Beschleunigung der Umlaufgeschwindigkeit den entscheidenden Faktor darstellt, zur galoppierenden Inflation aus. Diese Entwicklung zur galoppierenden Inflation ist um so weniger aufzuhalten, je größer die Mobilisierung thesaurierter Gelder ist. So nimmt, hat einmal die Finanzierung der öffentlichen Hand den Anstoß gegeben, eine offene Inflation insbesondere in Nachkriegsperioden gefährliche Ausmaße an, wenn nach Abbau der Rationierungen und Preis- und Lohnkontrollen die künstlich aufgestauten Liquiditäten sich auf die Märkte ergießen.

c) Erstes Ziel unserer Untersuchung ist demnach, den Umfang eines mit Zentralbankgeld finanzierten öffentlichen Defizites festzustellen und die Konsequenzen dieser von der öffentlichen Hand ausgelösten Geldschöpfung für das Preisniveau zu spezifizieren. Wir wollen an dieser Stelle schon darauf hinweisen, daß die „impasse“ des Trésor keinesfalls identisch ist mit der zusätzlichen Kreditschöpfung der öffentlichen Hand. Sie enthält dem Trésor vorbehaltene Finanzierungselemente, die eine Vernichtung privater Kaufkraft zumindest anstreben. Die „impasse“, erinnern wir uns, beinhaltet „die Fixierung der Höhe der Ausgaben zu Lasten des Trésor. Dieser Saldo ist sehr einfach zu berechnen, genügt es doch, die Differenz festzustellen zwischen den Auszahlungen des Staates und den Einzahlungen, die ihm dank seiner fiskalischen Quellen zur Verfügung stehen, welches auch immer die ökonomischen Auswirkungen dieser Operationen sein mögen[77].“

d) In einem zweiten Ansatz müssen wir über den rein quantitativen Aspekt einer Auswirkung der Finanzgebarung der öffentlichen Hand auf den Geldwert in Höhe der zur Finanzierung bemühten Geldschöpfung hinaus und hin zu einer mehr qualitativen Sicht, ausgehend von den Einkommenseffekten öffentlicher Haushalte, vordringen.

---

[77] J. *Le Bourva,* Discussions sur la gestion de la Trésorerie Publique au Congrès de Barcelone de l'Institut International de Finances Publiques, Madrid—Bruxelles 1960, S. 169, Übersetzung der Verfasserin.

Sehen wir nämlich einmal vom Vorhandensein eines mit Zentralbankgeld finanzierten öffentlichen Defizits ab, so ist zum einen keineswegs selbstverständlich, daß es der öffentlichen Hand möglich ist, sich real einen Teil des Gesamtprodukts zur Deckung ihrer Ausgaben zu sichern, so ist zum anderen völlig zweifelhaft, daß der Ausgabeneffekt der öffentlichen Verwendung der der verhinderten privaten Verwendung voll entspricht. Es ist mit einem Wort völlig offen, ob und in welchem Maße die Kompensation der expansiven Effekte der öffentlichen Ausgaben durch die kontraktiven Effekte der öffentlichen Einnahmen gelingt.

Zweites Ziel unserer Untersuchung wäre also, die Berechnung des Saldos in Angriff zu nehmen zwischen den öffentlichen Ausgaben, die Einkommen schaffen, und den öffentlichen Einnahmen, die Kaufkraft vernichten, der allein uns über die Wirkung der öffentlichen Budgets auf den Gesamtverbrauch, auf das Volkseinkommen Aufschluß gibt. Diese „Konzeption des Defizites, definiert als Größe, die eine Wirkung auf die volkswirtschaftliche Gesamtausgabe hat“[78], ist exakt schwer zu bestimmen. Sie ist ausgeschlossen ohne eine genaue Analyse der Einflüsse, die von Struktur und Richtung der öffentlichen Ausgaben und Einnahmen auf den Geldwert ausgehen. Diesem Problemkreis wollen wir in den folgenden zwei Kapiteln einige zusätzliche theoretische Hinweise widmen.

Als Ergebnis unserer Bemühungen sollte uns ein Abwägen der verschiedensten, für den Einfluß der öffentlichen Finanzgebarung auf den Geldwert während eines bestimmten Zeitabschnittes relevanten Faktoren in Hinblick auf eine Gesamtbeurteilung gelingen.

e) In einem dritten Ansatz müßten wir berücksichtigen, daß nicht nur absolutes Volumen und Struktur der öffentlichen Haushalte Einflüsse auf den Geldwert ausüben, sondern gleichfalls relative Variationen der öffentlichen Finanzgebarung — gemessen am Bruttosozialprodukt — geldwertverändernde Wirkungen haben können[79].

Setzen wir eine Ausgangslage, in der sich alle kontraktiven und expansiven Einflüsse der öffentlichen Ausgaben- und Einnahmengebarung so ausgespielt haben, daß der gegebene Geldwert nicht mehr berührt wird, so ist ceteris paribus mit weiteren Veränderungen nicht zu rechnen, dehnen sich Ausgaben und Einnahmen der öffentlichen Hand in der nachfolgenden Periode gleichmäßig und parallel zum Sozialprodukt aus. Verändern sie sich jedoch überproportional, so ist mit einer Reaktion der betroffenen Einkommensempfänger auf diesen zusätzlichen öffentlichen Anspruch zu rechnen. „Die Wirtschaft

---

[78] J. *Le Bourva*, Discussions . . ., S. 167, Übersetzung der Verfasserin.

[79] W. *Ehrlicher*, Geldwert . . ., S. 100 f.

wird versuchen, die überproportional steigenden Ansprüche des Staates abzuwehren, indem sie nun durch Inanspruchnahme erhöhter Kredite die alte Ausgabenstruktur aufrechtzuerhalten trachtet. Die Möglichkeit der inflationistischen Wirkung eines steigenden Anteils der Staatsausgaben bei ausgeglichenem Haushalt ist also darin angelegt, daß die für einen solchen Prozeß erforderliche Geldschöpfung — vom Staat angeregt — seitens der Unternehmungen erfolgt[80]."

Es erscheint uns jedoch grundsätzlich zweifelhaft, in Frankreich nach 1945 das Phänomen eines steigenden Anteils der öffentlichen Ausgaben bei ausgeglichenem Haushalt nachweisen zu können, berücksichtigen wir die große Nähe der Finanzierungsquellen des Trésor zur Geldschöpfung[81], selbst wenn keine direkte zusätzliche Kreditaufnahme bei der Zentralbank erfolgt. Dennoch halten wir die eventuellen expansiven Effekte eines ausgeglichenen Budgets[82], steigt der Anteil dieses Budgets am Bruttosozialprodukt[83], der Berücksichtigung wert, da mit einer Summierung der verschiedenen Wirkungen zu rechnen ist.

2. Öffentliche Ausgaben und Geldwert

a) Volumen und Struktur der öffentlichen Ausgaben sind determiniert von Ausmaß und Verschiedenartigkeit des öffentlichen Bedarfs. Ihre Klassifizierung erfordert in einem ersten Schritt eine äußerst detaillierte und komplexe Nomenklatur. Anhaltspunkte sind die verschiedenen Haushaltsposten. In einem zweiten Schritt entzieht man sich der ermüdenden Aufgabe der Aufstellung eines solchen Inventars durch Bildung von Ausgabengruppen, ausgehend von den wesentlichen Funktionen der öffentlichen Hand, d. h., man orientiert seine Bemühungen auf die Ausarbeitung eines funktionalen Budgets[84]. Ein solches Budget erlaubt, die Entwicklung von Volumen und Struktur der öffentlichen Ausgaben nicht mehr allein nach administrativen, sondern zusätzlich nach allgemeinen politischen Kriterien zu beurteilen. Eine weitergehende synthetische Aufarbeitung zielt ab auf eine Unterscheidung der Ausgabengruppen nach politischen und ökonomischen Kriterien. So teilen Staatshaushalt und Kassenbericht des Trésor in Frankreich heute die Gesamtmasse in drei große Ausgabengruppen auf: in die definitiven zivilen Ausgaben, die Militärausgaben und die temporären Kapitalausgaben.

---

[80] Vgl. ebenda.

[81] Vgl. 1. Abschnitt, insbesondere S. 37 ff.

[82] Vgl. T. *Haavelmo,* Multiplier Effects of an Balanced Budget, Econometrica, Bd. 13, 1945, S. 311 ff.

[83] Vgl. W. *Ehrlicher,* Geldwert . . ., S. 100 f.

[84] Vgl. A. *Barrère,* Politique financière, S. 177.

Doch für unsere Fragestellung genügen selbst diese Unterscheidungskriterien nicht. Wir erstreben eine Aufbereitung der öffentlichen Ausgaben unter Berücksichtigung ihrer ökonomischen Wirkungen.

Wir wissen, daß jede öffentliche Ausgabe grundsätzlich inflationär wirkt. Doch das Ausmaß dieses inflationären Effektes ist verschieden; es kann bei einigen Ausgabenkategorien dem verausgabten Betrag entsprechen, bei anderen ihn jedoch über- oder unterschreiten[85]. Unter Hintanstellung der zur Verfügung stehenden, nach administrativen, allgemeinpolitischen und ökonomischen Kriterien geschiedenen Ausgabengruppen müssen wir es uns zur Aufgabe stellen, auf verschiedenen Ebenen durch die Ausgabenmasse Schnitte zu legen, mit dem Ziel einer Beurteilung der Bedeutung der Ausgabenpolitik für den Geldwert während eines bestimmten Zeitabschnitts. Die Ausgabenkonten der öffentlichen Hand, aufgestellt im Rahmen der volkswirtschaftlichen Gesamtrechnung, verhelfen uns zu einem ersten Ansatz, da sie nach Ausgliederung der Auslandsausgaben die Aufwendungen für Güter, Dienste, Transferzahlungen und Bruttoanlageinvestitionen getrennt ausweisen[86]. Wir können in dem Sinne nur von einem ersten Ansatz sprechen, als diese Aufbereitung der öffentlichen Ausgaben zwar eine Beurteilung der Einkommenseffekte der Inlandsausgaben erlaubt, eine Abschätzung der deflatorischen Wirkungen von Auslandskäufen nach Berücksichtigung der gesamten, im Ausland verausgabten Beträge ermöglicht, eine Einbeziehung der Produktionseffekte der gesamten ökonomischen Tätigkeit der öffentlichen Hand definitiver und temporärer Art jedoch ausschließt[87].

b) Wir halten es im Rahmen unserer Darstellung nicht für unsere Aufgabe, eine erschöpfende theoretische Kasuistik zur Durchleuchtung unseres Problems, der Bedeutung der öffentlichen Ausgaben für den Geldwert, zu entwickeln. Mit Blick auf unsere spätere empirische Analyse erscheint uns jedoch die Erarbeitung gewisser theoretischer Instrumentarien unerläßlich.

Wir gehen davon aus, daß der Normalzustand einer modernen Volkswirtschaft nicht der dynamische Gleichgewichtszustand ist, daß ihn vielmehr ein Wechsel von Expansions- und Kontraktionsprozessen größeren und kleineren Umfangs mit ihren Auswirkungen auf den Geldwert charakterisiert. In der französischen Wirtschaft nach 1945 reihen sich, wie wir unserem historischen Abriß entnehmen[88], nur

---

[85] Vgl. W. *Ehrlicher*, Geldwert . . ., S. 90 f.

[86] Vgl. Les Comptes de la Nation, in SEF.

[87] Vgl. die nachfolgende statistische Rahmengebung.

[88] Vgl. S. 49 ff.

kurzfristig unterbrochene Expansionsprozesse bei Geldentwertung aneinander.

Ausgabenpolitik und Einnahmenpolitik der öffentlichen Hand beeinflussen entweder passiv und automatisch — in Erfüllung der von ihr, entsprechend den jeweiligen allgemeinpolitischen Vorstellungen, übernommenen Aufgabenbereiche — den Konjunkturablauf oder aber aktiv und dirigiert — in Anwendung eines an konjunktur- und wachstumspolitische Maximen angepaßten Instrumentariums. Wenden wir uns dem Aspekt der passiven und automatischen Beeinflussung der Konjunkturlage durch die Ausgabenpolitik zu und versuchen wir, ihn theoretisch zu stützen.

Setzen wir eine Ausgangslage, in der sich Ausgabeneffekte und Entzugseffekte der öffentlichen Finanzgebarung so ausgespielt haben, daß der öffentliche Haushalt zum bestehenden Produktions- und Beschäftigungsniveau und zum entsprechenden Geldwert nichts mehr beiträgt, so ist eine spätere zusätzliche öffentliche Ausgabe — sehen wir hier von ihrer Finanzierung durch Geldschöpfung oder den Versuch realer Kaufkraftminderung ab, deren respektiv mögliche Auswirkungen auf den Geldwert wir im folgenden Kapitel untersuchen wollen — grundsätzlich expansiv. Eine Ausnahme bilden, wie schon erwähnt, die Auslandskäufe. Grundsätzlich erhöht also jede zusätzliche öffentliche Ausgabe die privaten Einkommen und damit die Nachfrage, dies jedoch in unterschiedlichem Maße.

Verschafft sich die öffentliche Hand zusätzlich Güter, so ist der Ausgabeneffekt unmittelbar und entspricht dem verausgabten Betrag. Auch eine Aufwendung für Dienstleistungen „vergrößert die Nachfrage direkt und erzeugt damit bereits in der Periode der Verausgabung zusätzliche Beschäftigung“[89]. Zieht die öffentliche Hand in Stadien der Vollbeschäftigung Arbeitskräfte aus dem privaten Bereich ab und vermindert sie dadurch dessen Produktion, ohne ihrerseits eine volle Kompensation zu schaffen, so kann die inflationäre Wirkung die ursprünglich zu erwartende überschreiten. Diese Möglichkeit ist in Frankreich zu berücksichtigen, da die Volkswirtschaft eine globale Unterbeschäftigung nach 1945 nicht kennt, ein Ausgleich bei struktureller Unterbeschäftigung in Hinblick auf die mangelnde Elastizität auf dem Arbeitsmarkt unwahrscheinlich ist und wir mit grundsätzlich geringerer Produktivität der öffentlichen Betätigung rechnen müssen.

„Ein Trennungsstrich ist jedoch zu ziehen zwischen Transferzahlungen, durch die zusätzliche Einkommen ohne Gegenleistung geschaffen werden, und Ausgaben, die der Staat vornimmt, um sich zusätzliche Güter und Dienstleistungen zu verschaffen. Bei den Trans-

---

[89] H. *Haller*, Finanzpolitik, Tübingen — Zürich 1957, S. 159.

ferzahlungen (zu denen in diesem Zusammenhang auch zusätzliche Gehaltszahlungen an die bereits vorhandenen Staatsbediensteten zu rechnen sind) entsteht eine Nachfrageerhöhung nur indirekt über die Verausgabung der Transfereinkommen. Je nach der (Grenz-)Konsumquote solcher Einkommen wird die Zusatznachfrage in der ersten Runde größer oder kleiner sein[90]." Welche Ausgaben der öffentlichen Hand gehören nun in die Gruppe der Transferzahlungen, die zusätzliche Einkommen ohne Gegenleistung schafft? Sicherlich müssen wir die Sozialleistungen hier einordnen, desgleichen die Zinszahlungen, da die Gegenleistung an die öffentliche Hand in Form der zur Verfügung gestellten Kapitalien in vorhergehenden Perioden erfolgte. Die Kredite jedoch müßten wir gesondert behandeln, in dem Maße, wie die Gegenleistung in Form erhöhter Investition der gesamten Volkswirtschaft nicht unmittelbar zukommt. Wir dürfen grundsätzlich davon ausgehen, daß der Ausgabeeffekt der Transferzahlungen „davon abhängig (ist), in welchem Umfang und Tempo die transferierten Beträge verwendet werden"[91]. Bei den Sozialausgaben wird der expansive Effekt groß sein, da mit hoher Konsumneigung der Einkommensempfänger zu rechnen ist, doch wird er maximal den verausgabten Betrag erreichen. Zinszahlungen betreffen Einkommensempfänger mit Sparneigung; ihr Nachfrageeffekt unterschreitet denjenigen, der von der Höhe der öffentlichen Verausgabung zu erwarten wäre. Die Kredite des Staates lösen, soweit gezielt vergeben und mit unmittelbarer Wirkung ausgestattet, Nachfrage zu Investitionszwecken zunächst in gleicher Höhe aus. Der Endexpansionseffekt kann „den Betrag der Staatsausgaben überschreiten; so kann die Gewährung von Darlehen Investitionen auslösen, die in ihrer Größenordnung erheblich über den gewährten Betrag hinausgehen und die ohne diese Staatshilfe unterbleiben würden"[92]. Doch ist wie bei den übrigen Transferzahlungen auch bei den Finanzierungszuschüssen zu privaten Investitionen der nachfragemäßige Effekt letztlich von den Entscheidungen der privaten Wirtschaftseinheiten abhängig.

Beobachten wir also über eine Periode eine Zunahme der Staatsausgaben, so ist uns die Aufgabe gestellt, den inflationären oder deflationären Globaleffekten, verstanden als eine Summierung der verschiedenen Einkommenswirkungen, nachzugehen, die sich, unabhängig von einer gleichzeitigen Veränderung des Anteils der Gesamtausgaben am Bruttosozialprodukt und unabhängig vom Wirksamwerden der Entzugseffekte aus der Mittelbeschaffung, allein aus Veränderungen in Richtung und Struktur der öffentlichen Ausgaben

---

[90] H. *Haller*, Finanzpolitik . . ., S. 91.
[91] W. *Ehrlicher*, Geldwert . . ., S. 91.
[92] W. *Ehrlicher*, Geldwert . . ., S. 91.

ergeben können. Das gleiche gilt übrigens bei unveränderter Gesamtmasse für eine Umstrukturierung der öffentlichen Ausgaben.

Werden die zusätzlichen Staatsausgaben nun nicht durch zusätzlichen Kaufkraftentzug seitens der öffentlichen Hand finanziert, sondern durch Geldschöpfung, so folgt der einmaligen Ausdehnung der Nachfrage ein Multiplikatorprozeß[93]; die endgültige Nachfragewirkung wird verstärkt. Doch die aus Struktur und Richtung der öffentlichen Ausgaben herrührenden Differenzierungen bleiben erhalten, da das Ausmaß der durch die Anhebung der öffentlichen Ausgaben erzielten expansiven Endwirkung davon abhängt, ob die unmittelbare Nachfrageerhöhung direkt oder indirekt erfolgt und welches die Grenzkonsumquote der begünstigten Einkommensempfänger ist. Analoge Überlegungen wären hinsichtlich der von einer Ausgabenumstrukturierung oder -beschneidung seitens der öffentlichen Hand ausgehenden kontraktiven Effekte anzustellen. Der kontraktiven Wirkung, abgestuft nach Berücksichtigung der spezifischen Strukturveränderungen innerhalb der unveränderten oder reduzierten Gesamtausgabenmasse, die einmalig bleibt, entspricht ihr eine gleichzeitige Verringerung des Mittelentzugs in gleicher Höhe, folgt ein Multiplikatorprozeß, sobald ein aufrechterhaltener Kaufkraftentzug der Schuldentilgung bei der Zentralbank dient.

c) Will die öffentliche Hand durch eine Veränderung ihrer Ausgabenmasse aktiv in den Konjunkturverlauf eingreifen, so stellt sich ihr das Problem der Wahl der zu variierenden Ausgabengruppen, einer Wahl, die sie weniger in Hinblick auf das Ausmaß konjunktureller Auswirkungen als mit Rücksicht auf administrative und allgemeinpolitische Ansprüche wird treffen können. Ein Großteil der öffentlichen Ausgaben ist fast zwingend vorgeschrieben, d. h. äußerst schwer manipulierbar. Im wesentlichen ist ein genügender Aktionsspielraum lediglich bei Investitionsausgaben der öffentlichen Hand gegeben, die nicht im Zusammenhang mit der Rüstung stehen und die sie indirekt in der Form von Finanzierungszuschüssen oder aber direkt tätigt, sowie bei Sachausgaben in denjenigen Aktionsbereichen, die nicht zur Regierung und Verwaltung im engeren Sinne gehören.

Doch beschränkt der Staat sich nicht auf reine Ordnungs- und Verwaltungsaufgaben, so nimmt er über seine Ausgaben unmittelbaren Einfluß auf die Leistungsfähigkeit der Volkswirtschaft. Die ökonomischen Ausgaben der öffentlichen Hand haben einen, wenn auch häufig nur sehr langfristigen Produktivitätseffekt. Neben dem konjunkturpolitischen ist der wachstumspolitische Aspekt solcher Ausgaben zu berücksichtigen. Konjunkturpolitische und wachstumspoliti-

[93] Vgl. u. a. H. *Haller,* Finanzpolitik . . ., S. 156 ff.

sche Zielsetzungen können in gewissen Wirtschaftssituationen konkurrieren. So ergibt sich für diese Ausgabengruppe folgendes Dilemma: „Sie sind zwar im Gegensatz zu den eigentlichen Verwaltungsaufgaben von einer erheblichen Elastizität, trotzdem werden sie im Durchschnitt eine gewisse Mindesthöhe haben müssen, wenn die Entwicklung der Produktivität einer Volkswirtschaft gefördert werden soll. Für eine stetige Produktivitätssteigerung sind die privaten Investitionen, die zusätzliche Produktionskapazitäten bereitstellen, allein nicht ausreichend[94].“

Es handelt sich bei diesen Ausgaben einmal um die „Grundlageninvestitionen“[95], deren Investitionscharakter nicht immer ganz offensichtlich ist. Zu ihnen gehören die Ausgaben zur Verdichtung und Verbesserung des Verkehrsnetzes, zur Erhöhung der Energieerzeugung, zur Verbesserung der Bodenfruchtbarkeit und der Wohnverhältnisse, zur Förderung von Volksgesundheit, Bildung und Erziehung. Es handelt sich zum anderen über diese Grundlageninvestitionen hinaus um Ausgaben zur Erleichterung von Investitionen in den nationalisierten Betrieben und in der Privatwirtschaft.

Die ökonomischen Ausgaben der öffentlichen Hand nehmen in Frankreich die Form definitiver Ausgaben an für die direkt getätigten Investitionen und die Finanzinvestitionen oder Subventionen zu investiven Zwecken. Diese Investitionen ziehen eine Ausweitung des öffentlichen Bruttofixkapitals nach sich. Ihnen stehen die temporären Ausgaben gegenüber, die die Darlehen und Vorschüsse im Rahmen des F. D. E. S. sowie an die Organismen der H. L. M. beinhalten. Von ihnen profitieren nationalisierte Betriebe und Privatwirtschaft im Rahmen des F. D. E. S., der Wohnungsbau im Rahmen der Organismen der H. L. M.

Wie erwähnt können die mit der öffentlichen Investitionspolitik grundsätzlich verfolgten wachstumspolitischen Zielsetzungen mit den wechselnden konjunkturpolitischen Erfordernissen in Widerspruch geraten. Ist nicht aufgrund der konjunkturellen Lage, d. h. bei Unterbeschäftigung der Produktionsfaktoren und insbesondere bei Arbeitslosigkeit, ein genügender Spielraum für jede öffentliche Investitionstätigkeit, unabhängig von ihrem Produktionseffekt, ihrem Einkommenseffekt und ihrer Finanzierung, gegeben — eine Situation, wie sie Frankreich seit 1945 nicht kennt —, so muß die Investitionspolitik unter Berücksichtigung der Konjunktursituation und der angestrebten Wachstumsrate immer wieder neu abwägen, inwieweit die privaten Ausgaben zugunsten der öffentlichen ökonomischen Ausgaben einge-

---

[94] H. *Haller*, Finanzpolitik . . ., S. 259.

[95] Dgl., S. 253.

schränkt werden können und sollen. „Die öffentlichen Ausgaben mit investitionsartigem Charakter müssen mit den privaten Investitionsausgaben einigermaßen harmonieren, Grundlageinvestitionen und Investitionen der privaten Produktionssphäre müssen Hand in Hand gehen[96].“ Fassen wir zusammen:

Wollen wir zu einer Beurteilung der Auswirkungen der Investitionspolitik der öffentlichen Hand während eines bestimmten Zeitabschnitts kommen, so müssen wir neben einer Analyse der globalen Auswirkungen von Veränderungen der Investitionsausgaben in einer Wirtschaft, die Vollbeschäftigung kennt, d. h. Konkurrenz des öffentlichen und privaten Sektors um die Wirtschaftsfaktoren, zu einer Darstellung der sektorialen Effekte[97] der öffentlichen Investitionspolitik kommen, welche bei Bestehen von Engpässen, berücksichtigen wir die Produktionswirkungen, die globalen Einkommenswirkungen ausweiten oder einengen können. Jede solche Analyse muß gleichzeitig die Finanzierung einbeziehen, da diese, gelingt es ihr, Sparquellen zu erschließen, die der Privatwirtschaft unerreichbar sind, unter Betonung des Produktionseffektes als Argument für eine umfassende öffentliche Investitionspolitik dient, oder aber, muß sie die Geldschöpfung bemühen, unter Betonung der Einkommenswirkungen gegen sie vorgebracht wird. Doch das Gewicht solcher Argumente selbst ist nicht unveränderlich im Zeitablauf: das konjunkturpolitische Argument tritt grundsätzlich hinter dem wachstumspolitischen zurück in einer Volkswirtschaft, die zwar eine offene Unterbeschäftigung nicht kennt, deren Wachstumsaussichten bei veraltetem, kriegszerstörtem oder einfach nicht vorhandenem Produktionsapparat und unergiebigem Kapitalmarkt ohne eine öffentliche Mindestintervention jedoch äußerst begrenzt sind; sein Gewicht nimmt zu in einer Volkswirtschaft, die eine bestimmte Wachstumsrate aufweist.

d) Will die öffentliche Hand mit Hilfe ihrer Ausgaben aktiv Konjunkturpolitik betreiben, so bietet sich ihr ein weiterer Haushaltsposten an: die Subventionen. Widmen wir auch ihnen einige zusätzliche theoretische Bemerkungen.

Unser Augenmerk gilt weniger dem Subventionsbedarf einer sogenannten mehrstufigen Staatswirtschaft als vielmehr demjenigen, der auf eine einzelwirtschaftliche Kalkulationskorrektur im Dienst der Konsum- und Produktionssteuerung abzielt[98]. Die Gewährung solcher

---

[96] H. *Haller*, Finanzpolitik . . ., S. 258.

[97] Vgl. A. *Barrère*, Politique . . ., S. 393 ff.;
R. *Martinot*, Investissements publics et inflation, in Revue de sciences financières, 1960, S. 512 ff.

[98] Vgl. F. *Terhalle*, Die Finanzwirtschaft des Staates und der Gemeinden, Berlin 1948, S. 62 ff.

Subventionen erfolgt nach konjunktur- oder strukturpolitischen Gesichtspunkten, doch besteht hinsichtlich der Preiswirkungen kein substantieller Unterschied zwischen einer Subvention, die dazu bestimmt ist, den Preis eines Produktes zu senken oder zumindest zu stabilisieren, und einer Finanzhilfe an Grenzbetriebe, die ihnen erlaubt, ihre Produktion fortzusetzen; und tatsächlich ist der Preiseffekt einer Subvention, vergeben mit antiinflationistischen Zielen, kaum zu unterscheiden von demjenigen einer Finanzhilfe, zugestanden aus Produktionsgründen. Ein Unterschied besteht, zumindest in der Intention, für die Finanzinvestition: sie strebt einen Produktionseffekt an.

Die Subvention als Instrument im Kampf gegen die Inflation wirkt wie eine Art „Gegensteuer"[99]. Anstatt gewisse Produkte mit einer Verbrauchsteuer zu belasten, die ihren Verkaufspreis anheben würde, gewährt der Staat eine Hilfe, die die Senkung oder zumindest Stabilisierung der entsprechenden Produktpreise erlaubt. Ein solcher Vorgang der Inflationsbekämpfung zielt auf die Subventionierung solcher Güter ab, deren Preise in Hinblick auf die unmittelbare psychologische Beeinflussung der Konsumenten und die Berechnung der generellen Preisindizes von Interesse sind.

Nun können in einer ständig von Inflation bedrohten Volkswirtschaft, in der zusätzlich zu konjunkturpolitischen Interventionen berechtigt oder unberechtigt eine umfangreiche Strukturpolitik mit Subventionshilfe betrieben wird, die entsprechenden Ausgabenposten in ihrer Summierung absolut und als Anteil am Gesamthaushalt derartige Ausmaße annehmen, daß die öffentliche Hand sich vor ein Dilemma gestellt sieht, wenn sie nicht gar unter dem Druck der Öffentlichkeit gezwungen wird, zu dem paradoxen Verfahren eines Abbaus von Subventionen gerade dann zu greifen, wenn die Inflation ihren Höhepunkt erreicht[100]. Durch eine solche Maßnahme werden zwar die Einkommenswirkungen der öffentlichen Ausgaben verringert, die erheblich sind, liegt zusätzlich eine Finanzierung durch Kreditschöpfung vor — die Öffentlichkeit beschäftigt sich vorwiegend dann mit der Ausgaben-, insbesondere Investitions- und Subventionspolitik der öffentlichen Hand, wenn der Trésor mit zusätzlichem Zentralbankgeld zu finanzierende Fehlbeträge ausweist —, mit einer Anhebung der Preise in den betroffenen Produktionszweigen muß jedoch gerechnet werden.

---

[99] L. *Reboud,* Systèmes fiscaux et marché commun, Paris, Sirey 1961, S. 127.

[100] Vgl. P. *Uri,* La querelle des subventions, Réalités, April 1951, S. 39 ff.; A. *Page,* Subventions et inflations, Revue Economique, 1952, Nr. 5, S. 667 ff.; *Passet,* Les subventions économiques et la lutte contre l'inflation, Paris, 1956 sowie unsere Verifizierungen in Teil B.

3. Öffentliche Einnahmen und Geldwert

a) Die öffentliche Hand im weitesten Sinne bezieht ihre Mittel zur Finanzierung ihrer Ausgaben aus Einkünften öffentlicher Erwerbsunternehmen, aus Kreditaufnahme und -vergabe, aus Gebühren, Beiträgen und Steuern. Wir schränken öffentliche Aktivität ein, der Definition in der volkswirtschaftlichen Gesamtrechnung folgend[101], und schließen damit die Einkünfte aus öffentlichen Erwerbsunternehmen aus unserer Betrachtung aus.

Fast 95% der laufenden Quellen der öffentlichen Hand, d. h. unter Ausschluß der Kreditaufnahme, entstammen obligatorischen Zahlungen in Form von Steuern und Sozialversicherungsbeiträgen[102]. Es ist dies unter den Einnahmen der öffentlichen Hand grundsätzlich diejenige Mittelbeschaffung, durch die sie versucht, real einen Teil des Gesamtprodukts zur Finanzierung ihrer Ausgaben an sich zu ziehen und die, falls ausreichend, den großen Bereich der den Geldwert gefährdenden Kreditoperationen der Trésorerie einengt und die fast automatisch mit einer Inflationsdrohung verknüpfte Aufnahme von Zentralbankkrediten ausschließt[103].

Die Nähe der dem Trésor eigenen Einnahmequellen, die den Großteil der öffentlichen Kreditaufnahme darstellen[104], zur Geldschöpfung war Gegenstand früherer Untersuchungen und wird uns in unserer späteren empirischen Analyse erneut beschäftigen. Es steht jedoch außer Zweifel, daß die öffentliche Hand, wie mit Hilfe von Steuern und Sozialversicherungsbeiträgen, so auch durch die Aufnahme langfristiger und teilweise kurzfristiger Anleihen die reale Reduzierung privater Kaufkraft zur Finanzierung ihrer Aufgaben zumindest anstrebt. Unser Augenmerk gilt daher im Rahmen dieses Kapitels drei Einnahmearten: der Finanzierung mit Steuern, derjenigen mit Sozialversicherungsbeiträgen und der Anleihefinanzierung.

b) Fragen wir nun nach den Auswirkungen öffentlicher Einnahmepolitik auf den Geldwert, so drängt sich uns unmittelbar die Steuerinzidenzlehre auf. Bezeichnen wir als Steuerinzidenz das Phänomen, welches den „point de chute“ der Steuer[105] beinhaltet und den Steuerpflichtigen, dem die formale Steuerlast aufliegt, von demjenigen unter-

---

[101] Vgl. Les Comptes de la Nation 1949—1955, in SEF, Nr. 85, Januar 1956, S. 19.

[102] Vgl. Les Comptes de la Nation de l'année 1963, in SEF, Nr. 187—188, Juli—August 1964, S. 747.

[103] Vgl. insbesondere S. 37 ff.

[104] Vgl. die nachfolgende statistische Rahmengebung.

[105] *Tabatoni*, La rationalité économique des choix financiers, Economie Appliquée, 1955, S. 177.

scheidet, der die materielle Steuerlast trägt, so müssen wir berücksichtigen, daß sie von den Einflüssen abhängt, die die Steuerlast auf die Einkommen ausübt. So ist, anders ausgedrückt, die Steuerinzidenz Ergebnis der ökonomischen Effekte der Steuerauflage und der öffentlichen Ausgabe, die gleichzeitig die Voraussetzungen der Überwälzung schaffen und den Prozeß selbst der Weitergabe der Steuerlast vom formalen zum materiellen Steuerpflichtigen in Gang bringen. Der Überwälzungsmechanismus ist sehr häufig mit einer Anhebung des Verkaufspreises gleichzusetzen, doch stellt die Überwälzung der Steuer auf den Preis nicht das ganze Inzidenzphänomen dar.

Wir begeben uns als Erstes auf das weite Feld der Preiswirkungen der Steuerauflage. Die Analyse der Wirkungen von Anleihen und Sozialversicherungsbeiträgen erfolgt analog, da die ersteren den Effekten direkter, die letzteren denen indirekter Besteuerung verwandt sind[106]. Die Berücksichtigung der Einkommenswirkungen wird später erfolgen.

Der Fiskalität, der Parafiskalität und der Anleiheaufnahme der öffentlichen Hand werden zwei entgegengesetzte Auswirkungen zugeschoben: man wirft der Einnahmenpolitik einen inflationistischen Effekt vor, gleichzeitig jedoch wird ihr eine Funktion im Kampf gegen die Inflation zugemessen. Beide Effekte, so entgegengesetzt sie auf den ersten Blick erscheinen mögen, stellen verschiedene Antworten der gleichen Frage nach dem Wirksamwerden des deflatorischen Effektes dar, welcher von einer Übertragung privater Geldmittel an den Staat a priori ausgehen müßte.

c) Nähern wir uns unserem Problem zuerst auf mikroökonomischer Basis. Wollen wir die Auswirkungen der Steuer auf die Preise studieren, so gilt es, die Zusammenhänge zwischen beiden Mechanismen aufzudecken. Tatsächlich muß sich der Mechanismus der Überwälzung zu seiner Auswirkung auf das Preisniveau mit dem Spiel von Angebot und Nachfrage kombinieren. Ist die Auswirkung der Steuer auf die Preise abhängig von der Beziehung der Besteuerungstechnik zum Mechanismus von Angebot und Nachfrage, so tritt der Überwälzungsmechanismus um so stärker in Erscheinung, wie diese Beziehung sich verengt. „In diesem Sinne kann man sagen: je näher die Steuern dem Verteilungskreislauf sind, um so mehr riskieren sie, vom Strom mitgerissen und in den Preisen weitergegeben zu werden[107]." Wir dürfen zur Interpretation kommen: „So kann wahrscheinlich der Begriff der Nähe zum Verteilungskreislauf uns ein Kriterium für den Einfluß

---

[106] Die Arbeitgeberbeiträge zur Sozialversicherung tragen eindeutig Kostencharakter.

[107] L. *Reboud,* Systèmes . . ., S. 106, Übersetzung der Verfasserin.

der verschiedenen Steuern auf die inflationistische Tendenz liefern"[108]. Die Anwendung dieses Kriteriums kann uns bei dem Versuch der Klassifizierung von Steuer- und generell Einnahmearten behilflich sein.

In dieser Sicht ist es nicht notwendig, sich lange bei den Steuern auf die Einkommensverwendung aufzuhalten. Sie sind dem Verteilungskreislauf am nächsten und haben eine direkte Auswirkung auf die Preise. Ihre Überwälzung ist in einigen Ländern vom Gesetzgeber geradezu vorgesehen. Der Steuerbetrag — Umsatzsteuer, Verbrauchsteuer oder Zoll — wird vom Verkäufer an den Käufer weitergegeben: je schärfer die Steuer ist, um so mehr steigt der Verkaufspreis der betroffenen Produkte. Der Steueranteil, der schließlich in den Produktpreis eingeht, ist jedoch in zwei Fällen schwierig zu bestimmen: einmal, sobald wir eine kumulative Umsatzsteuer vor uns haben, zum andern, sobald das Phänomen der Doppelinzidenz zu berücksichtigen ist. Sind die Probleme der Kaskadensteuer — der im Endverkaufspreis enthaltene Steueranteil ist hier Funktion nicht nur des Steuersatzes, sondern auch und vor allem der Länge des Produktionsprozesses und der Ausdehnung des Verteilungskreislaufes — bei der französischen „taxe sur la valeur ajoutée" ausgeschaltet, so ist die Erscheinung der Doppelinzidenz nicht zu vernachlässigen. Der Begriff der Doppelinzidenz beinhaltet folgenden Mechanismus: in dem Maße, wie der Gewinn einen Prozentsatz des Selbstkostenpreises darstellt, wächst das Einkommen des Unternehmers, sobald die Steuer den Selbstkostenpreis erhöht. Die Steuerüberwälzung ist im Endeffekt stärker, als der Steuersatz ursprünglich vermuten läßt[109]. Können wir annehmen, daß die Besteuerungstechnik einen Einfluß auf das Ausmaß dieser Erscheinung hat, in dem Sinne, daß es schwieriger ist, eine umfangreiche Preiserhöhung auf einmal durchzuführen, als eine Serie von Preiserhöhungen geringeren Ausmaßes vorzunehmen, so wäre vom psychologischen Standpunkt die französische Mehrwertsteuer weniger anfällig für die Doppelinzidenz als die kumulativen Umsatzsteuern anderer Länder[110].

Ist man sich im allgemeinen darüber einig, daß die Steuern auf die Einkommensverwendung oder indirekten Steuern sowie die Arbeitgeberanteile der Sozialversicherung Lasten für den Unternehmer darstellen, die er den Kosten seiner Produktion hinzufügt, so gilt das gleiche nicht uneingeschränkt für die Steuern auf die Einkommensbildung oder direkten Steuern, geschweige denn für die Anleihen. Erscheinen indirekte Steuern auf den Betriebskonten in der

---

[108] Dgl., S. 106, Übersetzung der Verfasserin.

[109] Vgl. *Nogaro*, Problèmes contemporains de finances publiques, Paris 1940, S. 104 f.

[110] Vgl. L. *Reboud*, Systèmes . . ., S. 112.

Buchhaltung industrieller und kommerzieller Unternehmen, so ist von direkten Steuern keine Spur zu finden. Sie werden auf dem Gewinn- und Verlustkonto ausgewiesen. Eine Reihe von Argumenten[111], deren jeweiliger Wert einer umfangreichen Analyse bedürfte, unterstützt auf mikroökonomischer Basis die Vorstellung, daß direkte Steuern zu Lasten der formal Steuerpflichtigen verbleiben.

So werden für die Körperschaftsteuern angeführt: die Unwissenheit des Steuerpflichtigen in Hinblick auf die von ihm zu realisierenden Gewinne, die als Basis für die Besteuerung dienen werden; die Unsicherheit in Hinblick auf den Satz zum Besteuerungszeitpunkt; die „Personalisierung" der Steuer in dem Sinne, daß unterschiedliche Besteuerung für große und kleine Unternehmungen erfolgt, was in Hinblick auf die Konkurrenz eine Überwälzung erschweren könnte; usw.

So werden einer allgemeinen Steuer auf das Einkommen[112] physischer Personen die Überwälzungschancen abgesprochen unter Hinweis auf ihre persönliche und progressive Ausgestaltung, welche den Steuerpflichtigen daran hindert, seine Steuerschuld im voraus zu kennen, sowie auf ihre Ferne zu jedem bestimmten Produktions- und Verteilungsprozeß[113]. Doch müssen wir im Rahmen unserer Darstellung berücksichtigen, daß einmal diese allgemeine Steuer auf das Einkommen physischer Personen in Frankreich erst relativ jungen Datums ist, daß nach 1945 eine Schedulenbesteuerung der Einkommen praktiziert wurde, ein System, welches eine Annäherung der Besteuerungsarten an den Verteilungskreislauf veranlaßt und so eine Erleichterung der Weitergabe im Preis mit sich bringen kann, daß zum andern selbst in der neuen Form der Globalbesteuerung der Einkommen eine gewisse Möglichkeit der unterschiedlichen Abschätzung jeder Einkommensquelle besteht, was uns in Hinblick auf die Überwälzungschancen der Schedulenbesteuerung näherbringt[114]. Greifen wir zwei Beispiele heraus: Die Beschneidung der Löhne und Gehälter durch die Steuer wird von den Steuerpflichtigen, vor allem in Hinblick auf die allgemein praktizierte Technik des Quellenabzugs, als unmittelbare Verminderung ihrer Kaufkraft empfunden. Ergebnis ist ein Anreiz für die Steuerpflichtigen, die Steuerlast ganz oder teilweise dem privaten oder öffentlichen Arbeitgeber in Form einer Erhöhung der Löhne und Gehälter zuzuschieben. Für weit geringer werden im allgemeinen die Überwälzungschan-

---

[111] Vgl. J. *Marchal,* L'incidence des impôts cédulaires sur le revenu, Openbare Financien, 1949, S. 324 ff. (IV).

[112] Wir vernachlässigen hier die in Frankreich aperiodisch erhobenen Steuern auf das Kapital, behalten uns jedoch vor, in der empirischen Analyse der Nachkriegsjahre auf sie zurückzukommen.

[113] Vgl. J. *Marchal,* L'incidence . . ., S. 339.

[114] Vgl. L. *Reboud,* Systèmes . . ., S. 118.

cen der Steuern auf das Kapitaleinkommen eingeschätzt, berücksichtigt man die Schwierigkeit für den einzelnen Steuerpflichtigen, die Steuerlast über eine Anhebung des Zinssatzes weiterzugeben. Als Aktionsmöglichkeit bleibt „ein Spar- und Investitionsstreik"[115] übrig, welcher nur längerfristig eine Anhebung der Einkommen hervorrufen könnte und unmittelbar ohne jede Einwirkung auf die Preise bleibt. Doch alle diese Fälle bedürften sorgfältiger theoretischer und empirischer Einzelstudien, die wir uns im Rahmen unserer Darstellung versagen müssen. Unsere spätere empirische Analyse wird uns zu zusätzlichen Erkenntnissen verhelfen.

Als Abschluß unserer Hinweise auf mikroökonomischer Basis und als Übergang zur makroökonomischen Betrachtung der Einwirkungsmöglichkeiten öffentlicher Einnahmenpolitik auf den Geldwert sei darauf hingewiesen, daß die Weitergabe einer öffentlichen Einnahmequelle im Preis grundsätzlich von zwei Aspekten im Mechanismus von Angebot und Nachfrage abhängig ist: der Elastizität — dem Monopolisierungsgrad und der Konjunkturlage — und der Publizität. Beiden Faktoren ist in ihrer Bedeutung für die Preiswirkungen zusätzlichen öffentlichen Mittelentzugs eine umfangreiche Spezialliteratur gewidmet.

d) Die neuere makroökonomische Lehre von den Steuerüberwälzungsvorgängen läßt die Unterschiede zwischen dem öffentlichen Anspruch an die Einkommensverwendung und demjenigen an die Einkommensbildung verschwimmen. Sie betont vielmehr, daß jeder zusätzliche Entzug privater Mittel zur Finanzierung öffentlicher Aufgaben Einfluß auf das Preisniveau haben kann, ist eine Reihe notwendiger Bedingungen erfüllt[116].

Soll die Verschärfung der Verbrauchsbesteuerung voll durch Preiserhöhungen vom Produzenten an den Verbraucher weitergegeben werden, so muß dem vom einzelnen Produzenten verteuerten Angebot eine gesamtwirtschaftlich entsprechend erhöhte monetäre Nachfrage gegenüberstehen, damit die Abwälzung der zusätzlichen Kosten im Preise gelingt. Quelle kann die Mobilisierung stilliegender Kassenbestände oder die zusätzliche Aufnahme von Krediten seitens des Staates, der Unternehmer oder der Haushalte sein. Ähnliches gilt für die sich erhöhenden Beitragsforderungen des Systems der sozialen Sicher-

---

[115] L. *Reboud*, Systèmes . . ., S. 120, Übersetzung der Verfasserin.

[116] Vgl. aus einer reichhaltigen Literatur:

H. *Haller*, Finanzpolitik . . ., S. 103 ff.;

H. C. *Recktenwald*, Steuerinzidenzlehre, Grundlagen und Probleme, Berlin 1958;

G. *Schmölders*, Allgemeine Steuerlehre, Berlin 1958, S. 143 ff.;

R. A. *Musgrave*, The theory of Public Finance, New York — Toronto — London 1959, S. 205 ff.

heit, überwiegend zu Lasten der Unternehmer[117] und in dem Maße gleich den indirekten Steuern von unmittelbar kostensteigender Wirkung.

Gleiche Voraussetzungen gelten für die makroökonomische Analyse der Preiswirkungen einer dem Unternehmer zusätzlich auferlegten Gewinnsteuer[118]. Wären die Unternehmer gewillt, die Steuer gänzlich aus ihrem eigenen Einkommen zu tragen, so träten an die Stelle ihrer Ausgaben der Konsum und die Investition des Staates. Die wachsende Belastung der Einkommensbildung bliebe ohne Rückwirkungen auf den Geldwert. Sind die Unternehmer jedoch nicht bereit, die Steuer aus ihrem Gewinn zu tragen und dementsprechend ihren Konsum und ihre Investition zu beschneiden, versuchen sie, sich gleichartig verhaltend, die wachsende Besteuerung im Preise an die Verbraucher weiterzugeben, so gleicht der Vorgang dem in der makroökonomischen Analyse der Überwälzung einer Verbrauchsteuer.

Eine Anhebung des Preisniveaus als Folge zusätzlichen öffentlichen Anspruchs ist demnach nur möglich, falls Staat, Unternehmer oder Haushalte geneigt sind, zusätzliche Kaufkraft durch Mobilisierung von Kassenbeständen oder Aufnahme von Krediten einzusetzen und die Zentralbank von der Verwendung kreditpolitischer Mittel in restriktiver Richtung Abstand nimmt. Diese Überlegungen laufen schließlich auf eine Tautologie hinaus oder auf die uns bekannten Vorstellungen der Quantitätstheorie, doch verhelfen sie uns zu einem Instrumentarium für unsere empirische Analyse der Bedeutung öffentlicher Finanzgebarung für den Geldwert.

Die auf mikroökonomischer Basis gewonnene Unterscheidung des öffentlichen Entzugs bei der Einkommensverwendung und desjenigen bei der Einkommensbildung bleibt auch für die makroökonomische Analyse von Wert.

Bei den indirekten Steuern und bei den Arbeitgeberbeiträgen zur Sozialversicherung kann damit gerechnet werden, daß die Zuschläge im Durchschnitt im Preise enthalten sind. Die Überwälzung gelingt, kommen die monetär-nachfragemäßigen Voraussetzungen hinzu, was nur bei Konjunkturberuhigung oder -abschwung zweifelhaft ist. „Die inflationierende Wirkung tritt dabei jeweils nur einmalig bei Erhöhung des Anteils der indirekten Steuern am Gesamtsteueraufkommen bzw. bei Erhöhung des Anteils der Staatsausgaben am Sozialprodukt und gleichbleibender Steuerstruktur auf. Die Steigerung des absoluten

---

117 Vgl. unsere Ausführungen S. 22 f.

118 Vgl. C. *Föhl*, Kritik der progressiven Einkommensbesteuerung, in Finanzarchiv, N. F., Bd. 14, und anschließende Diskussion.

Aufkommens an indirekten Steuern hat nur dann inflationistischen Effekt, wenn ihr Anteil am Sozialprodukt steigt[119]."

Bei der Gewinnsteuer unter den direkten Steuern ist dagegen, wie wir sahen, aus mannigfachen Gründen nicht sicher, daß eine Kalkulation der zusätzlichen Steuer im Preis vorgenommen wird. Halten die Unternehmer lediglich ihre Investitionsneigung aufrecht und ist es ihnen möglich, diese aus zusätzlichem Kredit zu finanzieren — was unwahrscheinlich ist, da Preisaufblähungen bei einer Verschärfung der direkten Steuern vom Gesetzgeber nicht vorgesehen sind, solch eine Verschärfung im Gegenteil häufig als Waffe gegen eine Geldentwertung eingesetzt und von Kreditrestriktionen begleitet wird —, so ist die Steuerüberwälzung dennoch nach einem entsprechenden Multiplikatorprozeß gesichert[120]. Ein solches uniformes oder auch nur durchschnittliches Aufrechterhalten der Investitionstätigkeit ist jedoch a priori nicht anzunehmen, bedarf vielmehr einer Fülle begünstigender Umstände.

Für die Lohnsteuer unter den direkten Steuern sind Überwälzungschancen in Form der Vorwälzung kaum gegeben, da Preiserhöhungen den Arbeitnehmern nicht möglich sind und die Steuerzahlung aus Sparmitteln oder Kredit begrenzt ist; sie ist jedoch als Rückwälzung vorhanden, wie wir sahen, und zwar durch die Durchsetzung von Lohnerhöhungen. Mit einer solchen Anmeldung zusätzlicher Lohnforderungen ist übrigens auch zu rechnen, gelingt dem Unternehmer die Weitergabe der ihm vom Staat zusätzlich auferlegten fiskalischen oder parafiskalischen Lasten im Preis, was eine Verschärfung der ausgelösten Inflation bedeutet.

e) Auf der Basis unserer voraufgehenden Überlegungen zur Auswirkung des Entzugs privater Mittel seitens der öffentlichen Hand auf den Geldwert ist es uns möglich, auch auf die Anleiheaufnahme einzugehen, eine Maßnahme, durch die die öffentliche Hand wie durch die Auflage direkter Steuern versucht, sich real einen Teil des Gesamtprodukts zur Finanzierung ihrer Ausgaben zu sichern.

Unter Hinweis auf die Struktur der öffentlichen Verschuldung, die in Frankreich seit 1945 und heute mehr denn je ein Übergewicht aufweist zugunsten der „dette flottante", im wesentlichen gebildet aus Schatzscheinen und Einlagen der Korrespondenten[121], ist geradezu ein Mythos um die mittel- und langfristige Anleihe als Idealmittel zur Gesundung der öffentlichen Finanzen entstanden. Die Gegner dieser

[119] W. *Ehrlicher,* Geldwert . . ., S. 93.

[120] Vgl. H. *Haller,* Finanzpolitik . . ., S. 111 ff.

[121] Vgl. S. 23 ff. und spätere Ausführungen.

Einnahmenpolitik verweisen demgegenüber auf die Schwächen der Anleihe gegenüber der Steuer, gilt es, ein wirtschaftliches Ungleichgewicht in Perioden mit öffentlichen Fehlbeträgen zu beheben[122].

Tatsächlich ist wie bei der Steuer der Entzugseffekt der öffentlichen Anleihe in Form einer entsprechenden Beschneidung privater Nachfrage keineswegs gesichert. Zur angestrebten Reduzierung der privaten Nachfrage genügt es nicht, Liquiditäten abzuschöpfen; es ist notwendig, die Wirtschaftssubjekte zu einem Sparprozeß zu veranlassen, eine effektive Verminderung des Einkommens der Anleihenzeichner zu erreichen sowie effektiv private Investition zu verhindern.

Werden zur Zeichnung von Anleihen seitens des Publikums bisher inaktive Gelder mobilisiert oder existierende Papiere liquidiert, so erfolgt keinerlei Beschneidung privater Konsumgüternachfrage[123].

Auch die private Investitionsgüternachfrage braucht durch die Auflage öffentlicher Anleihen nicht angetastet zu werden, gelingt es den Unternehmern wie bei zusätzlicher Steuerlast, geplante Investitionen bei Verknappung der Kapitalmarktmittel durch den Anspruch der öffentlichen Hand auf andere Weise, d. h. mit Hilfe kurzfristiger Bankkredite vorzufinanzieren[124]. Befinden wir uns in einer Inflationsperiode, d. h. sind die monetär-nachfragemäßigen Voraussetzungen gegeben, und greift die Zentralbank nicht rechtzeitig restriktiv ein, so kann die zusätzliche Anleihe wie die zusätzliche Steuer unter dem Deckmantel eines rein buchhalterischen Gleichgewichts der öffentlichen Finanzen eine mächtige Antriebskraft für das gesamtwirtschaftliche Ungleichgewicht werden.

„Welches auch das gewählte Verfahren sei, die Anleihe oder die Steuer, wichtig ist schließlich, eine Veränderung des Verhaltens der Wirtschaftssubjekte zu erreichen. ... der Rückgriff auf die Anleihe beinhaltet tatsächlich, soll er erfolgreich sein, eine Gesamtpolitik, ausgerichtet auf die Wiederherstellung des Vertrauens in das Geld und eines Stabilisierungsklimas, einzig in der Lage, den Sparsinn zu wecken[125].“

f) Wie oben anklingt, ist die Einnahmenpolitik der öffentlichen Hand heute nicht mehr allein an deckungspolitischen Vorstellungen ausgerichtet, deren Auswirkungen auf den Geldwert als beklagens- oder begrüßenswerte Nebenerscheinungen angesehen werden, vielmehr stellt diese Einnahmenpolitik während einer zu analysierenden

---

[122] Vgl. G. *Ardant,* Erreurs techniques et idéologiques, in W. *Baumgartner,* Le franc . . ., S. 71 ff.

[123] Vgl. F. *Bloch-Lainé,* a. a. O., S. 334 ff.

[124] Vgl. W. *Ehrlicher,* Geldwert . . ., S. 92.

[125] F. *Bloch-Lainé,* a. a. O., S. 337, Übersetzung der Verfasserin.

Periode ein gewolltes oder ungewolltes Gemisch aus deckungs- und wirtschaftspolitisch relevanten Maßnahmen dar. Zu den konjunkturpolitischen Eingriffen der Einnahmenpolitik, gehen sie nun von der bestehenden Einnahmenstruktur aus oder von zusätzlichen Maßnahmen, seien im folgenden einige Hinweise gegeben.

Zwei Grundsatzbemerkungen sind an dieser Stelle angebracht. Basis unserer nachfolgenden Erläuterungen sind zum einen gewisse Annahmen, die wir hinsichtlich der Überwälzungschancen der verschiedenen öffentlichen Einnahmearten machen müssen. Wir wissen zwar, auf welch unsicheren Grundlagen jede solche Annahme beruht, doch ist uns ohne sie die Fortsetzung unserer Darstellung nicht erlaubt. Wir schließen uns den gängigen Vorstellungen an, denen entsprechend indirekte Steuern und Sozialversicherungsbeiträge der Arbeitgeber grundsätzlich überwälzt werden, direkte Steuern und Anleihen dagegen nicht[126]. Eine Überprüfung dieser Annahmen anhand der uns zugänglichen statistischen Materialien sei unserer nachfolgenden empirischen Analyse überlassen. Basis unserer folgenden Überlegungen zur konjunkturellen Einflußnahme der öffentlichen Einnahmenpolitik bilden zum anderen gewisse Annahmen hinsichtlich der gleichzeitig erfolgenden Ausgabenpolitik. So gehen wir davon aus, daß eine echte antizyklische Finanzpolitik im Sinne einer Anpassung der Einnahmen- und Ausgabenpolitik an das gemeinsame Ziel der Konjunkturstabilisierung nicht erfolgt, daß vielmehr Einnahmenpolitik primär Politik der Deckung gegebenen Bedarfs ist. Auch diese Annahmen bedürfen späterer empirischer Verifizierung.

g) Den Wechselbeziehungen von Einnahmenpolitik der öffentlichen Hand und Konjunkturverlauf, zu deren Verständnis jetzt jenseits der Preiswirkungen die Einkommenswirkungen zu berücksichtigen sind, wollen wir im Rahmen unserer Darstellung nicht im einzelnen nachgehen. Sie sind heute erforscht: eine umfangreiche Literatur[127] gibt über sie Aufschluß. Greifen wir, wie für die Ausgabenpolitik, einige für unsere empirische Analyse wichtige Aspekte heraus.

Bekannt ist das Phänomen der Abhängigkeit des Steueraufkommens (analog des Aufkommens aus Sozialversicherungsbeiträgen und Anleihen) von der Konjunktursituation: die Konjunkturlage übt einen Einfluß auf das Steueraufkommen aus, der mit Steuerarten und -technik variiert. Diese Erscheinung ist ihrerseits Ausgangspunkt der Frage, ob der Steuerentzug über die von ihm ausgelösten Einkommens-

---

[126] Vgl. zur Überwälzungsproblematik C. *Föhl*, Kritik . . ., a. a. O., und anschließende Diskussion.

[127] Vgl. die Bibliographie in L. *Reboud*, Systèmes . . ., a. a. O.

wirkungen nicht seinerseits auf die Konjunktur einwirken kann, sei es nun auf passive und automatische Art, sei es aktiv und dirigiert[128]. Bleiben wir vorläufig bei dem ersten Aspekt der Frage. Es wird angenommen, daß außerhalb jedes bewußten Eingriffs das Steuersystem durch seine Zusammensetzung die Entwicklung der Wirtschaftsfluktuationen beeinflußt. „Man sollte nicht so weit gehen, zu behaupten, daß es den kompensatorischen Mechanismus darstellen kann, der gleich einem Thermostat automatisch gemäß dem Preis- und Beschäftigungsniveau ausgelöst würde, ... es greift ein bei der Gestaltung der Konjunkturentwicklung, indem es die Fluktuationen reduziert oder im Gegenteil ausweitet[129]."

Die Progressivsteuer auf das Einkommen kann innerhalb des Steuersystems diesen Regulator darstellen, da sie durch ihr Konzept eine mehr als proportionale konjunkturelle Empfindlichkeit aufweist. Im Konjunkturabschwung träte eine spürbare Entlastung der Steuerpflichtigen auf, im Konjunkturaufschwung dagegen eine wachsende Belastung, Vorgänge, die heilsame Auswirkungen hätten, sehen wir einmal von den aus Budgetdefiziten oder -überschüssen bei entsprechender Ausgabenpolitik entstehenden Problemen ab. Wollen wir die von der Existenz einer progressiven Einkommensteuer in einem Land und während einer bestimmten Periode ausgehenden automatisch stabilisierenden Einflüsse in ihrem Ausmaß studieren, so müssen wir unser Augenmerk auf die Steuerbemessungsgrundlage richten sowie auf die Progressionsstufen und -tarife. Nehmen wir an, daß, wie in Frankreich heute, schon geringe Einkommen progressiv besteuert werden, so wird grosso modo die automatische Kompensierung von Fluktuationen um so schneller eintreten, je niedriger das Maximalniveau der Progressivität liegt und je höher der entsprechende Progressionstarif ist. Wird z. B. wie in Frankreich heute die höchste Stufe schon bei 120 000 F zu versteuerndem Einkommen erreicht und mit 71,5% Einkommensteuer belastet, so sind bei angepaßter Ausgabenpolitik günstige Voraussetzungen für eine rapide Kompensierung gegeben[130].

Doch muß trotz der Progressivität eines Elementes in der Mittelbeschaffungspolitik der öffentlichen Hand das Gesamte der fiskalischen und parafiskalischen Lasten nicht progressiv sein; es kann proportional oder regressiv sein. Wichtig für den Steuerpflichtigen und damit für die automatische Korrektur der Konjunkturbewegungen ist schließlich dieses Gesamte der, denken wir an die Preis- und Einkommens-

---

[128] Vgl. H. *Guitton*, Finances et cycles, in Public Finance, Nr. 1, 1954.

[129] L. *Reboud*, Systèmes . . ., S. 130, Übersetzung der Verfasserin.

[130] Dgl., S. 141.

wirkungen, ihm aufliegenden materiellen Lasten[131]. Beschränken wir uns auch bei diesem schwierigen Problem auf einige Hinweise: Existiert z. B. eine progressive Erbschaftssteuer, deren Progressionstarif, wie in Frankreich, in direkter Linie 35% erreichen kann bei einem Höchstbetrag von nur 100 000 F, so können wir von einer Anreicherung der progressiven Elemente im gesamten Mittelentzug ausgehen[132]. Doch erfolgt nicht eine Neutralisierung durch die Belastung der Einkommensverwendung mit ihrem stark regressiven Charakter? Frankreichs Steuerstruktur weist, wie wir sehen werden, seit je ein Übergewicht zugunsten des indirekten Mittelentzugs auf[133]. Zwar werden wir eine Politik der Reduzierung der Umsatzsteuerbelastung für Güter des laufenden Verbrauchs und der Verschärfung der Belastung für sogenannte Luxusgüter verfolgen können, mit dem Ziel, in gewissen Grenzen die persönliche Progressivität der direkten Steuern durch eine kollektive Progressivität der indirekten Steuern zu ergänzen, doch ist einmal bekannt, auf welch unsicherer empirischen Basis solche Überlegungen beruhen, zweitens, daß sie vorwiegend sozialpolitischen Zwecken dienen sollen, und drittens, daß sie bei Anerkennung des Vorrangs konjunkturpolitischer Ziele einer angepaßten Ausgabenpolitik bedürfen[134].

h) Genügen der Finanzpolitik die automatischen Einwirkungen des Mittelentzugs auf die Konjunkturschwankungen nicht, so wird sie — und damit kommen wir zum zweiten Aspekt unserer Frage — von der Einnahmenpolitik der öffentlichen Hand verlangen, als aktives und dirigiertes Instrument, durch Ergänzung des bestehenden Systems, der Konjunkturpolitik zu dienen. Der Einfluß einer Veränderung im Entzug privater Mittel zugunsten der öffentlichen Hand ist bekannt und erklärt sich, sehen wir von der Verausgabung der gesammelten Beträge ab, aus dem Multiplikatorprozeß. Setzt sich ein solcher Multiplikatorprozeß in Gang in Richtung einer Ausweitung oder Verminderung der privaten Nachfrage, so ist mit ihm um so verstärkt zu rechnen in Richtung einer Ausweitung oder Verminderung des Investitionsvolumens[135]. Jede Veränderung der Einnahmenpolitik ist tatsächlich geeignet, auf die Hauptthebel der Wirtschaftsentwicklung, d. h. auf Konsum und Investition, einzuwirken. Beschränken wir uns hier auf einige Aspekte von Veränderungen einer gegebenen Einnahmenpolitik, nicht ohne erneut darauf hinzuweisen, daß zum einen

---

131 Vgl. F. *Neumark*, Problèmes de progressivité dans une fiscalité rationnelle, in RSLF, Nr. 3, 1950, S. 396 ff.

132 Vgl. L. *Reboud*, Systèmes . . ., S. 144.

133 Vgl. unsere Ausführungen in Teil B.

134 Vgl. L. *Reboud*, Systèmes . . ., S. 145.

135 Vgl. H. *Haller*, Finanzpolitik . . ., S. 61 ff.

gewisse Annahmen hinsichtlich einer vollzogenen Überwälzung zu machen sind, daß zum andern das endgültige Ausmaß der Modifizierung von Konsum und Investition von der parallel erfolgenden Ausgabenpolitik abhängig ist.

Eine Veränderung von Steuern, die die Gewinne der Unternehmen treffen, kann eine rapide und fühlbare Auswirkung auf das Produktionsniveau haben. Doch genügt es nicht, auf die Produktion einzuwirken, um ein gesamtwirtschaftliches Gleichgewicht herzustellen; der Verbrauch muß zufriedenstellend sein. Die gezielten Maßnahmen zur Einwirkung auf die Produktion müssen im Rahmen einer generellen Einnahmenpolitik erfolgen, die die Gesamtheit der Einkommen betrifft. Setzen wir voraus, daß die Gesamteinkommen weniger empfindlich auf Konjunkturveränderungen antworten als die Gewinne der Unternehmen[136], so müssen wir mit einer verlangsamten Auswirkung einer solchen globalen dynamischen Einnahmenpolitik rechnen.

Greifen wir zur Illustrierung einige Möglichkeiten einer gezielten Beeinflussung der Investitionstätigkeit mit Hilfe der Gewinnsteuern heraus, welche uns in unserer späteren empirischen Analyse erneut begegnen werden; in diesen Rahmen gehören:

— die Einwirkung auf die Reservenbildung der Unternehmen durch die steuerliche Behandlung der Abschreibungen in dem Maße, wie diese den durch den tatsächlichen Wertverlust gesetzten Rahmen sprengt; wir denken hier an die Möglichkeit beschleunigter Abschreibungen zur Förderung der Investitionstätigkeit durch die Einführung eines degressiven Abschreibungsmechanismus und vice versa;

— die Beeinflussung der Unternehmensliquiditäten durch die Definition des steuerpflichtigen Gewinns; wir verweisen auf die steuerliche Behandlung der Wertschöpfung, die real oder nominal aus den Verkäufen oder aus Lagerbestandsveränderungen entstehen kann, sowie auf Verlustausgleichsmöglichkeiten.

Verlassen wir diese spezielle Ausgestaltung einer Beeinflussung des Produktionsniveaus und gehen wir den allgemeinen Auswirkungen nach, die die Einnahmenpolitik der öffentlichen Hand auf Konsum und Investition ausüben kann.

Eine Veränderung der Besteuerung ist Ausgangspunkt des erwähnten Multiplikatorprozesses nach oben oder unten, abstrahieren wir einmal von den Beziehungen zwischen Steuer und Vermögen, zwischen

---

[136] Vgl. J. *Marchal*, Rendements fiscaux et conjonctures, Paris, Médicis 1942, S. 54 ff. und 75 ff.

Steuer und Kapital. Eine Modifizierung der Konsumneigung[137] wird einmal zu erreichen versucht durch eine Einwirkung auf das Einkommensniveau. Eine Variation der Sätze der indirekten Steuern mit ihrer unmittelbaren Auswirkung auf das Preisniveau ist geeignet, die Kaufkraft der vorhandenen Einkommen zu verändern. Eine Steuer, deren Last so genau bekannt ist wie die der französischen Mehrwertsteuer, bietet sich einer solchen Politik an. Doch bedient sich die Finanzpolitik dieses Verfahrens generell, d. h. mit konjunkturpolitischer Motivierung, so auch partiell, d. h. aus struktur- und/oder sozialpolitischen Überlegungen. Gebräuchlich ist zum andern der Eingriff vermittels einer Verschärfung oder Reduzierung der Einkommensteuer mit dem Ergebnis einer Veränderung der Nettoeinkommen. Analoge Wirkungen sind mit der Körperschaftsteuer zu erreichen. Eine Variation des Nettogewinns, als Folge einer Modifizierung des Steuerdrucks, zieht eine Veränderung der ausgeschütteten Gewinne nach sich. Strebt man eine Modifizierung der Konsumneigung an, so muß unerwünschte Ersparnis bestraft oder aber gewünschte Ersparnis gefördert werden. Eine entsprechende Behandlung der unverteilten Gewinne ist deshalb angebracht. Wie wir sehen werden, beschreitet Frankreich auch solche Wege.

Das Auftreten zu hoher Ersparnis im Falle einer Politik der Konsumförderung, die Erscheinung zu geringer Ersparnis im Falle einer Politik der Konsumbeschneidung leiten uns hin zu der Überlegung, daß weniger eine Ausdehnung oder Beschneidung aller Einkommen notwendig ist zur Modifizierung der Konsumneigung als vielmehr eine Veränderung gewisser Einkommen. So versucht man zum anderen eine Veränderung der Konsumneigung durch eine Umverteilung der Einkommen herbeizuführen. Übernehmen wir die Unterscheidung zwischen Einkommensgruppen mit niedriger und solchen mit hoher Konsumneigung in dem Sinne, daß die Empfänger hoher Einkommen in der Lage sind zu sparen, während die Empfänger niedriger Einkommen die Gesamtheit ihres Konsumbedarfs nicht decken können, so folgern wir, daß eine Einnahmenpolitik, die einen Einkommenstransfer zugunsten der unteren Schichten vornimmt, gleichzeitig die Ziele einer größeren sozialen Gerechtigkeit und einer Ausdehnung des Konsums verfolgt, während eine Finanzpolitik, welche mit Hilfe eines Einkommenstransfers zugunsten der oberen Einkommenschichten auf eine Beschneidung des Konsums abzielt, soziale Ungerechtigkeiten hervorruft. Eine progressive Einkommensbesteuerung liefert das Instrument für eine solche Politik, da durch eine Variation der Belastung der unteren Einkommenstufen den jeweiligen konjunkturpolitischen Zielen — werden diese als vorrangig angesehen — gedient werden kann. Es sei erneut darauf

[137] Vgl. A. *Barrère*, Politique . . ., S. 481 f.

hingewiesen, daß auch eine solche Politik nur Resultate zeitigen kann, ist sie Teil einer Gesamtkonzeption, die unter einer Umverteilung der Einkommen in der einen oder anderen Richtung auch tatsächlich ein Übergewicht des Ausgabeneffektes über den Entzugseffekt für die zu begünstigenden Einkommenschichten versteht; doch auch darüber später mehr.

Gehört eine Konsumpolitik durch eine Veränderung der Einkommen in den Rahmen einer „funktionellen Finanzpolitik"[138], welche eine Anpassung der öffentlichen Einnahmen- und Ausgabenströme in Funktion der Wirtschaftsfluktuationen anstrebt mit dem Ziel, ein befriedigendes Einkommens- und Beschäftigungsniveau zu erreichen, um so mehr muß eine Investitionspolitik in diesem Rahmen ihren Platz finden. Eine solche Politik sucht nach Mitteln, auf die Gesamtnachfrage mit Blick auf eine andere Verwendungsart der Einkommen, nämlich auf die Ersparnis und durch sie auf die Investition oder vice versa einzuwirken. Ein zufriedenstellendes Niveau von Produktion, Beschäftigung und Einkommen ist nur möglich, falls die Investition die gesamte Ersparnis absorbiert. Wird die Sparförderung mit Mitteln der Einnahmenpolitik gewählt, so ist zu unterscheiden zwischen individueller und kollektiver Ersparnis. Die kollektive Ersparnis übersteigt in Frankreich nach 1945, wie später nachzuweisen, zeitweise erheblich die Summe individueller Ersparnis; auf dem Wege eines Zwangssparprozesses wird die gewünschte Angleichung von Investition und Sparen erreicht. Die individuelle Sparneigung entwickelt sich u. a. in Abhängigkeit von der Kapital- und Einkommenbesteuerung, die demnach die geeigneten Instrumente einer konjunkturpolitischen Zielen angepaßten Einnahmenpolitik darstellen. Einer Verstärkung der Sparneigung ist eine progressive Ausgestaltung der Erbschaftsbesteuerung, wie wir sie in Frankreich finden[139], äußerst abträglich. Gleiches gilt für die progressive Einkommensteuer. Dazu ist zu beachten, daß Steuererleichterungen für die unteren Einkommenstufen sich zwar günstig auf die Höhe des Konsums auswirken und so in gewissem Maße eine Wirtschaftsstagnation durch mangelnden Absatz verhindern, daß aber eine Überbelastung der oberen Einkommenstufen, d. h. derjenigen, die traditionellerweise die der Investition nötigen Sparmittel liefern, die individuelle Sparneigung beeinträchtigt. Generell können wir sagen, daß die Sparneigung um so mehr beschnitten wird — berücksichtigen wir nicht nur die hohen, sondern vor allem die mittleren Einkommen, die die so wesentliche „kleine Ersparnis" liefern —, je schneller die Maximalstufe erreicht und je höher der entsprechende Progressivsatz ist[140].

---

[138] A. *Barrère,* Politique . . ., S. 472, Übersetzung der Verfasserin.

[139] Vgl. unsere Ausführungen S. 92.

[140] Vgl. unsere Ausführungen S. 91.

Die Sparneigung der Körperschaften verändert sich wesentlich in Abhängigkeit von der Gewinnbesteuerung. Der Körperschaftsteuersatz verändert die Höhe des Nettogewinns eines Unternehmens und damit die Mittel, die es der Selbstfinanzierung zuführen kann. Ein hoher Körperschaftsteuersatz erhält seine zusätzliche Bedeutung für die Sparneigung mit Blick auf Praktiken, Sparmittel einer rentablen Investition zu entziehen, um sie unter dem Druck des Fiskus unproduktiven Verwendungen zuzuführen.

Berücksichtigen wir, daß vordringliches Problem der Wirtschaftspolitik in Frankreich nach 1945 nicht die Stagnation, sondern die von Inflation begleitete Expansion ist, so erscheint uns das oben dargestellte Instrumentarium wenig angepaßt, noch dazu bei Verausgabung der Mittel.

Ist während einer gegebenen Periode das Sparvolumen in Hinblick auf die konjunkturelle Situation zwar zufriedenstellend, nimmt die Investition die Ersparnisbildung jedoch nicht auf oder übersteigt sie sie, so steht der Einnahmenpolitik zur Investitionsbeeinflussung ein geeignetes Instrumentarium zur Verfügung. Steuern stellen Preiselemente dar. Gezielte Steuererleichterungen können Preissenkungen der Investitionsgüter nach sich ziehen und somit die Investitionsneigung steigern wie vice versa. Die französische Mehrwertbesteuerung erlaubt eine genau dosierte steuerliche Behandlung der Investition; wie wir sehen werden, macht die Finanzpolitik von dieser Möglichkeit Gebrauch. Auch die direkte Besteuerung läßt eine gezielte Investitionsbeeinflussung zu. Möglichkeiten dieser Art, nicht auf der Steuer als Preiselement fußend, sondern z. B. auf ihrer Beziehung zu Reservebildung und Liquidität der Unternehmung, deuteten wir schon an anderer Stelle an[141].

III. Die statistische Rahmengebung

1. Die Strukturierung der empirischen Analyse in Abhängigkeit vom statistischen Material

a) Unsere empirische Analyse der Bedeutung der Finanzgebarung für den Geldwert in Frankreich bedient sich, mit Hinweisen auf die wirtschaftspolitisch relevanten Ereignisse in den Monaten nach der „Libération" sowie in der unmittelbaren Gegenwart, statistischen Materials aus den Jahren 1945 bis 1964 einschließlich. Im Verlaufe dieser zwanzig Jahre umfassenden Zeitspanne lassen sich, bemühen wir die Entwicklung des Bruttosozialproduktes zu Marktpreisen[142] so-

---

[141] Vgl. unsere Ausführungen S. 93.

[142] Vgl. Les Agrégats, in Les Comptes de la Nation, SEF.

wie die der Groß- und Einzelhandelspreise[143], mindestens zehn Konjunkturphasen unterscheiden, unter denen, erinnern wir uns an unseren historischen Überblick[144], die Expansion bei Geldentwertung die weitaus häufigste darstellt.

Im Interesse einer Begrenzung des Umfanges unserer Darstellung sowie ihrer Lesbarkeit sehen wir uns veranlasst, fünf Zeitabschnitte zu bilden, welche sich jeweils durch eine einmalige und andauernde Abweichung vom dynamischen Gleichgewichtszustand in einer Richtung auszeichnen (mit Ausnahme des letzten, welcher eine Kette von Gleichgewichts- und Ungleichgewichtszuständen zusammenfaßt), sowie durch eine wirtschaftspolitische Neuorientierung, grundsätzlich in Abhängigkeit von allgemeinpolitischen Veränderungen.

b) Die ausschließlich der Bedeutung der Finanzgebarung der öffentlichen Hand für den Geldwert während der fünf Zeitabschnitte gewidmete Analyse behandelt jeweils in einem ersten Kapitel die Entwicklung von Volumen und Struktur der öffentlichen Ausgaben, in einem zweiten Kapitel die Veränderung von Volumen und Struktur der öffentlichen fiskalischen und parafiskalischen Einnahmen, in einem dritten Kapitel schließlich die Kreditaufnahme durch den Trésor. Diese Einteilung folgt nicht der theoretischen Logik, derzufolge, wie in der theoretischen Rahmengebung angedeutet[145], einer Durchleuchtung der Bedeutung der öffentlichen Finanzgebarung für den Geldwert primär der Nachweis der Existenz eines mit zusätzlichem Zentralbankgeld finanzierten öffentlichen Defizits zu dienen hätte, und erst sekundär die Darstellung von den aus den Veränderungen in Volumen und Struktur der Ausgaben und Einnahmen resultierenden Einkommens- und Produktionseffekten. Sie folgt vielmehr der statistischen Logik, derzufolge nach der teilweisen Deckung der öffentlichen Ausgaben durch die öffentlichen fiskalischen und parafiskalischen Einnahmen die Kreditaufnahme als ein Restposten erscheint, und zwingt uns, der Behandlung geldwertverändernder Effekte der Ausgaben- und fiskalischen und parafiskalischen Einnahmenpolitik diejenige der Kreditpolitik folgen zu lassen.

2. Erläuterungen zum statistischen Material

a) Basis unserer nachfolgenden empirischen Analyse bilden, zumindest ab 1949, die Berechnungen der volkswirtschaftlichen Gesamtrechnung zur öffentlichen Finanzgebarung. Ergebnis dieser Berechnungen

---

143 Vgl. Tabelle III, S. 50.

144 Vgl. S. 49 ff.

145 Vgl. unsere Ausführungen S. 70 ff.

ist grundsätzlich nicht dasjenige, welches unter Ausschaltung der Doppelzählungen einer Summierung aller staatlichen und parastaatlichen Budgets entsprechen würde. Dafür sind im wesentlichen zwei Gründe verantwortlich[146].

Zum einen bewertet die volkswirtschaftliche Gesamtrechnung nicht die laufende administrative Produktion, stellt demnach lediglich ein „compte d'affectation" auf, welches die laufenden Operationen gruppiert, zum andern erarbeitet sie nur ein „compte de capital", welches die den rein administrativen Investitionen gewidmeten Ausgaben- und Einnahmenvorgänge wiedergibt. Diese Einschränkungen haben zur Folge, daß einerseits alle staatliche und parastaatliche Aktivität, deren Finanzierung im wesentlichen direkt durch den Konsumenten aufgebracht wird und deren Rechnungsführung im Rahmen eines autonomen oder eines Anhangbudgets erfolgt, in die Konten der Unternehmen verwiesen wird, daß zum andern die Investitionstätigkeit der öffentlichen Hand, die nicht auf eine öffentliche Kapitalbildung hinausläuft, als vielmehr auf eine produktive Hilfeleistung an die Wirtschaft, in den Bruttobewegungen des Kontos der „operations financières" untergeht.

b) Das von der volkswirtschaftlichen Gesamtrechnung gelieferte statistische Material bedarf, da unangepaßt an unsere Aufgabe und der Aufschlüsselung kaum zugänglich, der Ergänzung durch weitere statistische Quellen.

So fügen wir den der volkswirtschaftlichen Gesamtrechnung entnommenen laufenden Ausgaben der öffentlichen Hand sowie ihrer Bruttofixkapitalbildung die den Berichten des „Conseil National du crédit"[147] entstammende Investitionstätigkeit hinzu, unter Berücksichtigung der auftretenden Doppelzählungen.

Die in der volkswirtschaftlichen Gesamtrechnung ausgewiesenen fiskalischen und parafiskalischen Einnahmen der öffentlichen Hand ergänzen wir um die dem Kassenbericht des Trésor[148] entnommene Kreditaufnahme. Wir wissen, daß wir auf diesem Wege nicht die gesamte lang- und mittelfristige Anleihenaufnahme der öffentlichen Hand erfassen, wohl aber ihren wesentlichen Teil sowie entscheidende Tendenzen, da für die staatlichen Stellen gleiche Erfolgschancen bei ihrer

---

146 Vgl. Les Comptes de la Nation 1949—1955, in SEF, Nr. 85, Januar 1956, S. 19 ff.;

Les Comptes de la Nation 1949—1959, Les méthodes, in SEF, Suppl. Nr. 140, August 1960;

G. C. de *Verdière*, Conjoncture . . ., S. 59 ff.

147 Rapports du Conseil National du crédit, in SEF.

148 Vgl. La Trésorerie et la dette publique, in SEF.

Suche nach lang- und mittelfristigen Krediten gegeben sind. Wir berücksichtigen jedoch alle Finanzierungsvorgänge, mit Ausnahme derjenigen der Spezialinstitute für den lang- und mittelfristigen Kredit[149], die, ausgehend von einem Fehlbetrag des Staates und seiner Satelliten und gesammelt beim Trésor[150], zu einer Geldschöpfung auf Initiative der öffentlichen Hand führen.

c) Die offiziellen Primärstatistiken dienen in Frankreich neben den Anforderungen der Verwaltung und der Wissenschaft vor allem der unmittelbaren Information des Finanz- und Wirtschaftsministers. Sie sind daher Gegenstand laufender Überarbeitung. Für die Zwecke unserer empirischen Analyse wählen wir grundsätzlich die letzte, d. h. die neueste Berechnung, behalten uns jedoch vor, statistische Reihen, die, einer gleichen Quelle entstammend, für längere Zeitabschnitte berechnet wurden, unverändert wiederzugeben, obwohl wir für die jeweils letzten Jahre über neuere Berechnungen verfügen.

---

149 Vgl. unsere Ausführungen S. 20 f. sowie die spätere Analyse.

150 Vgl. den 1. Abschnitt unserer Ausführungen.

Teil B

Die empirische Analyse

I. Die galoppierende Inflation nach der „Libération" Ende 1944 bis Mitte 1948

1. Die öffentlichen Ausgaben

a) Wir beginnen unsere chronologische Untersuchung der Bedeutung der Finanzgebarung der öffentlichen Hand für den Geldwert in Frankreich mit der Darstellung der Zeitspanne, die von der „Libération" Frankreichs Ende 1944 bis zur Rückkehr der Wirtschaft zu Vorkriegsverhältnissen Mitte 1948 reicht.

Dieser Abschnitt und seine Behandlung weisen zwei Besonderheiten auf, handelt es sich doch um die einmalige Nachkriegssituation. Zum einen hat Frankreich eine geldliche Entwertung wie die der ersten Nachkriegsjahre in der Folgezeit nicht mehr erlebt. Zum andern wird das Urteil über die Bedeutung der öffentlichen Finanzgebarung für diesen Inflationsprozeß durch die Unvollkommenheit des statistischen Materials erschwert. Doch kann trotz der mangelnden Aktualität für das heutige Geschehen der schleichenden Geldwertveränderung und der Unsicherheit im statistischen Nachweis der Rollenverteilung auf diese Betrachtung der Nachkriegszeit nicht verzichtet werden. Denn ohne auch nur annähernde Kenntnis des Inflationsprozesses und seiner Ursachen in den ersten Jahren können die Entwicklungen der späteren Zeit nicht einleuchten.

In Anwendung unseres theoretischen Instrumentariums[1] richten wir unser Augenmerk als erstes auf Richtung und Struktur der öffentlichen Ausgaben, welche uns noch unabhängig von der Entwicklung der Gesamtmasse am Bruttosozialprodukt erste Anhaltspunkte geben werden.

Ist Kernfrage der nachfolgenden Ausführungen diejenige nach Richtung und Struktur der Masse öffentlicher Ausgaben, so ist Kernproblem das Abwägen der unterschiedlichen expansiven Effekte der verschiedenen Ausgabearten, der Vergleich mit der in Relation zum verausgabten Betrag vermuteten inflatorischen Wirkung.

---

[1] Vgl. unsere Ausführungen S. 70 ff. und S. 96 ff.

b) Einen alle öffentliche Tätigkeit zusammenfassenden Haushalt gibt es in Frankreich während der Jahre 1945—1948 nicht. Wir sehen uns vielmehr einer Vielheit öffentlicher und halböffentlicher Budgets gegenüber. In Anschluß an die in der volkswirtschaftlichen Gesamtrechnung (entstanden nach 1948) verwendete Definition von öffentlicher Tätigkeit wollen wir „neben der Aktivität des Staates (in der alle budgetären oder nichtbudgetären Operationen aufgenommen werden, die zu einer Einzahlung oder Auszahlung durch den Trésor und seine Ausgliederungen: autonome Amortisationskasse, autonome Wiederaufbaukasse usw. Anlaß geben), diejenige der Gebietskörperschaften und der Verwaltungseinrichtungen der Sozialversicherung“[2] berücksichtigen.

Den dornenvollen Weg zur Zusammenfassung aller dieser staatlichen und halbstaatlichen Tätigkeiten zu einem Gesamthaushalt der öffentlichen Hand — dornenvoll aufgrund umfangreicher und undurchsichtiger Doppelzählungen und ungenügender Statistiken — wollen wir

Tabelle IV

Haushaltsvolumen des Staates, der Gebietskörperschaften und des allgemeinen Systems der Sozialversicherung (in Mill. F)

		1945	1946	1947	1948
Staat a)		4 240	5 300	7 180	10 830
Gebietskörperschaften b)		510	991	1 650	2 560
Allgemeines System der Sozialversicherung c)		468	757	1 783	3 084
Anstieg 1945—1948	a)				2,6
	b)				5,0
	c)				6,3
Anstieg 1946—1948	a)				2,0
	b)				2,6
	c)				4,1

a) Budget Général,
b) Départements et communes,
c) Régime général de Sécurité sociale, vgl. unsere Ausführungen S. 22 f.

Quellen: Zu Staat und Gebietskörperschaften: Statistiques et documents pour la mise à jour de l'Inventaire de la Situation financière, genannt l'Inventaire Schuman, in SEF, Suppl. Stat. 1949, S. 165;
Zum allgemeinen System der Sozialversicherung: La Sécurité sociale, in Ministère de Finances, Annuaire . . ., in SEF, Suppl. Nr. 144 . . ., 1945—1946 = S. 1986 f., 1947—1948 = S. 1994 f.

---

[2] Les Comptes de la Nation 1949—1955, in SEF . . ., a. a. O., S. 19, Übersetzung der Verfasserin.

nicht begehen, da den optischen Vorteilen eines solchen Gesamthaushalts effektive Nachteile gegenüberstehen: der Summierungsversuch zur Ermittlung einer Tendenz könnte falsche Schlüsse erlauben.

Der Definition in der volkswirtschaftlichen Gesamtrechnung folgend, nehmen wir zu den Haushaltsausgaben des Staates diejenigen der Gebietskörperschaften hinzu sowie die Tätigkeit der Verwaltungseinrichtungen der Sozialversicherung und erhalten, nach Ergänzung der sich im „Budget Général“ niederschlagenden Aktivität des Staates um die nichtbudgetäre Tätigkeit des Trésor, im Kassenbericht ausgewiesen, folgendes Bild der öffentlichen Ausgaben:

Tabelle V

Lasten des Trésor (in Mill. F)

	1946	1947	1948	Anstieg 1946—48
A. Budgetäre Ausgaben:				
Staat	5 470	6 760	10 290	
Autonome Amortisationskasse	180	420	480	
insgesamt	5 650	7 180	10 770	1,9
B. Außerbudgetäre Ausgaben:				
Wiederaufbau und Ausstattung	1 000	1 510	4 450	4,5
Vorschüsse und Spezialkonten	730	1 060	1 740	2,4
insgesamt	1 730	2 570	6 190	3,6
A. + B. insgesamt	7 380	9 750	16 960	2,3

Quelle: L'Inventaire Schuman . . ., S. 255.

Die in Tabellen IV und V vorgenommene grobe Aufgliederung der Masse öffentlicher Ausgaben, den institutionellen Gegebenheiten folgend, setzt dennoch schon ins Licht, daß die höchsten Zuwächse nicht bei den Ausgaben der öffentlichen Hand im Rahmen des Staatshaushalts zu suchen sind, sondern vielmehr bei den außerbudgetären Ausgaben des Trésor, bei den Gebietskörperschaften und bei der Sozialversicherung.

Doch wir benötigen eine Analyse im Detail. Einer Aufschlüsselung der öffentlichen Ausgaben nach ihrer volkswirtschaftlichen Wirkung stehen unsere Finanzstatistiken entgegen, die im wesentlichen nach Verausgabungsbehörden unterscheiden. Wir wollen den Versuch unternehmen, einzelne Ausgabengruppen in Hinblick auf ihre Einkommens- und Produktivitätswirkungen zusammenzufassen. Doch ein solcher Versuch muß lückenhaft und mit Irrtümern durchsetzt bleiben; also wird unsere Aufstellung weiße Flecken enthalten. Basis bilden Haushaltsplan und Kassenbericht des Staates, ergänzt durch die Tätigkeit des Systems der sozialen Sicherheit (Régime Général).

Innerhalb der Lasten des Trésor bleiben die Ausgaben, die über die Investitionsaufwendungen hinaus über Spezialkonten abgewickelt werden, ungegliedert. Die Unterscheidung nach Verausgabung im Inland oder Ausland ist uns mangels geeigneten statistischen Materials versagt. Den deflatorischen Effekt der Auslandskäufe des Staates müssen wir daher notgedrungen vernachlässigen. Dagegen drängt sich in den Finanzstatistiken des Staates die Aufteilung in Ausgaben für zivile und militärische Zwecke aus politischen Gründen auf, die jedoch für unsere Fragestellung nahezu bedeutungslos ist, da die volkswirtschaftlichen Wirkungen sich, mit Ausnahme der Investitionen, in beiden Verwendungsarten gleichen. Ähnlich aufdringlich ist für uns die ungleich wertvollere Aussonderung der ökonomischen Ausgaben aufgrund der vor 1949 noch weit vorgetriebenen Aufgabenteilung zwischen Budget Général und Trésor. Doch ist sie unvollständig und betrifft lediglich die Darlehensvergabe des Trésor zu Investitionszwecken, d. h. die temporären Ausgaben der öffentlichen Hand, die den Transferzahlungen hinzuzuzählen sind, während der Rest definitive Ausgaben umfaßt, die sich als Finanzinvestitionen unter den Transferzahlungen und als direkte Investitionen in den Sachaufwendungen des Staatshaushalts wiederfinden.

So wartet auf uns die Aufteilung der Ausgaben der öffentlichen Hand auf zwei Ebenen, denn die Aufgliederung der Aufwendungen in solche für Güter, Dienste und Transferzahlungen wird überlagert von derjenigen nach Verwendung der Mittel für laufende Zwecke oder Investitionen. Gehen wir auf einer ersten Ebene den Einkommenseffekten nach, die alle öffentlichen Ausgaben in unterschiedlichem Maße auszeichnen, so richten wir unser Augenmerk auf einer zweiten Ebene auf die Produktionseffekte, die den ökonomischen Ausgaben zusätzlich eigen sind.

Unsere aus heterogenen statistischen Quellen, aus Haushalts- und Kassenrechnung zusammengesetzte Übersicht in Tabelle VI, deren einzelne Posten wir nicht summieren dürfen, da eine Einheit vorgetäuscht würde, die nicht existiert, erlaubt uns trotz ihrer Unvollkommenheiten einige Aufschlüsse. Quer durch die institutionellen Abgrenzungen werden Trends in der Ausgabenstruktur der öffentlichen Hand deutlich:

so zeigen die höchsten Zuwächse die Aufwendungen für investive und soziale Zwecke.

Tabelle VI

Gliederung ausgewählter öffentlicher Ausgaben nach Ausgabewirkungen (in Mill. F)

	1945	1946	1947	1948	Anstieg 1945/48
A. Personalausgaben des Staatshaushalts a)	1 073	1 295	1 711	2 655	2,5
B. Sachausgaben des Staatshaushalts b)	2 112	2 282	3 122	3 703	1,8
Laufende Sachausgaben	960	587	1 003	1 697	1,8
Kriegsfolgesachausgaben	1 040	1 006	909	590	0,6
Wiederaufbau, Ausstattung	112	689	1 210	1 416	12,7
C. Transferzahlungen					
1. Zinsen im Staatshaushalt c)	278	389	438	619	2,2
2. Subventionen im Staatshaushalt	544	396	445	779	1,4
3. Sozialleistungen im Staatshaushalt d)	514	659	989	1 489	2,9
4. Allgemeines System der Sozialversicherung e)	468	757	1 783	3 084	6,3
5. Kapitalübertragungen und Kredite des Trésor f)	210	1 000	1 380	4 650	22,1

Quelle: Ministère des Finances, Annuaire . . ., S. 1872 f., 1934 f., 1986 f., 1994 f.

a) Umfaßt den Posten: „Personnel".

b) Umfaßt die Posten: „Matériel, Fonctionnement des Services, Liquidation des hostilites, Reconstruction et équipement".

c) Zu den Zinszahlungen im Staatshaushalt kommen die Leistungen der Autonomen Amortisationskasse hinzu; vgl. Tabelle V.

d) Umfaßt die Posten: „Dette viagère, Charges sociales".

e) Der Posten enthält auch Personal- und Sachausgaben; wir vernachlässigen dieses Detail.

f) Umfaßt die „Dommages de guerre" sowie ab 1948 den F. D. E. S.

c) Legen wir unseren ersten Schnitt durch die in Tabelle VI aufgezeichnete Ausgabenmasse und unterscheiden wir Ausgaben für Güter und Dienste und solche für Transferzahlungen in Hinblick auf ihre Einkommenswirkungen.

Parallel zur Gesamtmasse des Staatshaushalts wachsen die Personalausgaben: im Gefolge aller nach 1945 eingeleiteten ökonomischen und sozialen Umwälzungen[3] ergeben sich für die Staatskasse unmittelbar erheblich steigende Personalkosten. Bei der niedrigen Sparquote[4] der ersten Nachkriegsjahre ist anzunehmen, daß diese vom Staat geschaffenen Einkommen ihre volle inflationistische Wirkung erreichen. Die Frage, ob als Folge des Abzugs von Arbeitskräften seitens des Staates mit einer Verminderung der Produktion zu rechnen ist, ein Umstand, der die unmittelbare inflationistische Wirkung der Verausgabung verstärken könnte, ist mangels geeigneten statistischen Materials nicht zu klären, doch ist dies vor 1949 unwahrscheinlich.

Unterproportional zum allgemeinen Haushalt des Staates dehnt sich die Gruppe der Sachausgaben aus; diesen Eindruck vermittelt die Zusammenschau heterogener Bewegungen. Neben die traditionellen Güterkäufe treten die anfangs sehr hohen, in der Folgezeit abnehmenden Lasten für die sofortige Beseitigung der Kriegsfolgen, insbesondere in der Infrastruktur. Diese außergewöhnlichen Ausgaben treten mehr und mehr zurück hinter den mit auffallender Geschwindigkeit wachsenden Aufwendungen für Wiederaufbau und Ausbau; diese Ausgabengruppe enthält neben der Kapitalbildung des Staates auch Finanzinvestitionen. Der Einkommenseffekt von Sachausgaben der öffentlichen Hand entspricht den verausgabten Beträgen. Soweit es sich um zivile Investitionen handelt, birgt die Gruppe der Sachausgaben auch Kapazitätseffekte, denen wir später nachgehen, da sie die Ausgaben mit den höchsten Wachstumsraten im Budget auszeichnen.

Anders als bei den Sachausgaben, die einen unmittelbaren inflationistischen Effekt haben, der der verausgabten Summe entspricht, nimmt bei den Transferzahlungen der unmittelbare Einkommenseffekt unterschiedliche Ausmaße an, abhängig davon, in welchem Umfang und Tempo die ausgezahlten Beträge von den Privaten verwendet werden.

So wird von Zinszahlungen angenommen, daß sie ein retardierendes Element in der von der Gesamtmasse der öffentlichen Ausgaben erwarteten inflationistischen Wirkung darstellen, da sie solchen Bevölkerungsgruppen zufließen, die über ihre freiwillige Ersparnis zur Staatsverschuldung beitrugen. Diese Annahme wird zweifelhaft, wenn, wie es später geschieht, über Zwangsanleihen eine sinkende Sparquote zugunsten des Staates angehoben werden soll[5].

Der Subventionsvergabe, soweit sie Preisstützungsaktionen im Inland und nicht Exporthilfen beinhaltet, kann 1945 bis 1948 kaum ein wirksames Gegengewicht zugeschrieben werden. Ihre eigenartige Ent-

---

[3] Vgl. unsere Ausführungen S. 52 ff.

[4] Vgl. Les investissements publics en France et à l'Etranger . . ., S. 727 ff.

[5] Vgl. das folgende Kapitel über die Einnahmenpolitik.

wicklung spiegelt die Unsicherheit der Wirtschafts- und Finanzpolitik. Aufrechterhalten und ausgebaut, um der Flut der Preissteigerungen Herr zu werden, werden sie jedesmal eingeschränkt, wenn die öffentlichen Fehlbeträge die Allgemeinheit beschäftigen[6]. So stellen sie 1946 den einzigen absolut rückläufigen Posten dar, als der Trésor auf bedeutende Vorschüsse der Zentralbank zurückgreifen muß, werden dagegen 1948 bei Rückgang dieser Vorschüsse überdurchschnittlich ausgeweitet[7]. Über die ganze Periode 1945 bis 1948 bleibt ihr Wachstum erheblich hinter dem der Gesamtmasse des Budget Général zurück.

In den Sozialleistungen haben wir einen inflationistischen Posten par excellence vor uns, da sie nach herrschender Lehrmeinung Schichten mit hoher Konsumneigung zugutekommen. Ihr Einkommenseffekt entspräche damit grosso modo den verausgabten Beträgen. Die Sozial-, vor allem Fürsorgeleistungen im allgemeinen Haushalt weisen unbedeutende Summen mit verhältnismäßig geringem Anstieg auf. Ungleich bedeutender ist das Wachstum der Staatslasten aus Pensionsansprüchen seiner Beschäftigten. Hier machen sich die aus den Jahren 1945 und 1946 stammenden neuen Konzeptionen bemerkbar, denen das allgemeine Sozialversicherungssystem und seine Sonderformen ihre heutige Gestalt verdanken[8]. Mit Blick auf diese Reformen[9] erstaunt der hohe jährliche Zuwachs der Leistungen des allgemeinen Systems der Sozialversicherung nicht mehr, der über die ganze Periode die Sozialleistungen innerhalb der Transferzahlungen, ja innerhalb der Gesamtausgaben der öffentlichen Hand zur bedeutendsten Ausgabengruppe werden läßt.

Schließlich gehören zur Gruppe der Transferzahlungen die Lasten des Trésor zu Investitionszwecken[10]. Wir begegnen seit 1945 Kapitalübertragungen an Private, den „dommages de guerre". Auf diesem Wege finanziert der Staat fast ausschließlich den privaten Wiederaufbau. Seit 1948 kommen hinzu mittel- und langfristige Darlehen, Vorschüsse und Garantien im Rahmen des heutigen F. D. E. S. (Fonds de développement économique et social), der Fortsetzung des ursprünglichen Monnetplans. Finanziert werden hauptsächlich die Investitionen der nationalisierten Betriebe, wie es vor 1948 schon teilweise über Kredite zur Abdeckung ihrer Defizite, enthalten in den Spezialkonten, geschieht. Die private Industrie und Landwirtschaft, soweit als förde-

---

[6] Vgl. unsere Ausführungen S. 80 f.

[7] Vgl. nachfolgend die Kreditaufnahme des Trésor.

[8] Vgl. unsere Ausführungen S. 52 ff.

[9] Vgl. La Sécurité Sociale, in Ministère des Finances, Annuaire . . ., S. 1972 ff.

[10] Vgl. 1. Abschnitt unserer Ausführungen sowie Les investissements en France . . ., S. 727 ff.

rungswürdig angesehen, nehmen jedoch ebenso an den Krediten des Trésor teil wie die Haushalte in Form von Baukostenzuschüssen. Ob und inwieweit diese prinzipiell streng an Investitionszwecke gebundenen Beträge über ihren unmittelbaren Einkommenseffekt hinaus expansive Impulse auslösen, da sie zusätzlich Investitionen veranlassen könnten, die ohne staatlichen Eingriff unterblieben, ist im allgemeinen schwer, in unserem Falle bei mangelndem statistischen Material kaum nachzuweisen. Doch deuteten wir schon an[11], daß 1948, als diese Transferzahlungen ihren ersten Höhepunkt erreichen, restriktive Maßnahmen der Bank von Frankreich die privaten Investitionen beschneiden sowie verschärfte Gewinnsteuern die Finanzierung der Kredite des Trésor wie seine Kapitalübertragungen sichern wollen.

Als Ergebnis unseres ersten Schnittes durch die Masse der öffentlichen Ausgaben, den Einkommenseffekten folgend, können wir feststellen: es besteht unter Berücksichtigung von Richtung und Struktur ausgewählter öffentlicher Ausgaben 1945 bis 1948 wenig Anlaß anzunehmen, daß der tatsächliche inflationistische Effekt vom zu erwartenden[12] erheblich nach oben oder unten abweicht. Er dürfte ihm grosso modo entsprechen.

d) Vollziehen wir nun einen zweiten Schnitt durch die Masse der ausgewählten öffentlichen Ausgaben, verfolgen wir alle die Aufwendungen, denen neben dem unmittelbaren Einkommenseffekt ein Kapazitätseffekt eigen ist, der früher oder später eine Ausweitung der Produktion bewirkt.

Die nach 1944 hohe und wachsende Bedeutung der öffentlichen Ausgaben für Investitionszwecke wurde schon im Rahmen des Staatshaushalts und aus dem Kassenbericht des Trésor[13] ersichtlich. Besonderes Gewicht erhält die öffentliche Investitionspolitik, betrachten wir sie als Anteil an der Investitionstätigkeit der französischen Volkswirtschaft. Versuchen wir, diese Bedeutung zu betonen durch Zusammenfassung und Bezifferung aller Investitionen, die durch die öffentliche Hand in der einen oder anderen Form finanziert werden.

Wir betrachten es nicht als unsere Aufgabe, den Gründen noch einmal im einzelnen nachzugehen, die die öffentliche Hand nach 1944 dazu veranlassen, eine solch ausgedehnte Investitionspolitik zu betreiben. Fassen wir kurz zusammen[14]:

---

[11] Vgl. unsere Ausführungen S. 52 ff.

[12] bezieht man sich lediglich auf die Höhe der Ausgaben.

[13] Vgl. Tabelle VI, S. 104.

[14] Vgl. neben früheren Ausführungen insb. Les investissements publics en France . . ., S. 727 ff. sowie die Rapports de la Commission des investissements, in SEF und F. *Bloch-Lainé*, a. a. O., S. 144 ff.

Wiederaufbau eines kriegszerstörten und Erneuerung eines veralteten Produktionsapparates bilden das Programm, welches sich das „Commissariat au Plan“ 1946 stellt. Volumen und Struktur der notwendigen Investitionsanstrengung fordern eine hohe Beteiligung des Staates heraus. Zwei Fakten drücken der öffentlichen Investition von Anfang an den Stempel auf: die unmittelbar nach Kriegsende

Tabelle VII

Die absolute und relative Bedeutung der Investitionstätigkeit der öffentlichen Hand (in Mill. F)

	1946 a)	1947 b)	1948 b)	1949 b)
Gesamtinvestition	2 900	4 370	8 420	11 090
davon: finanziert aus öffentlichen Geldern	1 800	2 360	4 990	7 030
in % der Gesamtinvestition	62,0%	53,7%	59,2%	64,0%
	1946 a)	1947 a)	1948 a)	1949 a)
Gesamtlasten des Trésor	7 380	9 510	15 930	20 810
davon: Investitionsausgaben	1 800	2 420	5 280	7 860
in % der Gesamtinvestition	24,0%	25,4%	33,2%	37,7%

Quellen: für 1946: Les investissements publics en France . . ., S. 728 f. ab 1947: Cinquième Rapport de la Commission des investissements, SEF, Suppl. Finances françaises Nr. 17, 1953, Annexe I und S. 13 f.

a) Zahlenmaterial für die Union Française.
b) Zahlenmaterial für das Mutterland.

einsetzenden Nationalisierungen in der Grundstoffindustrie sowie die mit Gesetz vom 28. Oktober 1946 ausschließlich zu Staatslasten übernommenen Kosten für den privaten Wiederaufbau. So dehnt zwar der dem ursprünglichen Monnetplan folgende „plan de développement économique et social“ die Investitionshilfe aus dem zuständigen Fonds am 7. Januar 1948 auf alle förderungswürdigen Wirtschaftsbetriebe aus — die Investitionspolitik der öffentlichen Hand erstreckt sich nun über die direkte Kapitalbildung des Staates und der Gebietskörperschaften sowie die Finanzinvestitionen hinaus auf Interventionen im Bereich der Energie, des Transportwesens, des Bauwesens, der Landwirtschaft, der verschiedensten Industrien und im Wohnungsbau —, doch zeichnen sich unmittelbar mit Beginn dieser Investitionspolitik Schwerpunkte ab.

„Nach der ‚Libération' sah man sich einem Mangel an gewissen Faktoren gegenüber, die für die Entwicklung der Produktion unentbehrlich sind: dem Mangel an Energie an erster Stelle, denn es fehlten Kohle, Elektrizität, Treibstoffe. Solange dieser Mangel an Energie bestand, rechnete das ‚Commissariat au Plan' nicht mit einem Überschreiten des Niveaus von 1938. Nach genügender Entwicklung der Energiequellen war das Ziel die Erreichung des Produktionsniveaus von 1929, das höchste zwischen beiden Kriegen; die Überschreitung dieses Niveaus war jedoch nicht möglich infolge des Mangels an Transportmitteln. Sobald es also gelänge, die verfügbaren Transportmittel auszudehnen, wäre daran zu denken, das Niveau von 1929 zu überschreiten, doch dies um nicht mehr als 25%, da sich jenseits ein Mangel an Arbeitskräften bemerkbar machen würde[15]."

So gelten also die Energie, die Transportmittel und die Arbeitskräfte als die drei wesentlichen Engpässe, die es zu überwinden gilt, soll ein befriedigendes und harmonisches Wachstum erreicht werden. Die praktische Nachkriegspolitik orientiert sich an diesem Schema. Eine sofort einsetzende aktive Bevölkerungspolitik[16] verhindert allerdings nicht, daß ungefähr ab 1949 der Arbeitskräftemangel periodisch zu einem echten Hindernis für die Investitionspolitik wird, abgesehen davon, daß die hohen Gemeinkosten eines solchen politischen Programms einen zusätzlichen inflationistischen Faktor bilden, wie wir später sehen werden.

Doch bleiben wir bei der Investitionspolitik der öffentlichen Hand, für die 1945 bis 1948 die Arbeitskräfte noch keinen echten Engpaß darstellen. Ihr Bemühen richtet sich unmittelbar auf die Beseitigung der Engpässe Energie und Transportmittel bei einer gleichzeitigen hohen Beteiligung im privaten Wiederaufbau und Neubau. Folgende nationalisierte Betriebe gehören zu den bedeutenden Kreditnehmern des Trésor: Charbonnages de France und Houillères de Bassin,

---

[15] A. *Barrère,* Politique . . ., S. 393 f., Übersetzung der Verfasserin.

[16] Die Bevölkerungsentwicklung zeigt einen eigenartigen Verlauf. Dem Stillstand zwischen 1900 und 1946 im „Land der 40 Millionen Einwohner" folgt ein regelrechter Bevölkerungsstoß nach dem letzten Kriege: schon 1959 sind es 45 Millionen. Wir dürfen, ohne ins Detail zu gehen, eine Hauptursache in der Politik der Familienbeihilfen suchen, die schon früh diskutiert, 1939 endlich gesetzliche Form annimmt. Mitten im Kriege steigt die Geburtenziffer an. Die provisorische Regierung der unmittelbaren Nachkriegszeit schafft am 22. August 1946 die Grundlagen des umfassenden Gesetzeswerkes, das wir heute kennen. Die Erfolge dieser Politik übertreffen die kühnsten Erwartungen ihrer Befürworter.

Vgl. insbes. J. M. *Jeanneney,* Forces . . ., S. 18 ff.

Electricité de France, Gaz de France, Electricité et Gaz d'Algérie, Houillères du Sud-Oranais, Société Nationale des Chemins de fer Français (S. N. C. F.)[17].

Studieren wir nun unter Berücksichtigung einer rund 60% betragenden Beteiligung der öffentlichen Hand an der Finanzierung die nachfolgende Tabelle VIII, die uns die sektoriale Aufteilung der in der Gesamtwirtschaft realisierten Investitionen wiedergibt, so können wir sagen, daß die grundsätzliche Feststellung, derzufolge „in Frankreich die die Sektoren der Energie, des Transports, des Wohnungsbaus und des Wiederaufbaus begünstigenden Investitionsausgaben die dreifache Höhe annehmen gegenüber denjenigen, die in den Sektoren der Landwirtschaft, der Industrie und der kulturellen und administrativen Ausstattung getätigt werden“[18], sicherlich für die erste Nachkriegsperiode gilt.

Tabelle VIII

Strukturierung der realisierten Gesamtinvestition im Mutterland (in Mill. F)

	1947	1948	1949	Anstieg 1947/49
Energie	780	1 615	2 130	2,7
Transport- und Kommunikationsmittel	1 305	1 895	1 950	1,5
Landwirtschaft	385	1 060	1 140	2,9
Industrie und Handel	780	1 260	2 210	2,8
Staat und Gebietskörperschaften	430	560	940	2,2
Wohnungs- und Städtebau	690	2 030	2 720	3,9
insgesamt	4 370	8 420	11 090	2,5

Quelle: Cinquième Rapport de la Commission des investissements . . ., S. 22.

Wollen wir zu einer Beurteilung der Bedeutung der Investitionspolitik der öffentlichen Hand für den Geldwert während dieser ersten Periode kommen, so stehen wir vor einem Dilemma, ähnlich dem, welches bei der Beurteilung verwandter Situationen in unterentwickelten Ländern auftaucht.

---

[17] Vgl. F. *Bloch-Lainé,* a. a. O., S. 145.

[18] R. *Martinot,* Investissements publics . . ., S. 524, Übersetzung der Verfasserin.

Es besteht kaum Zweifel daran, daß allein — berücksichtigen wir noch nicht einmal den Wohnungs- und Städtebau — durch die seitens der öffentlichen Hand vorgenommene Umleitung (in dem Maße, wie es sich tatsächlich um eine Umleitung handelt) von ca. 35% der Gesamtinvestition auf die zwei Schlüsselsektoren Energie und Transport gesamtwirtschaftlich gesehen der „zeitliche Abstand zwischen der Fabrikation von Fixkapital und der Marktreife der Produktion"[19] verlängert wird. Dieser Umstand muß in einer Wirtschaftssituation, ausgezeichnet durch einen ursprünglich starken Nachfrageüberhang, welcher sich im Gefolge lohn- und sozialpolitischer Maßnahmen weiter ausdehnt[20], zusätzliche inflationistische Auswirkungen haben.

Durch den Eingriff der öffentlichen Hand in die Investitionstätigkeit ist grundsätzlich mit einer Veränderung des Produktivitätseffektes der Gesamtinvestition zu rechnen, besteht ein Komplementaritätsverhältnis zur privaten investiven Tätigkeit oder nicht. Nehmen nun die öffentlichen Investitionen den Platz privater Investitionen ein[21] zugunsten der ausgewählten Sektoren, so wird ein vorhandener Produktivitätseffekt in negativer Richtung verändert, d. h. auf einen längeren Zeitraum verteilt, ein Phänomen, welches der Inflation unmittelbar weitere Nahrung gibt.

Verkehrt diese Feststellung eines der Hauptargumente der öffentlichen Hand zugunsten ihrer hohen Beteiligung an der Investitionstätigkeit der Volkswirtschaft in ihr Gegenteil? „Die Gefahren der Inflation haben seit 1946 die Aufmerksamkeit der öffentlichen Hand auf sich gezogen, die sich bemühte, eine ihrer wesentlichen Ursachen zu beseitigen durch Modernisierung und Ausstattung des nationalen produktiven Apparates ...[22]." Halten wir an unserer Voraussetzung einer Substitution privater durch öffentliche Investition fest, so müssen wir sagen, daß der öffentlichen Hand 1946 lediglich die Wahl zwischen der kurzfristigen Verstärkung eines vorhandenen Inflationsprozesses durch ihre Intervention gegeben ist, in der Erwartung der von den ausgereiften Investitionen langfristig ausgehenden stabilisierenden Wirkungen, und der kurzfristigen Abschwächung des gleichen Inflationsprozesses durch ihre Zurückhaltung, in Erwartung langfristig auftretender inflationärer Spannungen als Folge ungenügender Grundlageinvestitionen. Sie entscheidet sich für die erstere Lösung.

Doch erlaubt uns unser lückenhaftes statistisches Material eine Bezifferung des Produktivitätseffektes der weitgehend staatlicher

---

[19] R. *Martinot*, Investissements . . ., S. 520, Übersetzung der Verfasserin.

[20] Vgl. unsere Ausführungen S. 52 ff.

[21] Diese Voraussetzung bedarf späterer Verifizierung.

[22] Les investissements publics en France . . ., S. 727 ff.

Intervention unterliegenden tatsächlichen Gesamtinvestition schon nicht, so ist uns auch der Produktivitätseffekt einer Gesamtinvestition der französischen Volkswirtschaft ohne den zusätzlichen staatlichen Eingriff unbekannt, ja nicht einmal über die absolute oder relative Höhe dieser Gesamtinvestition können wir etwas aussagen. Anders ausgedrückt: wir wissen nicht, ob und in welchem Maße die öffentliche Investition nach 1945 tatsächlich komplementär oder substitutiv zur privaten investiven Tätigkeit erfolgt. Die spätere Analyse der Finanzierungspolitik wird uns lediglich einige zusätzliche Anhaltspunkte liefern können.

Unser endgültiges Urteil wird abhängig sein davon, ob der Eingriff der öffentlichen Hand bei bestehender Konsum- und Investitionsneigung die Entstehung zusätzlicher Investition erlaubt, die ohne ihre Intervention unterblieben wäre, ob er der privaten Investitionstätigkeit Finanzierungsmittel entzieht oder aber über Geldschöpfung zusätzliche Investition schafft. Denn eine Reihe von Umständen kann das gewonnene Ergebnis einer Verteilung des gesamtwirtschaftlichen Produktionseffektes auf einen längeren Zeitraum nach 1945 mit ihren unmittelbaren inflationistischen Auswirkungen als Folge der Intervention der öffentlichen Hand in der einen oder anderen Richtung variieren.

2. Die öffentlichen fiskalischen und parafiskalischen Einnahmen

a) Beschäftigte uns im vorhergehenden Kapitel die öffentliche Hand als Inflationsförderer durch Bestimmung von Richtung und Struktur ihrer Ausgaben, so werden uns in den folgenden Kapiteln die von der Art der Finanzierung des gegebenen Ausgabenvolumens ausgehenden inflationistischen Wirkungen interessieren.

Dem inflationären Effekt der öffentlichen Ausgaben entspricht prinzipiell der deflationäre Effekt der öffentlichen Einnahmen. Selbst bei zunehmender Staatstätigkeit ändert sich zunächst am Niveau von Gesamtangebot und Gesamtnachfrage nichts. Der Geldwert bleibt unberührt. Gelingt es dem Staat allerdings nicht, sich wie angestrebt real einen Anteil am Gesamtprodukt zu sichern, ist er nicht in die Lage gesetzt, die privaten Ausgaben über Gebühren, Beiträge und Steuern sowie Kreditaufnahme um den gleichen Betrag zu vermindern, den er selbst in Anspruch nimmt, fließen ihm die geforderten Beträge zwar nominal, doch nicht real zu, so sind Preissteigerungsprozesse unvermeidlich.

Wir stellen somit in diesem Kapitel die Frage nach dem Wirksamwerden des prinzipiell vorgesehenen Entzugseffekts der öffentlichen Mittelbeschaffung 1945 bis 1948 und greifen dazu aus institutionellen

Gründen[23] vorerst zwei Formen heraus, die Steuern und die Sozialversicherungsbeiträge.

Doch die Frage ist leichter gestellt als beantwortet. Mag die theoretische Erforschung der Steuerwirkungen in den letzten Jahren erhebliche Fortschritte erzielt haben, so gilt nicht uneingeschränkt das gleiche für die empirischen Studien. Erschwert wird uns unsere Aufgabe zusätzlich durch die Unvollkommenheit unserer statistischen Unterlagen, die 1945 bis 1948 oft den Mindestanforderungen nicht genügen.

b) Versuchen wir, uns zuerst anhand der folgenden Tabellen einen Überblick über Volumen und Struktur unserer zwei Einnahmearten zu verschaffen. Wir folgen bei der statistischen Aufreihung den institutionellen Gegebenheiten, da wir über einen Gesamthaushalt der öffentlichen Hand 1945 bis 1948 nicht verfügen, fassen jedoch bei

Tabelle IX

Fiskalische Gesamtlast[a]) im Vergleich zum Volkseinkommen (in Mill. F)

	1946	1947	1948	Anstieg 1946/48
I. Steuern, Gebühren und Beiträge:				
Staat	4 030	6 220	10 600	2,6
Gebietskörperschaften	430	730	1 550	3,6
Parafiskalische Einkünfte der Sozialversicherung b)	1 600	2 800	5 100	3,2
I. insgesamt	6 060	9 750	17 250	2,8
II. Subventionen	870	890	950	1,1
III. Volkseinkommen (vor Besteuerung)	28 000	35 000	55 000	1,9
IV. Fiskalische Last in %:				
1. Brutto	22,0%	28,0%	31,0%	
2. Netto	18,0%	25,0%	30,0%	

Quelle: L'Inventaire Schuman . . ., S. 136.

a) Unsere Quelle verwendet den Begriff „fiskalische Last“, den wir mit der Bemerkung übernehmen wollen, daß er Hinweise auf eine materielle oder auch formale Inzidenz staatlicher Mittelbeschaffung lediglich vermuten läßt. Aussagen darüber bleiben den anschließenden Detailanalysen vorbehalten.

b) Allgemeines System und Sondersysteme.

[23] Vgl. unsere statistische Rahmengebung S. 96 ff.

der sich anschließenden Analyse der Ausmaße des eventuellen Entzugseffekts die einander verwandten Einnahmearten zusammen.

Wir können nach Lektüre der Tabelle IX festhalten, daß der öffentliche Anspruch an die private Wirtschaft in Form von Steuern und Sozialversicherungsbeiträgen in den ersten Nachkriegsjahren eklatant anwächst. Welches ist nun die Struktur dieses Mittelentzugs bei der Privatwirtschaft?

Tabelle X

Budgetäre Einkünfte des Staatshaushalts (in Mill. F)

	1946	1947	1948	Anstieg 1946—48
I. Einkommensteuern	761	1 701	2 778	3,7
in % der Gesamtmasse	16,3	24,3	25,9	
II. Vermögensteuern	378	506	658	1,7
in % der Gesamtmasse	8,1	7,2	6,1	
III. Verbrauchsteuern	2 267	3 056	6 144	2,8
in % der Gesamtmasse	48,5	52,3	57,3	
(Umsatzsteuern in % der Gesamtmasse)	(23,8)	(25,0)	(27,9)	
IV. Sondersteuern:				
„Profits illicites“	118	97	70	—
„Impôt de solidarité“	519	392	170	—
V. Einkünfte aus Domänen	106	81	155	1,5
VI. Verschiedene Einkünfte	529	562	756	1,4
Budgetäre Einkünfte insgesamt	4 679	6 995	10 731	2,3

Quelle: L'Inventaire Schuman . . ., S. 132.

Wir beobachten, daß das Aufkommen aus Steuern und Beiträgen aller aufgeführten Haushalte grundsätzlich stärker steigt als das Volkseinkommen; doch ergeben sich im einzelnen bemerkenswerte Differenzen.

So bleibt der Anstieg im „Budget Général“ hinter dem in den Budgets der Gebietskörperschaften und erst recht hinter dem im Haushalt der Sozialversicherung nicht unerheblich zurück. Nach den

Tabelle XI

Steuereinnahmen der Gebietskörperschaften (in Mill. F)

	1946	1947	1948	Anstieg 1946—48
I. Aufkommen aus „centimes additionnels“ a)	252	360	602	2,4
II. Aufkommen aus übrigen, insbesondere Umsatzsteuern	297	571	956	3,2
Steuereinnahmen insgesamt	549	931	1 558	2,9

Quelle: L'Inventaire Schuman . . ., S. 176.

a) Es handelt sich um die lokale Zusatzsteuer zur Einkommensteuer; vgl. auch spätere Ausführungen.

Einkommensteuern im Staatshaushalt finden wir die stärkste Zunahme im Aufkommen aus indirekten Steuern und Sozialversicherungsbeiträgen. Zwar versucht der Staat, sich unmittelbar nach dem Kriege durch Sondersteuern zu finanzieren, die in der einen oder anderen Form das Vermögen treffen sollen, doch teilen deren Aufkommen nach kurzfristiger Aufschwemmung das Los der Vermögenssteuern in einem Inflationsland, wenn die Bewertungsvorschriften nicht laufend angepaßt werden.

c) Wenden wir uns im einzelnen den Tendenzen zu, die sich in der Mittelbeschaffung der öffentlichen Hand aus Steuern und Beiträgen abzeichnen, und fassen wir zuerst die indirekten Steuern und Sozialversicherungsbeiträge ins Auge.

In der Struktur des Steueraufkommens des Staatshaushalts erfolgt eine zusätzliche Verschiebung zugunsten der von Anfang an im System dominierenden Verbrauchsteuern und parallel damit in Richtung der damaligen Umsatzsteuern. Für diese Erscheinung sind weder Tarifänderungen noch wesentlich solche der Bemessungsgrundlagen verantwortlich[24], denn erst Ende 1948 soll der erste Schritt zur Umwandlung der Produktionssteuer in eine Mehrwertsteuer getan werden, gefolgt von laufender Anhebung der Tarife. Lediglich am 31. Dezember 1945 werden einige neue Steuern auf den Umsatz spezifischer Produkte eingeführt mit einem Tarif von 10%, neben der allgemeinen Umsatzbesteuerung von 3,5%. Als Exzeß angesehen, wird der Satz am 6. Januar 1948 auf 4% gesenkt. Generell können wir demnach nicht von verschärfter Besteuerung als Grundlage steigenden Steuer-

[24] Vgl. Les recettes budgétaires de l'Etat, in Ministère des Finances, Annuaire . . ., S. 1805 ff.

aufkommens während der Periode 1946 bis 1948 ausgehen. Müssen wir deshalb die Gründe für den Anstieg des Aufkommens aus der Verbrauchs-, insbesondere der Umsatzbesteuerung, gesehen als Anteil am Gesamtsteueraufkommen des Staatshaushalts sowie als Anteil des Volkseinkommens, in der konjunkturellen Situation suchen? „Sie (die Umsatzsteuern) sind durch eine große Reaktionsfähigkeit auf Veränderungen der Steuertatbestände gekennzeichnet, sind sie doch an das Volumen der Umsätze wie an das Preisniveau gebunden. So mußte in der Nachkriegsperiode, die sich sowohl durch Wirtschaftswachstum als auch durch Inflation auszeichnete, ihr Aufkommen sehr hoch sein[25]."

Ähnliches gilt für die Struktur der von den Gebietskörperschaften erhobenen Steuern[26], die sich im Laufe der betrachteten Periode zugunsten der Lokalsteuer auf den Umsatz verschiebt. Als Ursache dieser zu beobachtenden Strukturverschiebung können wir ebenfalls vor 1949 keine wesentlichen Veränderungen in der Erhebungstechnik der „taxe locale sur le chiffre d'affaires" und in ihren Sätzen nachweisen. Dennoch ist der spektakuläre Anstieg des Aufkommens dieser Steuer, parallel zur Umsatzsteuer des Staates, nicht zu leugnen.

Hindert uns eine solche Erklärung daran, in dem zunehmenden Gewicht der Verbrauchsbesteuerung seinerseits eine Begründung für die beobachtete Geldentwertung zu sehen? „Die Erhebung indirekter Steuern bewirkt grundsätzlich keine Kompensation des inflatorischen Effektes der daraus finanzierten Staatsausgaben. (Es) ... korrespondiert hier der Pulleffekt der Ausgaben mit dem Pusheffekt der als Kosten in den Angebotspreis eingehenden indirekten Steuern. Das gleiche gilt für den Arbeitgeberanteil der Sozialversicherungsbeiträge. Die inflationierende Wirkung tritt dabei jeweils nur einmalig bei der Erhöhung des Anteils der indirekten Steuern am Gesamtsteueraufkommen ... auf. Die Steigerung des absoluten Aufkommens an indirekten Steuern hat nur dann inflationistischen Effekt, wenn ihr Anteil am Sozialprodukt steigt[27]."

Hintergrund der sich verschärfenden Ansprüche des Sozialversicherungssystems bilden jedoch neben der Konjunktursituation die Eingriffe des Gesetzgebers. Das ursprüngliche System der sozialen Sicherheit — greifen wir hier das „Régime général" heraus, doch ähnliches gilt für das „Régime agricole" —, das 1945 erheblich ausgebaut wird und dessen Finanzierung Arbeitgeber und Arbeitnehmer grund-

---

[25] A. *Barrère*, Politique . . ., S. 221, Übersetzung der Verfasserin.

[26] Vgl. Les recettes des Départements et Communes, Annuaire . . ., S. 1964 ff.

[27] W. *Ehrlicher*, Geldwert . . ., S. 93.

sätzlich im Verhältnis von 10:6 durch ihre Beiträge sicherstellen, wird 1946 und 1947 um die Familienbeihilfen und die Unfallversicherung erweitert, um Einrichtungen, die ausschließlich von den Arbeitgebern finanziert werden. Zusätzlich unterliegen die Beitragszahler ständigen Erhöhungen der Beitragssätze[28]. Diese formal verschärften Lasten müssen wir bei der Frage nach eventuellen Preiswirkungen der Einnahmepolitik der öffentlichen Hand unbedingt berücksichtigen.

d) Änderungen der Tarife und Bemessungsgrundlagen, insbesondere durch Einführung zeitlich begrenzter Sondersteuern, bleiben nach 1944 im wesentlichen der Besteuerung der Einkommensbildung und des Kapitals vorbehalten; auf diesem Wege versuchen die Regierungen der unmittelbaren Nachkriegszeit, der Lösung der gestellten Aufgaben: Wiederaufbau der Kriegszerstörungen, Einleitung des Wirtschaftswachstums, Bekämpfung der Inflation nahezukommen. Als Ergebnis dieser Bemühungen haben wir eine Vervielfachung der Einkommensteuern im Staatsbudget vor uns, gefolgt von den „centimes additionnels“ der Gebietskörperschaften, jedoch eine relative Abnahme des Aufkommens aus Vermögensteuern und sogar einen absoluten Rückgang im Aufkommen der Sondersteuern.

Wie ist diese Vervielfachung des Aufkommens aus Einkommensteuern innerhalb weniger Jahre zu erklären? Wir haben in der französischen Einkommensteuer nach 1944[29] nicht uneingeschränkt eine Abgabe mit progressiven Tarifen vor uns. Tatsächlich kennt die allgemeine Einkommensteuer, „l'impôt général“ — ohne Unterscheidung von Personenunternehmen und Körperschaften —, Sätze bis zu 70%. Doch wird diese allgemeine Steuer durch ein ausgedehntes Schedulenbesteuerungssystem ergänzt, trifft daher die breite Masse der unteren und mittleren Einkommensempfänger nur relativ geringfügig. Die Schedulensteuern kennen nur Proportionaltarife, deren Sätze zwischen 16% und 24% liegen.

Die progressive Ausgestaltung der Einkommensteuer erlaubt uns, eine Erklärung für die überproportionale Zunahme ihres Aufkommens zu finden. Eingriffe[30] des Gesetzgebers sind jedoch mitverantwortlich. Am 23. Dezember 1946 werden Teilreformen verabschiedet: die Neufestsetzung des Durchschnittsgewinns für Kleinbetriebe, die Streichung des generellen Freibetrags, die Generalisierung der Steuervorauszahlungen, die vorübergehend die Steuereingänge beschleunigt. Mit

---

[28] Vgl. unsere Ausführungen S. 22 sowie La Sécurité Sociale, in Ministère des Finances, Annuaire . . ., S. 1972 ff.

[29] Vgl. Les recettes budgétaires de l'Etat, in Ministère des Finances, Annuaire . . ., S. 1805 ff.;
Bundesministerium der Finanzen, Finanzbericht Nr. 12 . . ., S. 288 f., 293 ff.

[30] Vgl. Les recettes budgétaires de l'Etat . . ., S. 1805 ff.

Gesetz vom 27. Juni 1947, ergänzt am 6. Januar 1948, wird der allgemeinen Einkommensteuer die Schätzung von Einkommen, beruhend auf äußeren Anzeichen von Reichtum, zugrunde gelegt. Weitere Impulse erhält das Aufkommen aus Einkommensteuern durch die Einführung von Sondersteuern. So wird am 18. Oktober 1944 die Einziehung der Gewinne rechtskräftig, die zwischen dem 1. September 1939 und dem offiziellen Datum der Einstellung der Feindseligkeiten, in der Praxis dem 1. Juni 1946, aus Geschäften mit dem Feind, aus Schwarzmarktaffären, aus jeder unerlaubten Spekulation entstanden sind. Das Aufkommen aus dieser „confiscation des profits illicites" ist geringfügig und versiegt schnell. Wesentlicher ist die am 7. Januar 1948 in Kraft getretene außergewöhnliche Steuer zum Kampf gegen die Inflation, das „prélèvement exceptionnel de lutte contre l'inflation", inspiriert durch einen Bericht der „Commission du Bilan National"[31]. Ausgehend von der Voraussetzung, daß die öffentlichen Ausgaben, einschließlich der neubeschlossenen für investive Zwecke — der F. D. E. S. im Rahmen der Spezialkonten des Trésor — inflatorische Impulse auslösen, empfiehlt die Kommission, nach Kalkulation der inflatorischen Lücke für das Jahr 1948, die Beschneidung der Konsumausgaben mit Hilfe einer Steuer. Ihr werden alle Einkommen oberhalb eines gewissen Freibetrags unterworfen, mit Ausnahme der Löhne, deren Erhöhung vom vorhergehenden Dezember erhalten werden soll. Den Steuerpflichtigen wird jedoch die Möglichkeit zuerkannt, sich durch die Zeichnung einer 3%igen Anleihe, die „emprunt libératoire du prélèvement exceptionnel de lutte contre l'inflation", kurz „emprunt Mayer" genannt, zu befreien, die ausschließlich der Finanzierung der Investitionen zu Staatslasten dienen soll. So fließt nur rund ein Viertel von der aufgebrachten Gesamtsumme tatsächlich in Form von Steuern in die Staatskasse[32]. Bei keineswegs gebannter Inflation erscheint trotz dieser steuerlichen Maßnahmen im Laufe des Jahres 1948 das Gleichgewicht der Trésorerie aufgrund der vom Schatzamt zusätzlich übernommenen Investitionen derart gefährdet, daß eine weitere Verschärfung der Steuerlast als notwendig angesehen wird: am 24. September 1948 werden unter kleineren Maßnahmen die allgemeine Einkommensteuer und die Schedulensteuern, mit Ausnahme der Grund- und Lohnsteuer, um zwei Zehntel, „deux décimes" angehoben[33].

Das Aufkommen aus den „centimes additionnels" der Departements und Kommunen[34] wächst weniger schnell als der Ertrag aus der

---

[31] Vgl. J. G. *Mérigot* et P. *Coulbois*, Le Franc . . ., S. 126 ff., insb. S. 135.
[32] Vgl. später den Kassenbericht des Trésor für die Periode 1945 bis 1948.
[33] Vgl. J. G. *Mérigot* et P. *Coulbois*, Le Franc . . ., S. 138.
[34] Vgl. Les récettes des Départements et Communes, in Ministère des Finances, Annuaire . . ., S. 1964 ff.

Besteuerung der Einkommensbildung seitens des Staates. Die Differenz erklärt sich daraus, daß es sich hier nicht mehr uneingeschränkt um Einkommensbesteuerung handelt, sondern um vermögensteuerartige, nach objektiven Merkmalen erhobene Ertragsteuern vom Grundvermögen und Gewerbekapital. Häufige Erhöhungen der Vomhundertsätze seitens der Gebietskörperschaften bewirken, daß sich das Aufkommen immer noch mehr als verdoppelt.

Unterproportional zur Entwicklung des Volkseinkommens dehnt sich jedoch der Ertrag der vom Staate erhobenen Vermögensteuern aus. Die Mittel, die dem Staat aus seinen traditionellen Vermögenszuwachs- und -verkehrssteuern zufließen, sind, wie in allen von Krieg und Inflation heimgesuchten Ländern, zur relativen oder gar absoluten Abnahme verurteilt. Vorübergehend wird bei Kriegsende durch Sondermaßnahmen[35] das Aufkommen aus der Besteuerung des Vermögens hochgetrieben. Am 15. August 1945 wird die französische Steuergesetzgebung um eine außerordentliche Vermögensbesitzsteuer erweitert, die „impôt de solidarité nationale“, die eine Abgabe auf den Vermögenszuwachs zwischen dem 1. Januar 1940 und dem 4. Juni 1945 sowie auf das zu diesem Datum bestehende überkommene Vermögen darstellt. Sie ist ursprünglich in vier Jahresraten zu leisten, wird aber am 25. Juni 1947 um ein sogenanntes fünftes Viertel bereichert. Die Einkünfte auch aus dieser Sondersteuer erschöpfen sich schnell.

Als Ergebnis unserer die gesetzgeberischen Maßnahmen berücksichtigenden Anmerkungen zu den Tabellen IX, X, XI, halten wir folgendes fest: Staat, Gebietskörperschaften und Sozialversicherung finanzieren die von ihnen als notwendig angesehenen zusätzlichen Ausgaben über eine Verschärfung der indirekten Besteuerung, über eine Anhebung der Beiträge zur Sozialversicherung, insbesondere durch Erhöhung des dem Arbeitgeber zufallenden Anteils, durch zusätzliche direkte Besteuerung, durch Sondersteuern, die teils das Einkommen, teils das Vermögen treffen, sowie schließlich durch Zwangsanleihen.

Sehen wir vorläufig noch einmal von den möglichen Überwälzungsvorgängen ab, so ist grundsätzlich gewollt, daß erhöhte indirekte Steuern und Arbeitgeberbeiträge als Kostenbestandteile im Preise weitergegeben werden. Der daraus resultierende Steuerdruck auf die Verbraucher, und insbesondere auf die Bezieher kleiner Einkommen könnte, unter sozialen Gesichtspunkten, ausgeglichen werden durch die gewählte verschärfte Besteuerung der mittleren und hohen Einkommen sowie des Vermögens. Solcherart gezielte Eingriffe beschnei-

---

[35] Vgl. J. G. *Mérigot* . . ., S. 136.

den jedoch nicht so sehr, wie mit Rücksicht auf eine Inflationsbekämpfung gewollt, den Konsum als vor allem die Investitionstätigkeit durch Verminderung der Investitionsneigung und Einschränkung ihrer Möglichkeiten[36]. Investitionsfördernde Maßnahmen kennt das französische Steuerrecht der Nachkriegszeit nicht. In einem Land, dessen Regierungen den Wiederaufbau der Kriegszerstörungen sowie beschleunigtes Wirtschaftswachstum ihre Hauptaufgaben nennen, sehen wir uns einem Paradoxon gegenüber, es sei denn, daß im Rahmen einer öffentlichen Investitionspolitik eine Umleitung der Investitionsanstrengung auf ausgewählte Sektoren angestrebt ist[37].

e) Doch wir müssen die formale und die materielle fiskalische und parafiskalische Belastung zu scheiden suchen; wir müssen mit Hilfe unseres theoretischen Instrumentariums[38] der materiellen fiskalischen und parafiskalischen Lastenverteilung nachgehen; können wir nachweisen, daß die Steuerpflichtigen ihre Ausgaben nicht um den gleichen Betrag vermindern, der ihnen durch zusätzliche indirekte und direkte Besteuerung, durch erhöhte Beiträge zur Sozialversicherung sowie durch Zwangsanleihen entzogen wird, dann ist anzunehmen, daß die wachsenden fiskalischen und parafiskalischen Ansprüche des Staates in der ersten Nachkriegsperiode in ursächlichem Zusammenhang zur Geldentwertung von ungefähr 50% pro Jahr stehen.

Wir erinnern uns, daß nach der makroökonomischen Lehre von den Steuerüberwälzungsvorgängen jeder zusätzliche Entzug privater Mittel zur Finanzierung öffentlicher Ausgaben Einfluß auf das Preisniveau hat, ist eine Reihe notwendiger Bedingungen erfüllt.

Soll die Verschärfung der indirekten Besteuerung und der Arbeitgeberbeiträge voll durch Preiserhöhungen vom Produzenten an den Verbraucher weitergegeben werden, so muß dem vom einzelnen Produzenten verteuerten Angebot eine gesamtwirtschaftlich entsprechend erhöhte monetäre Nachfrage gegenüberstehen. Quelle kann die Mobilisierung stilliegender Kassenbestände oder die zusätzliche Aufnahme von Krediten seitens des Staates, der Unternehmer oder der Haushalte sein. In unserem historischen Abriß[39] wurde auf die Geldflut hingewiesen, die nach Kriegsende in Frankreich existiert und die nur geringfügige, quantitativ konzipierte geldpolitische Maßnahmen einzudämmen suchen. Dazu betreibt die Zentralbank eine Politik des billigen Kredites — der Diskontsatz beträgt 1945 und 1946 lediglich

[36] Vgl. unsere Ausführungen zur theoretischen Rahmengebung S. 70 ff., insb. S. 94 f.

[37] Vgl. unsere Ausführungen S. 107 ff.

[38] Vgl. S. 70 ff.

[39] Vgl. S. 52 ff.

1,5‰[40] —, die erst Anfang 1947, nach mehrmaligen, ergebnislos gebliebenen Maßhalteappellen des Gouverneurs der Banque de France[41] zögernd revidiert — der Diskontsatz steigt nicht generell an; Handelswechsel und öffentliche Papiere bleiben verschont — und erst Ende 1948 endgültig aufgegeben wird. Wir dürfen also bei dem Versuch einer Beurteilung der Bedeutung der Einnahmenpolitik der öffentlichen Hand für den Geldwert in der ersten Nachkriegsperiode davon ausgehen, daß für eine vollständige Weitergabe im Preis der den Unternehmern in Form indirekter Steuern und Sozialversicherungsbeiträge zusätzlich entstehenden Kosten die notwendigen geld- und kredittechnischen Voraussetzungen gegeben sind.

Gleiche Voraussetzungen gelten, wie wir uns erinnern, für die makroökonomische Analyse der Preiswirkungen einer den Unternehmern zusätzlich auferlegten, den Gewinn vermindernden Steuer oder Zwangsanleihe. Wären sie gewillt, die Belastung völlig aus eigenem Einkommen zu tragen, so träten an die Stelle ihrer Ausgaben der Konsum und die Investition des Staates. Die wachsende Belastung der Einkommensbildung bliebe ohne Auswirkungen auf den Geldwert. Sind die Unternehmer jedoch nicht bereit, die Steuer aus ihrem Gewinn zu tragen und dementsprechend Konsum und Investition zu beschneiden, versuchen sie, als Gruppe sich verhaltend, die wachsende Besteuerung im Preise an die Verbraucher weiterzugeben und enthorten sie oder nehmen zu diesem Zwecke zusätzlichen Kredit auf, so gleicht der Vorgang dem in der makroökonomischen Analyse der Preiswirkungen einer Verbrauchsteuer.

Wir können weder über die Investitionsneigung der ersten Nachkriegsjahre Stichhaltiges aussagen — wir vermuten, daß sie wie in anderen, vom Kriege heimgesuchten Ländern nicht von Anfang an hoch ist —, noch stehen uns unmittelbar nach 1945 absolute oder gar relative Zahlen zum Finanzierungsspielraum der Privatwirtschaft zur Verfügung. Er dürfte nicht nur durch die zusätzlichen Gewinnsteuern, sondern auch durch die Sondersteuern auf das Vermögen, die in diesem Zeitabschnitt erhoben werden, eingeschränkt sein. Wir wissen dagegen, daß die Banque de France zumindest zu Anfang der betrachteten Periode den Kreditspielraum für die Überwälzung jeder zusätzlichen Belastung der Unternehmer einräumt; und ein Blick auf den für uns hier wesentlichen Gegenposten der Geld- und Quasigeldmenge zeigt uns, daß die Kredite an die Wirtschaft einen von Jahr zu Jahr wachsenden Anteil an der sich aufschwemmenden Geldmasse darstellen.

---

40 Vgl. La monnaie et le crédit, in Ministère des Finances, Annuaire . . ., S. 2025.

41 Vgl. W. B. *Bing,* Wirtschaft . . ., S. 50.

Tabelle XII

Die Entwicklung der Kredite an die Wirtschaft im Vergleich zur gesamten Geld- und Quasigeldmenge (in Mill. F)

	1945	1946	1947	1948
Geld- und Quasigeldmenge insgesamt	10 260	13 630	16 940	21 910
Vorjahr = 100	100	133	124	128
unter den Gegenposten:				
Kredite an die Wirtschaft	1 230	3 120	4 910	8 510
Vorjahr = 100	100	254	157	173
in % der Geld- und Quasigeldmenge	12,0 %	22,9 %	28,9 %	38,9 %

Quelle: La monnaie et le crédit, in Ministère des Finances, Annuaire . . ., S. 2019 f.

Ab 1946 stehen uns Zahlen zur privaten Investitionstätigkeit zur Verfügung, ab 1947 sogar aufgeschlüsselt nach Finanzierungsquellen. Solche Zahlen sind von schwacher Aussagekraft, kennen wir doch grundsätzlich die möglichen Investitionen ohne zusätzliche Gewinnbesteuerung nicht; dazu können wir in diesem Sonderfall nichts aus Verhältnissen in vorhergehenden Jahren schließen. Bemerkenswert ist nun, daß 1946 bis 1948 die privaten Investitionen einen wachsenden Anteil des Volkseinkommens darstellen. Von einer Verminderung der Investitionsquote bei gleichzeitig überproportional steigender Gewinnbelastung können wir demnach schwerlich ausgehen.

Aufschlußreich ist jedoch und trägt zur Relativierung unserer Aussage bei, daß der 71%ige Anstieg der Investitionen im Jahre 1948, durch den die Quote des Vorjahres aufrechterhalten wird, nur durch eine Vervielfachung der Selbstfinanzierung möglich ist. Mittelfristige Bankkredite stehen in absolut geringerem Umfang zur Verfügung. Ebenso geht das aus privater Ersparnis gespeiste langfristige Kapital absolut zurück. Nehmen wir an, daß es sich bei der Selbstfinanzierung um den Einsatz aufgestauter Mittel handelt, der demnach nur einmalig erfolgen kann, so dürfen wir den Schluß wagen, daß die zusätzliche Gewinnbelastung, vor allem in Form der „prélèvement exceptionnel de lutte contre l'inflation" zumindest teilweise 1948 von den Unternehmern getragen wird. Die zum gleichen Zeitpunkt sichtbar werdenden zaghaften Ansätze zu einer restriktiven Kreditpolitik weisen unsere Überlegungen in die gleiche Richtung.

Lassen uns Beobachtungen auf makroökonomischer Ebene zu dem Ergebnis kommen, daß in der ersten Nachkriegsperiode nicht nur mit einer vollständigen Überwälzung der Belastung der Einkommensverwendung zu rechnen ist, sondern daneben mit einer fast vollständigen Weitergabe der Belastung der Gewinnbildung im Preis,

Tabelle XIII

Das Volkseinkommen, die private Investition und ihre Finanzierung (in Mill. F)

	1946	1947	1948
Volkseinkommen	28 000	35 000	55 000
Private Investitionen in der Metropole	1 100	1 997	3 420
Vorjahr = 100	100	182	171
davon finanziert durch:			
a) Spezialinstitute aus eigenen Quellen a)		200	330
b) Mittelfristige Bankkredite		608	345
c) Aktien		270	240
d) Obligationen		369	205
e) Selbstfinanzierung		550	2 300

Quellen: Für das Volkseinkommen: L'Inventaire Schuman . . ., S. 136; für die private Investition: Les investissements publics en France . . ., S. 728, für 1946; Septième Rapport de la Commission des investissements, in SEF, Suppl. Nr. 74, Februar 1955, Annexe, Tabelle A, für 1947 und 1948.

a) Es handelt sich um die auf die Vergabe lang- und mittelfristigen Kredits spezialisierten Finanzierungsinstitute, Korrespondenten des Trésor; vgl. unsere Ausführungen im Teil A.

so wird dieses Ergebnis gestützt durch Überlegungen auf mikroökonomischer Basis. Wir wiesen darauf hin, daß die Ausgestaltung der Einkommensteuer im betrachteten Zeitabschnitt nicht uneingeschränkt diejenige einer Progressivsteuer ist, daß vielmehr bei ihr ein breites Schedulenbesteuerungssystem die Grundlage bildet. Wir dürfen folglich von einer Annäherung der Besteuerung an genau definierte Transaktionen oder generell an den Verteilungskreislauf ausgehen, ein Umstand, welcher eine Vor- oder Rückwälzung der Belastung erleichtert[42].

Es ist anzunehmen, daß der Gesetzgeber nach 1944 teilweise mit solchen Möglichkeiten rechnet. Die Effekte der wachsenden materiellen

[42] Vgl. L. *Reboud*, Systèmes . . ., S. 118.

Belastung der Arbeitnehmer mit indirekten Steuern und Sozialversicherungsbeiträgen wirken als Fanal. Die anfangs mühsam vom Staat zurückgehaltenen, sich durch langanhaltende Streiks mehr und mehr Bahn brechenden Lohnforderungen der Gewerkschaften sind ohne Zusammenhang mit den steigenden Lebenshaltungskosten als Folge zunehmender Ansprüche der öffentlichen Hand nicht denkbar. So wird sichtbar, daß nicht nur soziale Ziele, sondern gleichfalls die Aussicht auf zusätzliche Drehungen der Lohn-Preis-Spirale den Gesetzgeber vor verschärfter formaler Belastung der Lohnempfänger zurückscheuen lassen. Im Januar 1948 werden die niedrigen Einkommen vom „prélèvement exceptionnel de lutte contre l'inflation" ausgenommen; im September 1948 unterliegt die Lohnsteuer neben der Grundsteuer der Anhebung um zwei Dezimen nicht; Ende 1948 geht der Gesetzgeber noch weiter und entlastet die Arbeitnehmer von der proportionalen Lohnsteuer, um sie durch eine vom Arbeitgeber zu entrichtende Lohnsummensteuer von 5% zu ersetzen[43]. Die letztere Maßnahme wird uns bei der Analyse des nachfolgenden Zeitabschnitts interessieren.

Fassen wir zusammen: Wir hoben hervor, daß die Einnahmenpolitik der öffentlichen Hand in der ersten Nachkriegsperiode in ihrer Konzeption ein eigenartiges, ja widerspruchsvolles Bild liefert. Auf der einen Seite sind überproportional steigende indirekte Steuern und Sozialversicherungsbeiträge nicht dazu angetan, der Inflation eine Barriere zu setzen. Auf der anderen Seite sollen verschärfte direkte Steuern und Zwangsanleihen weniger, wie in einem Inflationsland wünschenswert, den Konsum, als aufgrund der ihnen eigenen Ausgestaltung die private Investition beschneiden. Diese Einnahmenpolitik bleibt völlig unverständlich, allerdings auch noch unausgeformt, in der unmittelbaren Nachkriegsperiode, nehmen wir als erwiesen an, daß die vom Gesetzgeber angestrebte Lastenverteilung der tatsächlichen nicht entspricht, daß also selbst der Mittelentzug, der der öffentlichen Hand eine reale Verfügung über zusätzliche Teile des Sozialprodukts verschaffen soll, zum inflationistischen Faktor wird. Wir wollen sie als reine Deckungspolitik betrachten, bar jeder wirtschaftspolitischen Ambitionen. Die beschriebene Einnahmenpolitik füllt sich mit Sinn an in dem Maße, wie die Umrisse einer auf öffentlicher Intervention basierenden Wachstumspolitik sichtbar werden wie auch einer Kreditpolitik, die den realen Entzug vermittels verschärfter Belastung der Einkommensbildung sichern soll. Sollte dies tatsächlich ab Mitte 1947 oder besser im Laufe des Jahres 1948 geschehen, so drosselt die öffentliche Hand eine als ungenügend erkannt und/oder als falsch strukturiert beurteilte private Investition zugunsten ihres Investitionsprogrammes.

---

[43] Vgl. L. *Reboud*, Systèmes . . ., S. 119 f.

3. Die Kreditaufnahme durch den Trésor

a) Galt unser Augenmerk im vorhergehenden Kapitel den budgetären Einnahmen der öffentlichen Hand, d. h. den Einkünften des Staates, der Gebietskörperschaften und der Sozialversicherung aus Steuern und Sozialversicherungsbeiträgen, und ihrer Bedeutung für die Entwicklung des Geldwertes, so wenden wir uns in diesem Kapitel den übrigen Einnahmequellen der öffentlichen Hand zu, nämlich denjenigen aus Verschuldung.

Zu den Einnahmequellen aus Verschuldung gehört das Aufkommen aus Anleihen, zu dem prinzipiell alle öffentlichen Verbände Zugang haben, das aber dennoch im wesentlichen dem Staate offensteht[44]; zu ihnen gehören die übrigen Finanzierungsquellen wie Bankkredite, Auslandskredite und verschiedene Einkünfte, die allein dem Staate vorbehalten sind. Diese zweite Einnahmenkategorie aus Kreditaufnahme sprengt den Rahmen des Haushalts im engeren Sinne; sie stellt die Quellen der Trésorerie dar; ihr direkter Begünstigter ist der Trésor Public.

Der Kassenbericht des zentralen Trésor, der gleichzeitig in Anwendung des Prinzips der Einheitlichkeit der Kassenführung Schatzamt der Gebietskörperschaften und einer sehr großen Zahl der übrigen Institutionen öffentlichen Rechts ist, erlaubt uns zwar nicht, den durch Kreditaufnahme gedeckten Fehlbeträgen aller öffentlichen und halböffentlichen Budgets in ihrer Summierung nachzugehen, wohl aber das durch zusätzliche Kreditschöpfung abzudeckende öffentliche Defizit darzustellen. Zum besseren Verständnis dieser zentralen Stellung des Trésor bei den Beziehungen der öffentlichen Verbände untereinander und zu dem System von Geld und Kredit sei auf den Teil A unserer Ausführungen hingewiesen.

b) Nachfolgende Tabellen geben uns Aufschluß über Entstehung und Finanzierung der „impasse“ des Trésor, des Ausgabenrestes, welcher der Finanzierung durch Kreditaufnahme bedarf.

Erinnern wir uns kurz, wie die „impasse“ des Trésor 1945 bis 1948 entsteht. Der Staatshaushalt, ursprünglich stark defizitär, wird durch die rapide wachsenden Steuereinnahmen mehr und mehr gedeckt. Ist die Höhe der „impasse“ also anfangs durch den Fehlbetrag des „Budget Général“ bestimmt, so bekommen in den darauffolgenden Jahren die Lasten des Trésor zusehends Gewicht. Nach 1945 werden die in Frankreich als notwendig angesehenen, außergewöhnlich hohen Investitionsanstrengungen, eine Folge des völlig unzureichenden und veralteten Produktionsapparates der Vorkriegszeit sowie der Kriegszer-

[44] Vgl. unsere Ausführungen zur statistischen Rahmengebung S. 96 f.; G. C. de *Verdière*, Conjoncture . . ., S. 59 ff.

störungen, zu einem hohen Prozentsatz von Staatshaushalt und Trésor getragen. So gesellen sich, wie anderweitig dargestellt, zu den traditionellen Ausgaben für öffentliche Arbeiten sowie den Finanzinvestitionen im Rahmen des Staatshaushalts die rapide ansteigenden Summen für den privaten Wiederaufbau, die „dommages de guerre". 1948 folgen diesen Entschädigungszahlungen die mittel- und langfristigen Darlehen, Vorschüsse und Garantien des heutigen „Fonds de Développement économique et social", d. h. die im ursprünglichen Monnetplan vorgesehenen direkten Kredite des Trésor an Unternehmen der Grundstoffproduktion. Diese Darlehen des Trésor gehören rein definitorisch zu den Spezialkonten, die jedoch nicht im Saldo, sondern gesondert aus-

Tabelle XIV

Überblick über die Lasten und Ressourcen des Trésor Public (in Mill. F)

A. Ausführung der Finanzgesetze a)

	1945	1946	1947	1948
Einnahmen:				
aus Steuern und übrigen budgetären Quellen	2 240	4 270	6 590	10 230
aus Auslandskrediten				1 490
Ausgaben:				
Zivile und militärische Ausgaben (Staatshaushalt)	4 290	5 440	6 750	10 040
Investitionsausgaben:				
davon: Wiederaufbau der Kriegszerstörung	210	1 000	1 380	2 770
Darlehen im Rahmen des F.D.E.S.				1 880
Ausgaben insgesamt	4 540	6 460	8 160	14 690
Fehlbetrag der Spezialkonten b)	— 780	— 1 340	— 1 350	— 1 050
Fehlbetrag insgesamt: „impasse" oder „découvert"	— 3 080	— 3 530	— 2 920	— 4 020

Quelle: Le Trésor et la Dette publique, in Ministère des Finances, Annuaire . . ., S. 1934 f.

a) Diese Darstellung der aus der „exécution des lois de Finances" herrührenden Lasten des Trésor Public beruht auf einer Konvention unter vielen, insbesondere in Hinblick auf die darin aufgenommenen Salden. Für die Bestimmung des öffentlichen Defizits sind diese Unterschiede ohne Bedeutung.

b) Vgl. S. 16 f.

Tabelle XV

Überblick über die Lasten und Ressourcen des Trésor Public (in Mill. F)

B. Operationen der Trésorerie

	1945	1946	1947	1948
1. Auflage von Anleihen:				
im Inland	620	290	40	1 270
im Ausland	590	1 430	1 560	280
Anleihen insgesamt	1 210	1 720	1 600	1 550
2. Placierung kurzfristiger Papiere:				
im Publikum:				
„Bons du Trésor“	1 330	— 460	— 870	330
Wechsel	360	640	470	120
bei Banken und Zentralbank:				
„Bons du Trésor“				350
Wechsel				310
Kurzfristige Papiere insgesamt:	1 690	180	— 400	1 110
3. Außergewöhnliche Einkünfte a)	500			— 70
4. Einlagen von Korrespondenten	560	710	710	1 670
5. Geldinstitute der Franc-Zone				— 140
6. Kassenbewegungen	— 740	190	— 140	— 440
7. Direkte Hilfe der Banque de France:				
Diskont der „obligations cautionnées“				170
Vorschüsse an den Staat	— 140	730	1 150	170
Saldo: Deckung der „impasse“	3 080	3 530	2 920	4 020

Quelle: Le Trésor . . ., Annuaire . . ., S. 1936 f.

a) Unmittelbar nach dem Kriege spielen zum Ausgleich der „impasse“ außerordentliche Einkünfte eine Rolle, die sich voll in einer Ausweitung der Geldmenge niederschlagen: der Profit des Trésor aus dem unvollständigen Umtausch der Banknoten.

gewiesen werden, da sie heute die eigentliche wirtschaftliche Betätigung, den Hauptposten der öffentlichen Investitionstätigkeit darstellen. Tatsächlich beinhaltet auch nur ein Teil dieses ab 1948 auftretenden Postens zusätzliche Lasten für den Trésor. Teilweise haben wir lediglich eine „Budgetisierung“ vor uns, d. h. eine Aufdeckung solcher Finanzierung von Investitionen, die anfangs über vorhandene Spezialkonten abgewickelt wurde. Die wie beschrieben entstehende „impasse“ stabilisiert sich 1945 bis 1947 um 3 Mrd. F; sie schnellt 1948 auf 4 Mrd. F hinauf; sie beträgt als Anteil des Gesamtkassenvolumens: 1945 58%, 1946 54%, 1947 31% und 1948 26%.

c) Welche Begründung gibt die öffentliche Hand, der nicht einmal die Finanzierung des Staatshaushalts, d. h. der traditionellen, nach Kriegsende aufgeschwemmten administrativen und sozialen Aufgaben aus dem Aufkommen von Steuern und Anleihen nach 1944 gelingt, den Trésor über seine zusätzlichen Verpflichtungen aus dem umfassenden Sozialprogramm[45] hinaus auch noch mit umfangreichen ökonomischen Aufgaben zu belasten?

Wir lesen in dem vom Finanzministerium veröffentlichten Bericht[46]: „Die ungemeine Größe der notwendigen Investitionsanstrengungen übersteigt die Möglichkeiten der privaten Ersparnis und belastet den Staat mit dem größten Teil der Finanzierung.“ Tatsächlich versiegen die traditionellen Finanzierungsquellen zusehends[47]. So ist der absolute Rückgang der Finanzierung privater Investitionen aus Aktien und Obligationen, die unmittelbar nach 1945, nach dem vorliegenden Bericht, noch bescheidene Ausmaße annimmt, 1947 und 1948 geradezu auffällig. An die Stelle der langfristigen Ersparnisse schieben sich die mittelfristigen Bankkredite. „Der mittelfristige Kredit entwickelt sich erheblich in Frankreich nach der ‚Libération‘ ... mit zweifellos inflationistischem Effekt[48].“ „Der Rückgriff auf den Bankkredit ... weitet sich nicht unwesentlich im Jahre 1947 aus (mittelfristige oder selbst kurzfristige Kredite, genannt ‚crédits de relai‘), in einer Periode, in der die verschiedenen Quellen, die 1945 und 1946 genutzt wurden, sich erschöpfen ... “ Mit Mißtrauen betrachtet der Staat auch die Verdrängung der traditionellen Finanzierungsarten durch die Selbstfinanzierung, wie vor allem ab 1948 zu beobachten. „Die für

---

[45] Die Fehlbeträge der Sozialversicherung, insbesondere anfangs des „Régime agricole“, schlagen sich auf den Spezialkonten des Trésor nieder; vgl. S. 22 f.

[46] Les investissements en France ..., S. 727 ff.

[47] Vgl. Tabelle XIII, S. 123.

[48] Den Besonderheiten der mittelfristigen Kreditvergabe, zum großen Teil Aufgabe der spezialisierten Finanzierungsinstitute, und ihren inflationistischen Auswirkungen gehen wir später noch nach.

diese Selbstfinanzierung notwendige Gewinnspanne erhöht den Verkaufspreis." So entschließt sich die öffentliche Hand zu einem Finanzierungssystem für die Investitionen, „das geringere Risiken in sich birgt". „Der Trésor Public ersetzt mehr und mehr die übrigen Geldgeber bei der Finanzierung der Investitionen, die als unabdingbar für die nationale Wirtschaft angesehen werden. Dieses Phänomen wird besonders deutlich bei den verstaatlichten Betrieben." „... vom ökonomischen Standpunkt (ist zu bemerken), daß die wachsende Intervention des Staates den Kreislauf der Geldmittel verändert; der Trésor Public schiebt sich als Vermittler zwischen Geldnehmer und Geldgeber und zieht als Gegenleistung die Kapitalien an sich, die solchen Verwendungen direkt nicht mehr zugeleitet wurden."

Unter Hinweis auf unsere Ableitungen im vorhergehenden Kapitel können wir bei dem Versuch einer Beurteilung dieser Begründung des öffentlichen Eingriffs in die Investitionstätigkeit, ausgehend von der Finanzierungsseite, eine Verwechslung von Ursache und Wirkung unterstellen. Wie wollen wir das verstanden wissen?

Zur Finanzierung ihrer laufenden, stetig anschwellenden Ausgaben und ihres Sozialprogramms benötigt die öffentliche Hand zusätzliche Mittel aus Steuern und Sozialversicherungsbeiträgen. Die Überwälzung zusätzlicher Belastung der Einkommensverwendung auf die Preise wirkt inflationistisch; die Beschneidung der Investitionsmöglichkeiten durch Verringerung der Finanzierungsmittel als Folge der entsprechend ausgestalteten Zusatzbelastung der Einkommensbildung wirkt gleichfalls inflationistisch in dem Maße, wie sie die Unternehmer zur Aufnahme zusätzlicher mittel- und kurzfristiger Bankkredite veranlaßt. Beim Anlaufen ihres Investitionsprogramms sieht sich demnach die öffentliche Hand einem Geld- und Kreditmarkt gegenüber, der als Ergebnis ihrer eigenen Intervention inflationistisch geprägt ist. Stellt in dieser Sicht nicht der Einsatz der dem Trésor eigenen Quellen zur Finanzierung des anlaufenden Investitionsprogrammes „eine gefährliche Lösung der Einfachheit, durch Vervielfachung der Geldzeichen"[49] dar? Vergleichen wir dazu den Bericht des Finanzministeriums[50]:

„Die Tätigkeit der öffentlichen Hand mußte sich an komplexe Gegebenheiten anpassen sowie an eine Konjunktur in schneller Entwicklung. Im Ganzen hat sie sich nicht von einer Leitlinie entfernt, die darin bestand, die optimale Höhe der Investitionsausgabe zu finden und diese Ausgabe aus gesunden Quellen zu finanzieren." Besteht allgemein unsere Aufgabe darin, die Anpassung der öffentlichen

---

[49] Les investissements en France ..., S. 727 ff.

[50] Dgl., wie die übrigen Zitate übersetzt von der Verfasserin.

Hand an Gegebenheiten und konjunkturelle Entwicklungen in Frage zu stellen, so ist diese Aufgabe besonders reizvoll, wenn es sich darum handelt, dieser Anpassung in Form der Suche nach „gesunden" Finanzierungsmitteln nachzugehen. So müssen wir dem gleichen Bericht entnehmen, daß „die Ziele, die der Investitionsanstrengung durch den ‚Plan de modernisation et d'équipement' gesetzt wurden, ihre zustimmende Beurteilung fanden, ohne daß die Finanzierungsmittel vorgesehen oder selbst gründlich überdacht worden wären", und weiter unten, daß „es im übrigen nicht passen (würde), wollten wir zuviel Gewicht dem doktrinalen Aspekt der Frage beimessen. Die Finanzierung der Investitionen wurde seit 1945 auf sehr empirische Art sichergestellt, durch Verwendung verschiedenster Mittel, die es einzusetzen gelang".

d) Nach der kurzen Schilderung ihrer Hintergründe wollen wir uns der Finanzierung der „impasse" des Trésor im einzelnen zuwenden, welche in dem Maße geldwertgefährdend wirkt, wie sie mit Hilfe von Geldschöpfung erfolgt.

Die Ansätze zu einer Beurteilung der „impasse" unter dem Gesichtspunkt der Finanzierung vermittels Geldschöpfung haben ihre Wurzeln in der in unserem Teil A geschilderten einmaligen Funktion des Trésor Public im französischen Wirtschaftsleben. Die Vereinigung der Tätigkeiten von Kasse und Bank bewirkt die Sonderstellung des Trésor gegenüber den monetären Mechanismen: Ist er als Kasse in den bestehenden Geldkreislauf hineingestellt, so nimmt er als Bank an der zusätzlichen Geldschöpfung teil. Theoretisch ist die Beteiligung des Staates an einer eventuellen zusätzlichen Geldschöpfung im Ausmaße der „impasse" möglich — 13 Mrd. F zwischen 1945 und 1948 —, findet in ihr aber auch ihre Grenze. Inwieweit dies geschieht, hängt von einer Fülle von Faktoren ab; die absolute Höhe der „impasse" entspricht keineswegs einer Geldschöpfung gleichen Ausmaßes, (ganz abgesehen davon, daß ihr Gewicht, gemessen am Gesamtkassenvolumen stetig sinkt, ein Vorgang, der die mögliche Geldschöpfung relativiert).

Nach der herrschenden Lehrmeinung beinhaltet gesunde Finanzierung eines öffentlichen Fehlbetrags, der dazu noch zunehmend aus Investitionsausgaben definitiven und temporären Charakters herrührt, die Aufnahme von Anleihen. Diese Finanzierungsart ist in ihrer angestrebten Entzugswirkung grundsätzlich den direkten Steuern verwandt. Die öffentliche Hand versucht, sich auf diesem Wege real Teile des Gesamtprodukts zu sichern. Im inflationsgewohnten, aber auch inflationsmüden Frankreich haben sich die Staatsanleihen mit Blick auf die periodisch wiederkehrenden Kassenkrisen des Trésor geradezu zu einem nationalen Mythos entwickelt. Doch Anleihen sind wie fiskalische und parafiskalische Einnahmen in Hinblick auf ihre eventuellen Auswirkungen auf den Geldwert zu analysieren.

Die Auflage von langfristigen Anleihen im Inland ist in zwei Jahren ergiebig: 1945 und 1948. 1945 mag der Trésor vom Opfergeist der Bevölkerung unmittelbar nach der „Libération“ profitieren; in den folgenden Jahren untergraben die fortschreitende Inflation und der steigende Mittelentzug der öffentlichen Hand mittels direkter Besteuerung die Sparneigung. 1948 zieht das Schatzamt erneut größere Beträge an sich durch die Auflage einer Zwangsanleihe, des „emprunt libératoire du prélèvement exceptionnel de lutte contre l'inflation“ oder „emprunt Mayer“[51]. Wie ist die Bedeutung dieser Finanzierungsquelle, die etwa 15% der „impasse“ im betrachteten Zeitraum deckt, für die Geldwertentwicklung zu beurteilen?

„Die Anleihenzeichnung durch das Publikum ... kann, auch sie, zu einem mächtigen Inflationsmotor werden. Sie beinhaltet tatsächlich die Verwendung inaktiver Summen ... zum Transfer an den Staat, der sie über seine Ausgaben den laufenden Konten der Unternehmen zuführt, wo sie das Volumen des ‚effektiv aktiven‘ Geldes erhöhen[52].“ Eine solche Situation ist zweifelsohne bei den 1945 in Frankreich vorhandenen Geldüberhängen gegeben. Das schnelle Versiegen der Finanzierungsquelle aus Anleihen in den darauffolgenden Jahren weist unsere Überlegungen in die gleiche Richtung. Die Auswirkungen der Zwangsanleihe von 1948 auf die Entwicklung des Geldwertes sind in Parallele zu denen der gleichzeitig erfolgenden Verschärfung der direkten Besteuerung[53] zu analysieren, um so mehr als vom Gesetzgeber ausdrücklich eine teilweise Substitution angestrebt ist. Als Bekämpfungsmaßnahme für die galoppierende Inflation etikettiert, wird das Aufkommen aus dieser Zwangsanleihe keinesfalls stillgelegt, sondern zur Finanzierung des öffentlichen Investitionsprogramms verwendet. Eine solche Anleihe beschneidet zwar unmittelbar die Investitionsmöglichkeiten der Privatwirtschaft aus langfristigen Krediten, doch ist ein Rückgriff der Unternehmer auf gehortete Beträge sowie, berücksichtigen wir den noch zögernden Einsatz restriktiver kreditpolitischer Maßnahmen seitens der Banque de France während des gleichen Zeitabschnittes, auf mittel- und kurzfristige Vorfinanzierung der geplanten Investitionen nicht auszuschließen. So erscheint selbst ein neutralisierender Effekt dieser von der Regierung gewählten Finanzierungsquelle in Frage gestellt.

---

[51] Vgl. J. G. *Mérigot* et P. *Coulbois,* Le Franc ..., S. 137 sowie unsere Ausführungen S. 118.

[52] F. *Bloch-Lainé,* a. a. O., S. 334, Übersetzung der Verfasserin.

[53] Vgl. unsere Ausführungen S. 121 ff.

Tabelle XVI

Überblick über die Gegenposten der Geld- und Quasigeldmenge (in Mill. F)

	1945	1946	1947	1948
A. Kredite an den Trésor Public	7 750	9 400	11 160	12 830
Vorjahr = 100	100	121	116	115
in % der Geld- und Quasigeldmenge	75,5 %	69,0 %	65,8 %	58,6 %
davon:				
1. Forderungen von der Banque de France	4 550	5 660	7 200	7 640
direkte Vorschüsse	4 360	5 090	6 230	6 400
Vorjahr = 100	100	116	122	103
2. Öffentliche Papiere in Portefeuilles	2 690	3 000	2 920	3 530
Vorjahr = 100	100	112	97	121
Banken	2 340	2 310	1 780	2 430
Banque de France	350	690	1 140	1 100
3. Forderungen von Unternehmen und Privaten	510	740	1 040	1 660
Vorjahr = 100	100	145	141	160
B. Kredite an die Wirtschaft	1 230	3 120	4 910	8 510
Vorjahr = 100	100	254	157	173
in % der Geld- und Quasigeldmenge	12,0 %	22,9 %	28,9%	38,9 %
C. Gold und Devisen	1 280	920	610	530
Vorjahr = 100	100	72	66	87
in % der Geld- und Quasigeldmenge	12,5 %	6,8 %	3,6 %	2,4 %
Diverse		190	260	40
Geld- und Quasigeldmenge insgesamt	10 260	13 630	16 940	21 910

Quelle: La monnaie et le crédit, in Ministère des Finances, Annuaire ..., S. 2019 f.

Dem Gegenwert im nationalen Gelde der Anleihen und Desinvestitionen im Ausland entsprechen Importe, die das im Inland verfügbare reale Einkommen erhöhen. Diese außerordentlichen und bald wieder versiegenden Quellen decken 1945 bis 1948 ein Drittel der „impasse“, ohne den Geldwert zu gefährden.

Die Aufnahme kurzfristiger Anleihen im Inland durch Unterbringung von „bons du Trésor“ und Wechseln im Publikum erfolgt zwar Jahr für Jahr in sehr unregelmäßigem Rhythmus, darf jedoch über die ganze Periode nicht vernachlässigt werden. Soweit diese Finanzierungsart die Aufsaugung liquider Ersparnis durch den Trésor beinhaltet, besteht keine Gefährdung für den Geldwert. Doch gilt für die „dette flottante“ Ähnliches wie für die langfristige Verschuldung der öffentlichen Hand: ist die Investitionsneigung der Unternehmer gegeben, so kann während einer Periode, der eine Politik des billigen Geldes den Stempel aufdrückt, mit einer vollständigen Substitution der privaten durch die öffentliche Investition nicht gerechnet werden. Diese Überlegung bedarf der Revision ab 1947 mit dem Einsetzen einer qualitativen Kreditpolitik, die mit Hilfe einer Spaltung des Diskontsatzes[54] Finanzierungsmittel vorzugsweise für vom Staat als förderungswürdig angesehene Objekte zur Verfügung zu stellen hat.

e) Ist die öffentliche Hand aufgrund ihrer wachsenden Ansprüche schon mittelbar Initiator von Geldschöpfungsprozessen auf Verlangen der Privatwirtschaft, so beteiligt sich der Trésor zur Finanzierung der wachsenden öffentlichen Ausgaben gleichfalls unmittelbar an der gesamtwirtschaftlichen Geld- und Quasigeldschöpfung. Diese Beteiligung ist schwer verständlich und kaum bezifferbar, soweit sie Ergebnis teilweise automatischer Mechanismen ist, sich außerhalb jeder direkten Initiative des Trésor vollzieht.

Wir berühren die Funktion des Trésor als Sammelstelle von Einlagen und Spargeldern neben dem Bankenapparat und erreichen das Gebiet der Geldschöpfungsmöglichkeiten, die das Schatzamt wie die Banken besitzen. Basis dieser Möglichkeiten bilden die Depositeneinlagen der Institutionen mit selbständiger Haushaltsfürung, der Korrespondenten. Die Bedeutung dieser Einlagen für den Ausgleich der „impasse“ wächst seit 1945. 1948 decken die Einlagen der Korrespondenten schon rund ein Viertel des Fehlbetrages des Trésor. Ein Blick auf die Gegenposten der Geld- und Quasigeldmenge in Tabelle XVI, die wir in Tabelle XVII weiter aufschlüsseln wollen, verschafft uns ein Bild von der Bedeutung dieser „monnaie Trésor“ — man kann so weit gehen, dem Bank- und Buchgeld das Buchgeld des Trésor

---

[54] Vgl. K. F. *Wolff,* Die Leitungsorgane . . ., S. 123; La monnaie et le crédit, in Ministère des Finances, Annuaire . . ., S. 2025.

als Sonderform hinzuzugesellen —: wir beobachten neben der absoluten eine nicht unerhebliche relative Zunahme, gemessen als Anteil am Buchgeld insgesamt.

Tabelle XVII

Die Bedeutung der „monnaie Trésor" (in Mill. F)

	1945	1946	1947	1948
Buchgeld insgesamt	4 360	6 170	7 550	11 720
davon: Buchgeld in der Verfügung des Trésor, im wesentlichen auf Postscheckkonten	500	720	1 000	1 600
in % des Buchgeldes insgesamt	11,4 %	11,7 %	13,2 %	13,7 %

Quelle: La monnaie et le crédit, in Ministère des Finances, Annuaire . . ., S. 2019 f.

Das Wachstum dieser Finanzierungsquelle des Trésor dient als wesentliches Argument für die weitgehende Übernahme der Investitionstätigkeit durch die öffentliche Hand[55].

Den Charakter des Quasigeldes teilen mit den Einlagen der Korrespondenten die bei Banken und bei der Zentralbank placierten „bons du Trésor". Der aus dem Kriege überkommene hohe Bestand an Geldmarktpapieren variiert kaum während der Nachkriegszeit. 1948 gelingt es dem Trésor erneut, dem Geldmarkt größere Beträge zu entziehen, wodurch sich der Rückgriff auf direkte Vorschüsse der Zentralbank verringert.

Diese direkten Beihilfen der Banque de France, die „reine Inflation", die „planche à billets", die zusätzliches Geld darstellen, welches Einkommen ohne jede Produktion schafft, decken 1945 bis 1948 in etwa 15% der „impasse". Um dem Bedarf des Schatzamts gerecht zu werden, muß die Zentralbank nach vorheriger Intervention der Legislative ihren Vorschußplafonds mehrfach heraufsetzen[56]. 1946 allein beträgt der Zuwachs der Vorschüsse 730 Mill. F und 1947 sogar 1150 Mill. F. Doch erlaubt uns die nachfolgende Tabelle, das Gewicht der Vorschüsse zu relativieren.

---

[55] Vgl. Les investissements en France . . ., S. 727 ff.

[56] Vgl. W. B. *Bing*, Wirtschaft . . ., S. 44 ff.

Tabelle XVIII

Banknoten im Umlauf und direkte Vorschüsse an den Trésor Public (in Mill. F)

	1945	1946	1947	1948
1. Banknoten im Umlauf	5 700	7 219	9 208	9 876
2. Direkte Vorschüsse der Banque de France an den Trésor	4 360	5 090	6 230	6 400
2. in % von 1.	76,5 %	70,5 %	67,7 %	64,8 %

Quelle: La monnaie et le crédit, in Ministère des Finances, Annuaire . . ., S. 2019 und 2023.

Zwar ist der Trésor durch seine Finanzierung der „impasse“ zwischen 1945 und 1948 zu 44% an der Ausdehnung der Geld- und Quasigeldmenge beteiligt. Doch in dem Maße, wie das relative Gewicht der „impasse“, gemessen am Gesamtkassenvolumen, von Jahr zu Jahr abnimmt, schwindet die Beteiligung des Schatzamts an der Zunahme der Geld- und Quasigeldmenge dahin. An dieser sinkenden Tendenz ändern auch nichts die Jahre 1946 und 1947 mit ihren hohen direkten Zuschüssen der Banque de France, die über die ganze Periode mit 49% zur Zunahme der Banknoten im Umlauf beitragen. Trotz dieser Relativierung im Zeitablauf müssen wir jedoch grundsätzlich festhalten, daß im Ausmaße der zusätzlichen Zentralbankkredite zur Finanzierung ihres Defizites sich die öffentliche Hand über den Trésor am Inflationsprozeß 1945 bis 1948 von rund 50% pro Jahr erheblich beteiligt.

4. Zusammenfassung und Beurteilung

a) Unsere Frage nach der Bedeutung der öffentlichen Finanzgebarung für die Geldentwertung von grosso modo 50% pro Jahr während der Periode von Ende 1944 bis 1948 darf zu ihrer Beantwortung eine exakt bezifferbare Beobachtung heranziehen: die hohe Beanspruchung von zusätzlichem Zentralbankkredit seitens des Trésor Public zur Finanzierung seiner „impasse“. Doch zum einen schwindet, relativ gesehen, diese Beanspruchung im Zeitablauf, obgleich eine Minderung der Geldentwertung nicht erfolgt, zum anderen ist eine Korrelation mit dem budgetären Defizit, ja mit jeweiliger Größe der „impasse“ kaum festzustellen.

Das Argument der Trésorerie[57], d. h. der Hinweis auf ihr Gleichgewicht oder Ungleichgewicht, ist ein Schlüsselargument der Konjunkturpolitik. Für Gleichgewicht oder Ungleichgewicht der Trésorerie jedoch sind weniger Gleichgewicht oder Ungleichgewicht der öffentlichen Finanzen verantwortlich, als vielmehr, wie wir uns erinnern und wie wir nun für die Periode 1945 bis 1948 nachweisen können, die Konditionen der „fermeture de circuit", d. h. des Rückflusses aller vom Trésor durch die verschiedensten Kanäle, definitiv oder temporär, ausgeschütteten Beträge in seine Kassen.

Ist bei hohen und wachsenden öffentlichen Ausgaben das Auskommen aus fiskalischer und parafiskalischer Belastung nicht möglich, stehen lang- und kurzfristige Kredite seitens des Publikums und der Korrespondenten dem Trésor nicht in ausreichendem Maße zur Verfügung, versagt der Geldmarkt seinen Beistand, so verbleibt dem Trésor der Rückgriff auf den Zentralbankkredit, der „Fall in die Inflation".

So entstehen die Situationen von 1946 und 1947. Trotz seiner Anstrengungen in Richtung des Kapitalmarktes ist der Trésor auf den Geldmarkt angewiesen, zur Finanzierung seiner wachsenden Lasten sowie zur Refinanzierung seiner kurzfristigen Schuld. Doch der Geldmarkt versagt diesen Beitrag. 1945 und 1948 sorgen der Umtausch aller Geldscheine und der Einzug der Banknoten über 50.00 F für eine Verringerung des Notenumlaufs, von der die Banken profitieren. „So erklärt sich während dieser beiden Jahre der Erfolg der Ausgabe von Schatzscheinen auf dem Geldmarkt, der es dem Trésor erlaubte, seine Ansprüche an die Bank von Frankreich zu stabilisieren. 1946 und 1947 zwang dagegen die schnelle Ausdehnung des Notenumlaufs mit der Wiederaufnahme der ökonomischen Aktivität die Banken, die sich in Kassenschwierigkeiten befanden, ihr Portefeuille an Staatspapieren zu verringern. Der Schwund seiner kurzfristigen Schuld zwang den Trésor seinerseits, umfangreiche Hilfsmaßnahmen von der Bank von Frankreich zu erbitten[58]."

In dieser Sicht können wir zwar aufrechterhalten, daß der Trésor im Umfang der Inanspruchnahme von Zentralbankkrediten zum Inflationsförderer wird. Wir können aber keinesfalls nachweisen, daß hier eine Initialzündung vorliegt, denn das Schatzamt erscheint als Opfer von Erscheinungen im Inflationsprozeß, die eine „fermeture du circuit" verhindern.

b) Doch Entstehung und Entwicklung dieses Inflationsprozesses, der dann, wenn er Kassenkrisen beim Trésor Public auslöst, die Aufmerk-

---

[57] Vgl. F. *Bloch-Lainé,* a. a. O., S. 328 ff. sowie unsere Ausführungen im Teil A, insbesondere S. 45 ff.

[58] La Trésorerie et la dette publique, in Ministère des Finances, Annuaire . . ., S. 1915 f., Übersetzung der Verfasserin.

samkeit der Öffentlichkeit auf die staatliche Verantwortung hinlenkt, sind ihrerseits Funktion der öffentlichen Ausgaben- und Einnahmenpolitik.

Wir gewinnen, äußerst schematisiert, zwei Schwerpunkte: Sind öffentliche Haushalte grundsätzlich wenig geeignet, eine Umverteilung von Einkommenströmen in Richtung einer vorwiegend kontraktiven Wirkung vorzunehmen, so noch weniger der französische nach 1945 mit seiner zunehmend sozialen Ausgabenstrukturierung. Zwar werden den Schichten mit traditionell hoher Verbrauchsneigung hohe und wachsende Beträge durch indirekte Besteuerung und Beiträge zur Sozialversicherung entzogen, doch geschieht dies auf dem Umweg über einen Preissteigerungsprozeß. Ein mögliches Gegengewicht über eine Konsumbeschneidung durch wachsende direkte Besteuerung wird im Sinne der Zielsetzung sozialer Gerechtigkeit durch systematische Ausklammerung der gleichen Bevölkerungsschichten vermieden.

Einen zweiten Schwerpunkt erhält die Struktur der öffentlichen Ausgaben nach 1944 in den Aufwendungen für investive Zwecke. Ein der expansiven Wirkung auf der Ausgabenseite entsprechender kontraktiver Effekt auf der Einnahmenseite wird zwar durch eine Umstrukturierung der fiskalischen Belastung auf wachsende direkte Besteuerung der mittleren und hohen Einkommenschichten sowie durch „Auskämmen" des Kapitalmarktes angestrebt, wäre jedoch lediglich unter Einbeziehung einer konsequenten restriktiven Kreditpolitik der Zentralbank zu erreichen gewesen, von der zumindest bis Mitte 1948 kaum die Rede sein kann. Durch Vernachlässigung der Zielsetzung der Geldwertstabilität zugunsten derjenigen maximalen Wirtschaftswachstums schafft die öffentliche Hand zeitweise selbst die Voraussetzungen für die Kassenkrisen des Trésor.

Die öffentliche Hand finanziert nach der „Libération" die ihren zusätzlichen Aufgabenbereichen: soziale Gerechtigkeit und Wirtschaftswachstum entspringenden zusätzlichen Ausgaben weitgehend über Inflation.

II. Kurzfristige Beruhigung und erneutes Aufflammen der Inflation Ende 1948 bis Anfang 1952

1. Die öffentlichen Ausgaben

a) Versuchten wir bei der Behandlung des voraufgehenden Zeitabschnittes der Finanzgebarung der öffentlichen Hand gerecht zu werden durch eine Paralleldarstellung der Tätigkeit des Staates (kassenmäßig durch den Trésor und seine Spezialkonten repräsentiert), der Gebietskörperschaften sowie der Institutionen der Sozialversicherung, so weist ab 1949 die volkswirtschaftliche Gesamtrechnung das Tätigwerden dieser „administrations" auf zwei Konten aus: dem „compte d'affectation" sowie dem „compte de capital“. Bereitet die Interpretation des „compte de capital“, „der Beschreibung der direkt von der öffentlichen Hand durchgeführten Investitionen sowie der Ausweisung der der übrigen Wirtschaft zugestandenen Darlehen bestimmt“[59], für unsere Aufgabenstellung technische und begriffliche Schwierigkeiten[60], so ist das „compte d'affectation“ als Darstellung „der als laufend angesehenen Operationen“[61] eindeutig verwendbar.

Da uns ab 1949 eine Bezifferung des Bruttosozialprodukts zu Marktpreisen zugänglich ist, dürfen wir die Analyse dieses Zeitabschnittes mit einem Überblick über die absolute und relative Entwicklung vom Volumen der öffentlichen definitiven und temporären Ausgaben beginnen, dem wir die strukturelle Untersuchung anschließen.

Tabelle XIX

Bruttosozialprodukt zu Marktpreisen und konsolidierte öffentliche Ausgaben definitiver Art (in Mill. F)

	1949	1950	1951
1. Bruttosozialprodukt zu Marktpreisen	86 600	100 200	122 900
2. Konsolidierte, definitive Ausgaben der öffentlichen Hand (einschl. Bruttokapitalbildung, ausschl. interne Subventionen)	27 110	31 560	39 250
2. in % von 1.	31,3 %	31,5 %	31,9 %

Quelle: Les Comptes de la Nation, Rapport 1949—1955 . . ., S. 88 ff. und 94 ff.

Die in ihren Anfangsstadien technisch rudimentäre und daher nur bedingt Vertrauen einflößende volkswirtschaftliche Gesamtrechnung läßt für die Periode 1949 bis 1951 folgende Beobachtung zu: Die laufenden Ausgaben der öffentlichen Hand sowie die konsolidierten, definitiven Ausgaben, berechnet unter Einschluß der Bruttokapitalbildung der öffentlichen Hand und unter Ausschluß der internen Subventionen, steigen Jahr für Jahr überproportional an.

[59] Les Comptes de la Nation, Rapport 1949—1955 . . ., S. 19 f., Übersetzung der Verfasserin.

[60] Vgl. unsere Ausführungen zur statistischen Rahmengebung S. 96 ff.

[61] Les Comptes de la Nation . . ., s. o., S. 19 f., Übersetzung der Verfasserin.

Beziehen wir die gesamten, definitiven und temporären, Investitionszwecken gewidmeten öffentlichen Ausgaben ein, wie sie aus Berechnungen der Investitionskommission hervorgehen, so bedarf unsere Beobachtung einer Revision, basierend auf der Tatsache einer Verschlechterung des von den Investitionsausgaben eingenommenen Platzes innerhalb der Gesamtlasten des Trésor (Tabelle XX) wie auch einer Verringerung des Anteils der mit Hilfe öffentlicher Gelder finanzierten Investition an der gesamten Inlandsinvestition (Tabelle XXI). So gewinnen wir als Hintergrund unserer Analyse der Bedeutung der öffentlichen Finanzgebarung für den Geldwert 1949 bis 1951 ein grosso modo proportionales Wachstum der öffentlichen Ausgaben, gemessen am Bruttosozialprodukt.

Tabelle XX

Die öffentliche Investition und die Lasten des Trésor Public (in Mill. F)

	1947	1948	1949	1950	1951
1. Gesamtlasten des Trésor Public	9 510	15 930	20 810	24 660	28 490
2. Summe der dem Mutterland entstammenden Mittel zu Investitionszwecken	2 420	5 280	7 860	8 310	8 000
2. in % von 1.	25,4 %	33,2 %	37,7 %	33,7 %	28,0 %

Quelle: Cinquième rapport de la Commission des investissements . . ., S. 13.

Tabelle XXI

Die öffentliche Investition und die Gesamtinvestition (in Mill. F)

	1947	1948	1949	1950	1951
1. Im Mutterland realisierte Investitionen	4 370	8 420	11 090	12 000	16 500
2. davon finanziert durch öffentliche Gelder	2 360	4 990	7 030	7 205	6 750
2. in % von 1.	53,7 %	59,2 %	64,0 %	60,0 %	40,9 %

Quelle: Cinquième rapport de la Commission des investissements . . ., S. 17.

Tabelle XXII

Aufgliederung der definitiven Ausgaben der öffentlichen Hand (in Mill. F)

	1949	1950	1951
1. Güter in % von 6.	2 770 10,2 %	3 170 10,1 %	4 520 11,5 %
2. Dienste in % von 6.	4 750 17,6 %	5 370 17,0 %	6 630 16,8 %
3. Transferzahlungen in % von 6.	16 800 62,1 %	19 180 60,9 %	22 870 58,1 %
4. Ausgaben im Ausland in % von 6.	1 940 7,2%	2 660 8,4 %	4 020 10,2 %
5. Zinsen in % von 6.	780 2,9 %	1 130 3,6 %	1 340 3,4 %
6. Laufende Ausgaben insgesamt	27 040	31 510	39 380
7. Bruttokapitalbildung	1 320	1 420	1 720

Quelle: Les Comptes de la Nation, Rapport 1949—1955 . . ., S. 88 ff. und 94 ff.

Tabelle XXIII

Entwicklung der hauptsächlichen Transferzahlungen (in Mill. F)

	1949	1950	1951
1. Sozialleistungen des Staates und der Sozialversicherung	7 860	9 630	12 260
2. Sozialhilfe	1 890	2 050	2 620
3. Wiederaufbauentschädigung	3 260	3 210	3 070
4. Subventionen davon:	3 300	3 740	4 260
a. an Unternehmen und Haushalte	2 050	2 370	2 410
b. an Organismen der öffentlichen Hand	1 250	1 370	1 850

Quelle: Les Comptes de la Nation, Rapport 1949—1955 . . ., S. 88 ff.

b) Wenden wir uns nun der Struktur der öffentlichen Ausgaben und ihren Wandlungen im betrachteten Zeitabschnitt zu, mit Blickrichtung auf ihre eventuellen Auswirkungen auf die Entwicklung des Geldwertes, so bekommen die Investitionsausgaben der öffentlichen Hand, global und sektoral, eine zusätzliche Bedeutung. Vergegenwärtigen wir uns kurz die konjunkturelle Situation[62]: Das Zusammenspiel einer Reihe günstiger Faktoren — die Durchsetzung generell wirkender quantitativer Maßnahmen zur Kreditrestriktion Ende September 1948, erhöhtes Angebot von Agrarprodukten im Gefolge der guten Ernten der Jahre 1948 und 1949, erweitertes Angebot an Industrieprodukten als erstes Ergebnis im Ausreifungsprozeß der während der Vorperiode realisierten Investitionen, das Einsetzen des Marshall-Plans, eine größere Lohndisziplin der Gewerkschaften — veranlaßt eine Geldwertstabilisierung, die 1949 noch von wirtschaftlicher Expansion begleitet wird. Mit Beginn der Koreakrise im Sommer 1950 läuft bei Ansteigen der Weltmarktpreise ein neuer Inflationsprozeß in Frankreich an, der jedoch im Jahre 1951 kein Ende findet, vielmehr von binnenpolitischen Faktoren gestützt wird. Regierungsinstabilität sowie Neuwahlen des Parlamentes erlauben zwei Lohnerhöhungswellen sowie kräftige Anhebungen der Agrarpreise. Erste Eindämmungsmaßnahmen seitens der Kreditpolitik erfolgen erst im Herbst 1951.

Vor diesem Hintergrund soll unser Augenmerk als erstes den Globaleffekten der öffentlichen Investitionsausgaben gelten. Können wir grundsätzlich davon ausgehen, daß bei der strengen Zweckbindung der öffentlichen Investitionsausgaben der unmittelbare Einkommenseffekt dem verausgabten Betrag entspricht, so besteht bei Variation dieses Ausgabenvolumens in der einen oder anderen Richtung in dem Maße, wie sie die Unternehmer zu zusätzlicher oder verminderter Investitionsanstrengung veranlaßt, die Gefahr eines kumulativen Inflations- oder Deflationsprozesses. In dieser Sicht wären, berufen wir uns einzig auf die absolute und relative Variation der öffentlichen Investitionsanstrengung, zusätzliche Inflationsimpulse bis 1949 zu erwarten, zusätzliche Deflationsimpulse ab 1950.

Abgesehen davon, daß solche Folgeinvestitionen nicht notwendig die gleichen Kapazitätseffekte haben müssen — was ihre konjunkturellen Impulse relativiert — ist ihre Existenz recht zweifelhaft. Bis 1950 geht der steigende Anteil der Investitionsaufwendungen an den Gesamtlasten des Trésor mit einer Zunahme der Beteiligung der öffentlichen Hand an der Gesamtinvestition einher; ab 1950 entwickelt sich der Gewichtsverlust der Investitionsaufwendungen im Rahmen der Ge-

[62] Vgl. unsere Ausführungen zur historischen Rahmengebung S. 55 ff.

samtaufwendungen des Trésor in Parallele zu einer Abnahme der Beteiligung der öffentlichen Hand an der Gesamtinvestition. 1949, dem ersten Jahr relativer Preisstabilität, wird eine gegenüber den Vorjahren erheblich geringere Zunahme der Gesamtinvestition fast ausschließlich durch die öffentliche Investitionstätigkeit erreicht. 1950 wächst trotz des Stagnierens der öffentlichen Beteiligung die Gesamtinvestition um 8% an, 1951 bei absoluter Rückläufigkeit der vom Staate investierten Summen gar um 38%. (Vgl. dazu die Tabellen XX und XXI, S. 139). Wir möchten diese Beobachtungen in dem Sinne interpretieren, daß das Ausmaß staatlicher Beteiligung an der Investitionstätigkeit keinen genügend stimulierenden oder dämpfenden Effekt ausübt, als daß die anderen, die Investition bestimmenden Faktoren, in ihrer Entfaltung gehemmt würden. Anders ausgedrückt: die private Investitionstätigkeit folgt Gesetzen, die von der Geld-, Kredit- und Finanzpolitik des Staates mitbestimmt werden — auf die wir in den folgenden Kapiteln eingehen wollen —, die jedoch relativ unabhängig von seiner direkten Beteiligung an der Investitionsanstrengung sind.

c) Doch betrachteten wir lediglich die Variation des Gesamtvolumens der öffentlichen Investitionsanstrengung, begnügten wir uns mit der Folgerung, daß — beziehen wir die Entwicklung der gesamten Investitionsausgaben ein — bis 1950 kaum mit einer inflationistischen Diskrepanz von verausgabtem Betrag und Einkommenswirkung zu rechnen ist, desgleichen selbstverständlich nicht ab 1950, aber auch nicht mit einer deflationistischen Differenz, so gingen wir an dem wesentlichen sektoralen Aspekt vorbei.

Wir entnehmen nachfolgender Tabelle der Investitionskommission, daß die Verminderung der vom Staate der Investition gewidmeten Mittel weniger die unmittelbare Vermögensbildung, den Wiederaufbau und den Neubau, trifft, sondern vor allem die Investitionen zu wirtschaftlichen und sozialen Zwecken.

Tabelle XXV gibt uns zusätzlich Aufschluß. Der sinkende Anteil der öffentlichen Hand an der Gesamtinvestition verursacht Verschiebungen in ihrer Strukturierung. Im Vergleich zur Vorperiode[63] zeigen sich auffällige Veränderungen. Der unterproportionale Zuwachs der Investitionen in den Sektoren Energie sowie Transport und Kommunikationsmittel steht in engem Zusammenhang zu den rückläufigen Darlehen und Vorschüssen des „Fonds de développement économique et social“, die weitgehend gleichbedeutend sind mit verminderter Betreuung der Investitionstätigkeit der nationalisierten Betriebe. Der absolute Rückgang der traditionellen öffentlichen Vermögensbildung spricht für sich selbst. Der überproportionale Zuwachs der Investi-

[63] Vgl. Tabelle VIII, S. 110.

Tabelle XXIV

Auszug aus den Finanzgesetzen von 1950 und 1951 (in Mill. F)

	1950	1951
Budgetäre Gesamtausgaben	22 430	28 570
davon:		
Ausstattung der Zivilverwaltung a)	1 410	1 400
in % der Gesamtausgaben	6,2 %	4,9 %
Wiederaufbau und Neubau b)	2 780	3 120
in % der Gesamtausgaben	12,4 %	10,9 %
Ökonomische und soziale c) Investitionen	4 410	3 030
in % der Gesamtausgaben	19,6 %	10,6 %

Quelle: Cinqième rapport de la Commission des investissements . . ., S. 12.

a) „Equipement des services civils".

b) „Reconstruction et construction".

c) „Investissements économiques et sociaux".

Tabelle XXV

Strukturierung der im Mutterland realisierten Gesamtinvestition (in Mill. F)

	1949	1950	1951	Anstieg 1949—51
Energie	2 130	2 370	2 560	1,20
Transport und Kommunikationsmittel	1 950	1 650	1 980	1,02
Landwirtschaft	1 140	1 450	1 800	1,58
Industrie und Handel	2 210	2 410	4 920	2,23
Staat und Gebietskörperschaften	940	1 070	740	0,79
Wohnungs- und Städtebau	2 720	3 050	4 500	1,65
insgesamt	11 090	12 000	16 500	1,49

Quelle: Cinquième rapport de la Commission des investissements . . ., S. 22.

tionen im Sektor Wohnungs- und Städtebau ist geringfügig; die ab 1951 gewährten Darlehen des Trésor an den sozialen Wohnungsbau (H. L. M.)[64] können die lähmende Wirkung rückläufiger Auszahlungen von Wiederaufbauentschädigungen noch nicht voll ausgleichen. Der Schwerpunkt in der Investitionsstrukturierung verschiebt sich unter relativer Vernachlässigung der Investierungen in den landwirtschaftlichen Sektor ab 1949 eindeutig zugunsten der Investitionstätigkeit von Industrie und Handel.

Diese Verschiebungen in der Strukturierung sind nun dazu geeignet, den Produktionseffekt der Gesamtinvestition, der im Maße der wachsenden Beteiligung des Trésor an der Investitionsanstrengung und ihrer Strukturierung bis 1950 hinausgezögert wurde, unmittelbar nach 1950 zu erhöhen. Ist nicht auszuschließen, daß der Einkommenseffekt der Gesamtinvestition ihren Produktionseffekt auch ab 1950 noch erheblich übersteigt — verweisen wir allein auf den absolut hohen Anteil der Investierungen im Wohnungsbau sowie im Energiesektor —, daß demnach die öffentliche Investitionstätigkeit nach wie vor unmittelbar inflationistische Wirkungen auslöst, so liegt doch die Folgerung nahe, daß diese Effekte, die zur galoppierenden Nachkriegsinflation in so hohem Maße beitrugen, sich ab 1950 vermindern.

d) Ist es uns somit versagt, Volumen und Struktur der öffentlichen Investitionstätigkeit während unserer Periode, die im Herbst 1948 beginnt und im Frühjahr 1952 endet, zur Erklärung des ihr eigenen Konjunkturverlaufs, insbesondere der Verlängerung des Inflationsprozesses über die Beendigung der Koreakrise hinaus, heranzuziehen?

Gehen wir ins Detail und betrachten wir den sprunghaften Anstieg der Gesamtinvestition von 1950 auf 1951, der fast ausschließlich in zwei Produktionsbereichen erfolgt, im letzteren vorwiegend aus öffentlichen Geldern finanziert: in Industrie und Handel, wie schon erwähnt, sowie im Wohnungsbau. Das Programm zur staatlichen Förderung des sozialen Wohnungsbaus läuft an zu einem Zeitpunkt, zu dem in Frankreich die Vollbeschäftigung erreicht ist und inflationistische Spannungen im Gefolge der Koreakrise herrschen. „Die Tatsache also, daß der Staat Produktionsprogramme lanciert, finanziert mit Mitteln, die den H. L. M. über den F. D. E. S. zufließen, löst keinesfalls das Problem der Arbeitskräfte, welches sich im ... Sektor (des Wohnungsbaus) mit besonderer Schärfe stellt[65].“ Berücksichtigen wir an dieser Stelle noch nicht das Problem der Finanzierung des sozialen Bauprogramms, so ist die öffentliche Hand trotz verminderter abso-

---

[64] Vgl. später den Kassenbericht des Trésor Public.

[65] R. *Martinot*, Investissements publics . . ., S. 524, Übersetzung der Verfasserin.

luter und relativer Beteiligung an der Investitionstätigkeit für den 1951 andauernden Inflationsprozeß, allein durch die zusätzliche Verknappung der Arbeitskräfte in ausgewählten Sektoren mitverantwortlich.

e) Trotz der Beschneidung der Investitionsausgaben nehmen die öffentlichen Gesamtausgaben während unserer Periode grosso modo proportional zum Bruttosozialprodukt zu. Wo liegen die neuen Schwerpunkte?

Wir widmen uns der Analyse der Tabellen XXII und XXIII[66]. Das Konto der laufenden Ausgaben gibt darüber Aufschluß, daß an den sich um 4,5 Mrd. F 1950, um 8 Mrd. F 1951 erhöhenden Aufwendungen der öffentlichen Hand alle Ausgabengruppen beteiligt sind. Der Anteil an den Gesamtaufwendungen ist jedoch relativ rückläufig bei den Dienstleistungen sowie bei den Transferzahlungen. Die letztere, rund 60⁰/₀ der laufenden Aufwendungen auf sich vereinende Ausgabengruppe verdient unsere besondere Aufmerksamkeit. Ihr sinkender Anteil beinhaltet keineswegs eine Umkehr des seit Kriegsende beobachteten Trends zu erhöhten Sozialaufwendungen; er ist dem relativen und absoluten Rückgang solcher Ausgaben der öffentlichen Hand zuzuschreiben, die eine Investitionsfinanzierung darstellen, jedoch das Privatvermögen erhöhen, wie die „dommages de guerre", die Übernahme des Wiederaufbaus durch den Staat à fonds perdu, und die „subventions d'équipement", die Finanzinvestitionen der öffentlichen Hand. Das zunehmende Gewicht der Sozialausgaben im Rahmen der Gesamtaufwendungen ist also nicht in Frage zu stellen.

Doch die wesentliche Ursache für den anhaltend überproportionalen Anstieg des öffentlichen laufenden Anspruchs ist an anderer Stelle zu suchen. Erstmals seit Kriegsende weiten sich im Gefolge des Indochinakrieges die Militärausgaben sprunghaft aus. Im Staatshaushalt verdoppeln sich die Personalausgaben, verdreifachen sich die Sachausgaben innerhalb eines Jahres, steigen die Gesamtaufwendungen zu militärischen Zwecken um 4 Mrd. F während der betrachteten Periode[67].

Sehen wir einmal davon ab, daß sich bei solch niedrigen Sparquoten, wie sie die Investitionskommission noch bis 1952 beklagt[68] — die Monate relativer Preisstabilität bringen keine grundsätzlichen Veränderungen —, erhöhte Staatsausgaben, in welcher Verwendungsart auch immer, nahezu voll expansiv auswirken, so ist das Übergewicht in der

66 Vgl. unsere Ausführungen S. 140.

67 Vgl. Les dépenses budgétaires de l'Etat, in Ministère des Finances, Annuaire . . ., S. 1872 ff.

68 Vgl. Cinquième rapport de la Commission des investissements . . ., S. 5 ff.

Zunahme der Güterkäufe zu militärischen Zwecken bemerkenswert im Inland, aber auch im Ausland.

Zu der grundsätzlich deflatorischen Wirkung der Ausgaben im Ausland gesellt sich der zumindest zu diskutierende deflatorische Effekt ebenfalls stark steigender Zinszahlungen. Berücksichtigen wir noch innerhalb der Transferzahlungen die wenn auch nur geringfügig steigenden Preissubventionen, so ist die These vertretbar, daß die tatsächlichen expansiven Wirkungen der laufenden und der Kapitalausgaben der öffentlichen Hand die verausgabten Beträge 1949 bis 1951 nicht überschritten haben können.

Die Analyse von Richtung und Struktur der öffentlichen Ausgaben vermittelt uns kaum Argumente für die Beteiligung der öffentlichen Finanzgebarung an der Geldwertstabilisierung im Herbst 1948 oder an der wiederaufflammenden Inflation ab Mitte 1950. Doch uns bleibt die Durchleuchtung der öffentlichen Mittelbeschaffung.

2. Die öffentlichen fiskalischen und parafiskalischen Einnahmen

a) Der seit 1945 beobachtete Anstieg des Anteils von Steuern und Sozialversicherungsbeiträgen — bis 1948 am Volkseinkommen berechnet[69], ab 1949 am Bruttosozialprodukt zu Marktpreisen —, in den „Comptes de la Nation" als wachsende fiskalische und parafiskalische

Tabelle XXVI

Bruttosozialprodukt zu Marktpreisen und Aufkommen aus Steuern und Sozialversicherungsbeiträgen des Staates, der Gebietskörperschaften und der Sozialversicherung (in Mill. F)

	1949	1950	1951
1. Bruttosozialprodukt zu Marktpreisen	86 600	100 200	122 900
2. Aufkommen aus Steuern	16 390	20 460	25 550
3. Aufkommen aus Sozialversicherungsbeiträgen	6 790	7 670	9 850
2. in % von 1.	19,0 %	20,4 %	20,7 %
3. in % von 1.	7,8 %	7,7 %	8,3 %

Quellen: Les Comptes de la Nation 1949—1959 . . ., S. 1120 f. und 1374 ff. Ministère des Finances, Annuaire . . ., S. 2105.

[69] Vgl. Tabelle IX, S. 113.

Belastung bezeichnet, setzt sich, wie aus vorstehender Tabelle hervorgeht, 1949 bis 1951 fort.

Innerhalb der drei Jahre beobachten wir heterogene Bewegungen in der Struktur des staatlichen Anspruchs. Die Zunahme der Steuern auf die Einkommensverwendung, gesehen als steigender Anteil am Gesamtsteueraufkommen sowie als Beitrag zur wachsenden „pression fiscale", erscheint prinzipiell nicht aufgehalten. 1950 tritt allerdings eine Gegenbewegung auf: die Beteiligung der indirekten Steuern am Gesamtsteueraufkommen sinkt, die Erhöhung der Fiskalbelastung ist dem sich überproportional entwickelnden Aufkommen der Besteuerung der Einkommensbildung zuzuschreiben. Diese Erscheinung kann als beispielhaft für die eigenartigen Verflechtungen von staatlichem Mittelentzug zur Finanzierung seiner Ausgaben und Konjunkturablauf gelten.

Wir vergleichen zu den Strukturverschiebungen die nachstehende Tabelle XXVII.

b) Die Steuergesetzgebung[70] erfährt während unseres Zeitabschnittes tiefgreifende Änderungen als Folge von Reformbestrebungen.

So wird am 25. September 1948 in einer ersten Phase die Produktionssteuer als Hauptbestandteil eines Systems verschiedenster Umsatzsteuern in eine Mehrwertsteuer, „taxe sur la valeur ajoutée" umgewandelt durch Einführung des Verfahrens der „payements fractionnés", d. h. der Entrichtung der lediglich auf seiner Produktionsstufe anfallenden Steuern durch den Produzenten. Ungefähr gleichzeitig werden die Tarife dieser Mehrwertsteuer erstmals, doch nicht einmalig, empfindlich erhöht. Im Laufe der nächsten Jahre folgt die Anhebung der Steuersätze in immer kürzeren Zeitabschnitten aufeinander und beträgt Ende 1948 bis Anfang 1952 schließlich über 50% für Güter und ungefähr 66% für Dienstleistungen.

Das System der Besteuerung der Einkommensbildung erlebt seine erste große Reform am 9. Dezember 1948. Beseitigt werden die verschiedenen Schedulensteuern und die allgemeine Einkommensteuer; sie werden ersetzt durch die Besteuerung der Einkommen natürlicher Personen einerseits, „impôt sur le revenu des personnes physiques", der Gewinne von Körperschaften andererseits, „impôt sur les sociétés". Der Proportionaltarif der Körperschaftsteuer, ursprünglich auf 24% fixiert, wird am 8. Januar 1951 auf 34% erhöht. Die Einkommenbesteuerung[71] setzt sich zusammen aus einer Proportionalsteuer, „taxe

[70] Vgl. Les recettes budgétaires de l'Etat, in Ministère des Finances, Annuaire . . ., S. 1805 ff.

[71] Vgl. auch Bundesministerium der Finanzen, Finanzbericht Nr. 12 . . ., S. 288 ff.

proportionelle", deren Satz während unseres Zeitabschnittes 18% beträgt und die verschiedenen Einkunftsarten des Steuerpflichtigen trifft, mit Ausnahme der Löhne, Gehälter und nichtkaufmännischen Gewinne (für bestimmte Einkunftsarten ist ein degressiver Tarif für die unteren

Tabelle XXVII

Die Struktur des Aufkommens aus Steuern und Sozialversicherungsbeiträgen des Staates, der Gebietskörperschaften und der Sozialversicherung (in Mill. F)

	1949	1950	1951
1. Direkte Besteuerung			
der Körperschaften	1 500	1 900	2 370
in % des Gesamtsteuer-aufkommens	9,1 %	9,3 %	9,3 %
der Personen-unternehmen	930	1 300	1 310
in % der Gesamtsteuer-masse	5,7 %	6,4 %	5,1 %
der Haushalte	1 650	2 190	2 340
in % der Gesamtsteuer-masse	10,1 %	10,7 %	9,2 %
direkte Steuern insgesamt	4 080	5 390	6 020
in % der Gesamtsteuer-masse	24,9 %	20,4 %	23,6 %
2. Indirekte Besteuerung			
Umsatzsteuern	7 060	8 670	11 680
in % der Gesamtsteuer-masse	43,1 %	42,3 %	45,7 %
übrige indirekte Steuern	5 250	6 400	7 850
in % der Gesamtsteuer-masse	32,0 %	31,3 %	30,7 %
indirekte Steuern insgesamt	12 310	15 070	19 530
in % der Gesamtsteuer-masse	75,1 %	73,6 %	76,4 %
3. Sozialversicherungs-beiträge	6 790	7 670	9 850

Quellen: Les Comptes de la Nation 1949—1959 . . ., S. 1454 ff.
Ministère des Finances, Annuaire . . ., S. 2105.

Tabelle XXVIII

Die Entwicklung der Sätze der Produktionssteuer und ihrer Sonderformen (in %)

	auf Güter	auf Dienstleistungen und verschiedene Güter
Steuersatz von 1948	10 oder 4	3,5
Gesetz vom 21. 12. 1948	12,5 „ 5	4,5
Gesetz vom 31. 1. 1950	13,5 „ 5,5	4,75
Gesetz vom 8. 1. 1951	14,5 „ 5,5	5,5
Dekret vom 24. 5. 1951	14,8 „ 5,8	5,5
Gesetz vom 29. 9. 1951	15,1 „ 6,1	5,8
Gesetz vom 3. 1. 1952	15,35 „ 6,35	5,8

Quelle: L. *Laurat* et M. *Pommera,* Le drame . . ., S. 222.

Einkommensbeträge vorgesehen), sowie aus einer Zuschlagsteuer, „surtaxe progressive", der in der Regel das gesamte Einkommen des Steuerpflichtigen ein zweites Mal unterliegt zu einem progressiven Tarif von 0% bis 70%. Schließlich wird mit Wirkung vom Januar 1950 eine Pauschalabgabe der Arbeitgeber auf die Löhne in Höhe von 5% erhoben. Diese Abgabe wird in den Statistiken unterschiedlich behandelt. Rein definitorisch zu der Gruppe der Steuern auf das Einkommen und Vermögen gehörend, wird sie in der volkswirtschaftlichen Gesamtrechnung jedoch grundsätzlich den indirekten Steuern hinzugesellt.

Die beschriebenen gesetzgeberischen Maßnahmen haben, wie festgestellt, von Jahr zu Jahr einen Anstieg des Anspruchs der öffentlichen Hand an das Bruttosozialprodukt zur Folge.

c) Das konjunkturelle Geschehen ist Ausdruck des Zusammenwirkens einer Vielzahl von Faktoren. Die Staatstätigkeit allein oder primär auch nur hypothetisch verantwortlich zu machen, wird illusorisch während der Monate von Anfang 1949 bis Ende 1951, die so bedeutsam durch internationale Ereignisse gezeichnet sind. Doch vor dem Hintergrund einer starken Beruhigung der Weltpreisbewegung können wir in Frankreich 1949 bis Mitte 1950 nur von einer sehr relativen Preisstabilität reden, nämlich einzig im Vergleich zur galoppierenden Inflation der Vorjahre. Ebenso genügt der Hinweis auf die internationalen Auswirkungen der Koreakrise nicht zur Erklärung der einander ablösenden Haussebewegungen ab Mitte 1950. Die Tätigkeit des Staates berücksichtigen wir unter nachdrücklichem Hinweis auf diese Gegebenheiten.

Die in immer kürzeren Zeitabständen aufeinanderfolgenden Verschärfungen der Umsatzsteuertarife müssen, da kostensteigernd, bei gegebenen konjunkturellen Bedingungen eine automatisch preissteigernde Wirkung haben. Die zunehmende Abschwächung der Konjunktur bis Mitte 1950 verringert nun die Möglichkeiten der Unternehmer zur Abwälzung der Steuererhöhungen auf die Preise; die Ende September 1948 eingeführten, generell wirkenden quantitativen Maßnahmen zur Kreditrestriktion schränken den zur Weitergabe der Steuer in den Preisen notwendigen Kreditspielraum ein. Doch wir müssen diese Zusammenhänge relativieren: „Man könnte einwenden, ... daß die erhebliche Erhöhung vom Dezember 1948, die 25% bis 28% erreicht, sich ab 1949 in eine spürbare Preissteigerung übersetzt haben sollte. Ausgerechnet 1949 wird die Hausse aufgehalten, und die Preise bleiben — endlich — 18 Monate lang stabil. Dieser Einwand berücksichtigt nicht, daß das Jahr 1949 ein Jahr des Nachlassens der internationalen Konjunktur ist. Die Stabilität der französischen Preise zeichnet sich also auf dem Hintergrund einer Baisse der Weltpreise ab ...[72]." Gehen wir noch einen kleinen Schritt weiter: „Unwidersprüchlich sehen wir uns also einer erheblichen Steigerung der französischen im Vergleich zu den internationalen Preisen gegenüber. Im Falle von Frankreich 1949 gleicht die Baisse der Weltpreise die Hausseeffekte einer verschärften Besteuerung aus[73]." Ab Mitte 1950 kann die Verschärfung des Mittelentzugs durch indirekte Steuern und Sozialversicherungsbeiträge, gemessen am Bruttosozialprodukt, ihre inflationistische Wirkung voll entfalten, da die Kreditpolitik der Zentralbank vor Ende 1951 nicht hinderlich wird.

Überproportional sich verschärfender Mittelentzug seitens der öffentlichen Hand bleibt auch 1950 gegeben; der verlangsamte Zuwachs des Aufkommens aus indirekten Steuern und Sozialversicherungsbeiträgen wird durch die Ausweitung der Erträge aus direkter Besteuerung überkompensiert. Der Zusammenhang der hohen Erträge aus der Besteuerung der Einkommensbildung mit der erwähnten großen Steuerreform ist 1949 und 1950 unmittelbar gegeben. Doch verrät gleichzeitig die Gewichtseinbuße im Aufkommen dieser Steuergruppe 1951, wie wenig sich das progressive Element der „surtaxe" in der Einkommensteuer auswirkt, wie sehr seine Bedeutung in der Ausgestaltung dieser Besteuerungsart durch das System der Erleichterungen für Steuerpflichtige mit bescheidenem Einkommen gemindert wird. So beobachten wir geradezu eine Gegenbewegung zum konjunkturellen Ablauf; das gleiche gilt nicht für das Aufkommen

[72] L. *Laurat* et M. *Pommera*, Le drame . . ., S. 223, Übersetzung der Verfasserin.

[73] Dgl., S. 223, Übersetzung der Verfasserin.

aus der Körperschaftsteuer, dessen Anteil an der wachsenden „pression fiscale“ durch eine spürbare Tariferhöhung 1951 gesichert wird.

Doch bleiben wir nicht bei dem rein passiven Aspekt der Zusammenhänge von Steueraufkommen und Konjunkturverlauf stehen. Dem Versuch einer Stabilisierung des Anteils des Ausgabenvolumens der öffentlichen Hand am Bruttosozialprodukt, der bei wachsenden militärischen Lasten durch eine Reduzierung der öffentlichen Investitionsbeteiligung Erfolg verspricht[74], geht zeitlich der Versuch einer Reduzierung der „impasse“ des Trésor durch Erhöhung der fiskalischen Einkünfte voraus. Zwar kann in dem Maße nicht von einer konjunkturbewußten Einnahmenpolitik gesprochen werden, wie Finanzminister M. Petsche das öffentliche Defizit durch erhöhte Belastung der Einkommensverwendung zu decken sucht, doch sind seit 1948 in einer wenn auch anfangs zögernden Zusammenarbeit von Einnahmenpolitik der öffentlichen Hand mit Hilfe von Steuern auf die Einkommensbildung und Anleihen und restriktiver Kreditpolitik Ansätze[75] zu einer aktiven Beeinflussung des konjunkturellen Ablaufs vorhanden. Über ihren Erfolg mag uns die nachstehende Tabelle unterrichten.

Die Entwicklung der privaten Investition und ihrer Finanzierung stützt die Annahme, daß der öffentlichen Hand ein verschärfter realer Mittelentzug 1949 und Anfang 1950 gelingt. Die Investitionsmöglichkeiten sind tatsächlich beschnitten. Doch mit Rücksicht auf die sich anbahnende Rezession lockert die Banque de France, wie wir uns erinnern, ihre kreditrestriktiven Maßnahmen erneut. Der im Gefolge der Koreakrise Mitte 1950 eintretende Konjunkturumschwung kann sich ungehemmt durch öffentliche Sanierungsversuche, welche sich überstürzende Regierungskrisen übrigens auch keinesfalls favorisieren, zur Inflation auswachsen. Die zur Finanzierung der Militärausgaben als notwendig angesehene Erhöhung der Körperschaftsteuern trägt jetzt[76] neben der Verschärfung der Verbrauchsteuern zur Alimentierung der Geldentwertung bei. Ins Auge fällt insbesondere die Verdoppelung der über die Selbstfinanzierung aufgebrachten Mittel von 1950 auf 1951[77].

---

[74] Vgl. unsere Ausführungen S. 137 ff.

[75] Vgl. unsere Ausführungen S. 112 ff.

[76] Wir denken an die Erleichterung der Überwälzung infolge des Abbaus der kreditrestriktiven Maßnahmen.

[77] Die hohe und wachsende Beteiligung der Selbstfinanzierung unter den übrigen Finanzierungsarten ist aufschlußreich. Zwar dient sie als Argument für die sich verringernde Beteiligung der öffentlichen Hand an der gesamtwirtschaftlichen Investitionsanstrengung. „Dank der Zuwächse der anderen als öffentlichen Quellen war eine Abschwächung der Hilfestellung des Trésor möglich . . . Trotzdem ist es nicht erlaubt, einer Wiedergeburt der traditionellen Finanzierungsarten der Investition den Anstieg des Anteils an den

Tabelle XXIX

Gesamtinvestition, Privatinvestition und deren Finanzierung (in Mill. F)

	1948	1949	1950	1951
Gesamtinvestition im Mutterland	8 419	11 087	12 002	16 500
Private Investition im Mutterland	3 420	3 910	4 963	9 581
Vorjahr = 100	100	114	127	193
davon finanziert durch:				
1. Spezialinstitute aus eigenen Quellen	330	419	676	940
2. Mittelfristige Bankkredite	345	530	230	480
3. Aktien	240	396	374	461
4. Obligationen	205	99	329	431
5. Selbstfinanzierung	2 300	2 466	3 354	7 269

Quelle: Septième rapport de la Commission des investissements, in SEF, Suppl. Nr. 74, Februar 1955, Annexe I, Tabelle A, S. 238 ff.

So kann auch Ende 1948 bis Anfang 1952 von einer konjunkturbewußten fiskalischen und parafiskalischen Einnahmenpolitik nicht die Rede sein. Die Beeinflussung des von außen gegebenen konjunkturellen Ablaufes in der einen oder anderen Richtung wird zum Nebenerfolg der Einschaltung der öffentlichen Hand in den Wirtschaftskreislauf. Die öffentliche Hand entzieht der Privatwirtschaft keinesfalls Mittel, um sie aus konjunkturellen Gründen stillzulegen; sie braucht anfangs Mittel zur Finanzierung ihrer wachsenden investiven Aufwendungen, später zur Deckung ihrer anschwellenden militärischen Ausgaben; sie versucht, sich diese Mittel auf ihr zugänglichen Wegen zu verschaffen.

Konjunkturpolitisch orientierte Einnahmenpolitik erfolgt, wenn überhaupt, dann nur in dem Sinne, als man grundsätzlich versucht, das geringere Übel zu wählen, als welches eine Reduzierung der „impasse" des Trésor Public durch eine Verschärfung der fiskalischen und parafiskalischen Einnahmen erscheint.

Gesamtlasten zuzuschreiben, der nicht von der öffentlichen Hand übernommen wurde*." Doch will uns der spektakuläre Anstieg der Selbstfinanzierung eher als Ausdruck der Abhängigkeit der privaten Investition von der Kredit- und Finanzpolitik der öffentlichen Hand erscheinen, und zwar in dem Sinne, als Kreditrestriktionen und gewinnbeschneidende Steuererhöhungen die traditionellen Finanzierungsmittel einschränken.

* Cinquième rapport de la Commission des investissements . . ., S. 5 ff. Übersetzung der Verfasserin.

3. Die Kreditaufnahme durch den Trésor

a) Berücksichtigen wir die Versorgung der französischen Wirtschaft mit Auslandskrediten (Marshallplan-Geldern), die 1949 eine Kassenkrise des Trésor Public verhüten hilft, so erreicht die fiskalische und parafiskalische Einnahmenpolitik nach 1948 lediglich eine absolute Stabilisierung der für die zusätzliche direkte Geldschöpfung durch die öffentliche Hand kritischen Größe der „impasse" des Trésor.

Tabelle XXX

Überblick über die Lasten und Ressourcen des Trésor Public (in Mill. F)

A. Ausführung der Finanzgesetze

	1948	1949	1950	1951
Einnahmen:				
aus Steuern und übrigen budgetären Quellen	10 230	14 700	18 960	23 460
aus Auslandskrediten	1 490	3 000	1 810	1 530
Ausgaben:				
Zivile und militärische Ausgaben (Staatshaushalt):	10 040	13 620	15 990	21 330
Investitionsausgaben:	4 650	6 720	7 180	6 060
davon:				
Wiederaufbauentschädigungen	2 770	3 100	3 290	3 100
Darlehen im Rahmen des F. D. E. S.	1 880	3 620	3 600	2 530
Darlehen an den sozialen Wohnungsbau H. L. M.			290	430
Ausgaben insgesamt	14 690	20 340	23 170	27 390
Fehlbetrag der Spezialkonten	— 1 050	— 430	— 1 440	— 1 130
Fehlbetrag insgesamt: „impasse" oder „découvert"	— 4 020	— 3 070	— 3 840	— 3 530

Quelle: Le Trésor et la Dette publique, in Ministère des Finances, Annuaire . . ., S. 1934 f.

Tabelle XXXI

Überblick über die Lasten und Ressourcen des Trésor Public (in Mill. F)

B. Operationen der Trésorerie

	1948	1949	1950	1951
1. Auflage von Anleihen:				
im Inland	1 270	1 230	420	90
im Ausland	280	150	560	210
Anleihen insgesamt	1 550	1 380	980	300
2. Plazierung kurzfristiger Papiere:				
im Publikum: „Bons du Trésor"	330	210	570	800
Wechsel	120	— 110	—	110
bei Banken und Zentralbank:				
„Bons du Trésor"	350	980	360	290
Wechsel	310	— 100	— 300	530
Kurzfristige Papiere insgesamt	1 110	980	630	1 730
3. Außergewöhnliche Einkünfte	— 70	— 260	— 30	— 30
4. Einlagen von Korrespondenten	1 670	1 000	2 260	1 750
5. Geldinstitute der Frankenzone	— 140	20	10	— 140
6. Kassenbewegungen	— 440	— 100	— 80	— 430
7. Direkte Hilfe der Banque de France: Diskont der „obligations cautionnées"	170	— 20	190	370
Vorschüsse an den Staat	170	70	— 120	— 20
Saldo: Deckung der „impasse"	4 020	3 070	3 840	3 530

Quelle: Le Trésor et la Dette publique, in Ministère des Finances, Annuaire . . ., S. 1936 f.

Das Gewicht dieser „impasse", gemessen am Gesamtkassenvolumen nimmt jedoch über die gleiche Periode spürbar ab. Übernehmen wir die Behauptung, „daß ein Defizit der öffentlichen Finanzen, wie auch immer die Art seiner Finanzierung sei, meistens eine inflationistische Wirkung hat"[78], in welcher wir sinngemäß Defizit mit „impasse" gleichsetzen dürfen, so wird diese Wirkung zumindest durch die quantitativen Gegebenheiten stark relativiert.

Doch welches ist die qualitative Bedeutung dieser „impasse"? Anders ausgedrückt: In welchem Maße löst die Tätigkeit des Trésor zur Deckung seines Defizits tatsächlich Geldschöpfung aus?

Der direkte Appell an die Bank von Frankreich ist verschwindend gering, erreicht lediglich 1951, in Parallele zur wiederaufflammenden Inflation nach Monaten relativer Beruhigung, erwähnenswerte Summen. Schließen wir uns der in Frankreich allgemein herrschenden Meinung an, daß „die schlechte Regierung diejenige (sei), die Schwierigkeiten der Kassenführung kennt, die gute Regierung diejenige, die sie zu lösen weiß"[79], so dürfen wir die ersten Regierungen nach 1948 für ausgezeichnet halten.

b) Nach dem Jahr der Zwangsanleihe 1948, der „emprunt libératoire", gelingt es M. Petsche 1949, dem ersten Jahr erheblich verlangsamter Geldentwertung nach Kriegsende, eine 5%ige Anleihe mit Erfolg aufzulegen. Er verfolgt damit sein Konzept der Gesundung der öffentlichen Finanzen. Die restriktive Kreditpolitik der Banque de France trägt im gleichen Zeitraum dazu bei, daß aus dem nominalen ein realer Erfolg wird. Doch Finanzminister Petsche bleibt die Kritik nicht erspart: der Anleihe gewährten „erneute Versprechungen der Regierung in Hinblick auf eine Beschneidung der öffentlichen Ausgaben sowie eine Reform des nationalisierten Sektors und schließlich ein Anhalten der Steuerauslaugung einen beschränkten Erfolg. So begrenzt wie er war, hatte der Erfolg der Anleihe Petsche doch Bedeutung genug, um verheerende Wirkungen auszulösen. Er entlastete die Kassenführung in einem Maße, wie seit langem unbekannt, und er ermutigte so die Dirigisten, ihre Haltung zu versteifen, wenn es um Einsparungen im Budget, um Reformen des nationalisierten Sektors und der Sozialversicherung ging"[80].

Diese Kritik erscheint uns nur teilweise berechtigt, und zwar soweit, wie sie die vom Trésor zu tragenden Defizite der Sozialversicherung, insbesondere in ihrem Agrarzweig, sowie die der S. N. C. F. betrifft, welche auf den Spezialkonten ausgewiesen werden[81]. Einsparungen

---

[78] J. M. *Jeanneney*, Forces . . ., S. 226, Übersetzung der Verfasserin.

[79] G. *Ardant*, Erreurs techniques et idéologiques, in W. *Baumgartner*, Le franc . . ., S. 87, Übersetzung der Verfasserin.

[80] L. *Laurat* et M. *Pommera*, Le drame . . ., S. 211, Übersetzung der Verfasserin.

[81] Vgl. dazu unseren ersten Teil, insb. S. 18 ff. sowie Le Trésor et la Dette publique, in Ministère des Finances, Annuaire . . ., a. a. O.

erfolgen jedoch, wie wir sahen, bei den Investitionsausgaben[82]. Es bleibt dennoch bemerkenswert, daß bei Rückgang der Auslandshilfe und wachsenden militärischen Lasten, bei nicht unerheblich höherer „impasse" der Trésor schon 1950 und zunehmend 1951 in Schwierigkeiten gerät.

Die Zeichnung von Anleihen entwickelt sich bei erneuter Geldentwertung rückläufig. Der Zufluß aus Einlagen der Korrespondenten bildet zwar über die gesamte Periode die bedeutendste Quelle des Trésor, ist jedoch unregelmäßig und grundsätzlich nicht ausreichend. Seinen Schwierigkeiten versucht das Schatzamt durch eine Ausdehnung seiner „dette flottante" zu begegnen. Doch die Placierung von „bons du Trésor" im Publikum, d. h. die kurzfristige Verschuldung, repräsentiert durch Briefschatzanweisungen, dürfte bei Berücksichtigung der sich lockernden Kreditrestriktionen ab Mitte 1950 keinen realen Mittelentzug durch den Trésor mehr beinhalten. Zwar gelingt dem Trésor die zusätzliche Unterbringung von kurzfristigen Papieren auf laufenden Konten bei Banken und bei der Zentralbank, doch müssen wir bei der Beurteilung der Beanspruchung des Geldmarktes mit einer Geldschöpfung auf Initiative der öffentlichen Hand rechnen.

Trotz all dieser Bemühungen ist 1951 ein Rückgriff des Trésor auf Direktkredite der Banque de France in Form zusätzlichen Rediskonts der „obligations cautionnées" unvermeidbar.

Wir dürfen 1949 und Anfang 1950 den vom Trésor aufgenommenen Krediten zur Finanzierung seiner „impasse" echte Sparvorgänge zugrundelegen, denn die allgemeine konjunkturelle Situation und die Bestrebungen der Zentralbank sind einer realen Deckung seiner Ansprüche günstig. Ab Mitte 1950 und 1951 müssen wir dagegen mit einer weitgehenden Finanzierung des Fehlbetrags durch zusätzliche Geld- und Quasigeldschöpfung auf Initiative der Privatwirtschaft und des Trésor Public rechnen, d. h. mit einer Alimentierung des Geldentwertungsprozesses durch die öffentliche Finanzgebarung — ohne daß sich der Anteil des Gesamtausgabenvolumens am Bruttosozialprodukt verändert hätte.

Wir wollen zuerst der Geld- und Quasigeldschöpfung auf Initiative des Trésor Public nachzugehen versuchen.

c) 1948 bis 1951 beträgt der Anteil des Trésor an der Aufblähung der Geld- und Quasigeldmenge noch rund 18%; er bildet sich grosso modo zu gleichen Teilen aus der Verschuldung bei Banken und Zentralbank sowie aus Einlagen auf den Postscheckkonten. Die sinkende Tendenz der Beteiligung des Trésor an der Ausdehnung der „masse

---

[82] Vgl. unsere Ausführungen S. 137 ff.

Tabelle XXXII

Überblick über die Geld- und Quasigeldmenge und ihre Gegenposten (in Mill. F)

	1948	1949	1950	1951
Geld- und Quasigeldmenge	21 910	27 500	31 890	37 750
Vorjahr = 100	129	126	116	118
davon:				
Banknoten im Umlauf	9 930	13 010	15 900	18 830
Sichteinlagen	11 720	14 030	15 300	17 950
A. Kredite an den Trésor	12 830	14 070	13 860	15 700
Vorjahr = 100	115	110	98	113
in % der Geldmenge	58,6 %	51,2 %	43,5 %	41,6 %
davon:				
1. Forderungen der Banque de France	7 640	7 700	7 100	7 460
direkte Vorschüsse	6 400	6 470	6 350	6 330
Vorjahr = 100	103	101	98	99
2. Öffentliche Papiere in Portefeuilles	3 530	4 200	4 300	5 120
Vorjahr = 100	121	119	102	119
Banken	2 430	2 790	3 070	3 260
Banque de France	1 100	1 410	1 230	1 860
3. Forderungen von Unternehmen und Privaten	1 660	2 170	2 460	3 120
Auf Postscheckkonten	1 430	1 870	2 090	2 620
Vorjahr = 100	168	131	112	125
B. Kredite an die Wirtschaft	8 510	11 890	13 560	19 060
Vorjahr = 100	173	139	114	141
in % der Geldmenge	38,9 %	43,2 %	42,2 %	50,5 %
C. Gold und Devisen	530	1 510	4 430	2 450
Vorjahr = 100	87	285	293	55
in % der Geldmenge	2,4 %	5,5 %	14,0 %	6,5 %
Diverse	40	30	40	540

Quelle: La monnaie et le crédit, in Ministère des Finances, Annuaire . . ., S. 2019 f.

monétaire et quasi-monétaire“ wird 1951 bemerkenswert gebremst. In diesem einen Jahr beteiligt sich der Trésor zu über 30% an der Ausdehnung der Geld- und Quasigeldmenge.

Eine Detailbetrachtung zeigt uns allerdings, daß die zusätzliche Schöpfung von Zentralbankgeld, die „planche à billets“, die Schaffung von Geldzeichen ohne jede zusätzliche Produktion durch die Gewährung von direkten Vorschüssen seitens der Banque de France an den Trésor wie während der übrigen Jahre auch 1951 praktisch inexistent ist. Die öffentliche Hand trägt nach 1948 einzig durch zusätzliche Schaffung von Skripturalgeld zur Ausdehnung der Geldmenge bei.

Zwei Umstände sind zu berücksichtigen, beurteilen wir die Tatsache, daß nach 1948 die Schaffung zusätzlichen Zentralbankgeldes auf Initiative des Trésor, welche in der Vorperiode solch bedrohliche Ausmaße annahm, fast vollständig vermieden werden kann. Der erste beinhaltet die institutionell garantierte Begünstigung des Trésor innerhalb der Geld- und Kreditmechanismen, der zweite entspringt kreditpolitischen Maßnahmen zum Schutz der öffentlichen Trésorerie.

Wir entnehmen dem Kassenbericht des Trésor, in welch hohem Maße die Korrespondenten[83] zur Deckung der „impasse“ beitragen. Teile der automatisch dem Schatzamt als zentraler Kassenstelle zufließenden freien Mittel stehen längerfristig zur Verfügung, sobald Korrespondenten Staatsanleihen zeichnen, wie z. B. die „Caisse de dépôts et consignations“, an die u. a. die öffentlichen Sparkassen ihre Einlagen weiterleiten. Über den größeren Teil der Mittel verfügt der Trésor jedoch nur kurzfristig; Korrespondenten treten zur Zwischenanlage ihrer Mittel, bevor diese ihren endgültigen Verwendungszweck finden, ohne jeden Zwang als Käufer von Schatzanweisungen, „bons du Trésor“ in laufender Rechnung auf. Ungefähr ein Drittel der Gesamteinlagen nimmt die Form von Sichteinlagen von Unternehmen und Privaten an, die im wesentlichen bei den Postämtern getätigt, von diesen an das Schatzamt weitergeleitet werden. Der letzte Teil der Gesamteinlagen der Korrespondenten geht in die Geldmenge ein. Parallel zu den übrigen, längerfristig oder kurzfristig gebundenen Einlagen der Korrespondenten des Trésor steigen diese Sichteinlagen an und erhöhen absolut und relativ, wie in der Vorperiode, das umlaufende Trésorgiralgeld. Wir vergleichen dazu die nachstehende Tabelle XXXIII.

Kassenbericht des Trésor und Übersicht über die Gegenposten der Geld- und Quasigeldmenge unterrichten uns gleichfalls darüber, daß

---

[83] Vgl. dazu unseren Teil A.

Tabelle XXXIII

Sichteinlagen insgesamt und in der Verfügung des Trésor (in Mill. F)

	1948	1949	1950	1951
1. Sichteinlagen insgesamt	11 720	14 030	15 300	17 950
2. Sichteinlagen in der Verfügung des Trésor	1 600	2 090	2 370	2 950
2. in % von 1.	13,6 %	14,9 %	15,5 %	16,4 %

Quelle: La monnaie et le crédit, in Ministère des Finances, Annuaire . . , S. 2019.

der aus dem Kriege überkommene, hohe Bestand an Schatzanweisungen im Portefeuille der Banken, dessen Entwicklung in der ersten Nachkriegsperiode auf eine Abnahme tendierte, ab 1948 zugunsten des Trésor in Bewegung gerät. Die Existenz einer umfangreichen kurzfristigen Staatsschuld stellte nach der „Libération" Trésor und Geldautoritäten vor heikle Probleme. „Sollte sie bei den Banken konsolidiert werden mit dem Risiko einer wesentlichen Beeinträchtigung der Bankenliquidität während eines Zeitabschnittes, welcher von der Sorge um die Favorisierung der Wiederherstellung der französischen Wirtschaft dominiert wurde? Sollte man im Gegenteil ihr Abschwellen zulassen entsprechend dem neuen Liquiditätsbedarf, hervorgerufen durch den Wirtschaftsaufschwung und das Defizit der Zahlungsbilanz? Während der ersten Nachkriegsjahre (1945 bis 1948) akzeptierte der Staat, schwankend sowohl in der Frage, welche grundsätzliche Orientierung der Kreditpolitik zu geben sei, wie auch in der nach den technischen Modalitäten ihrer Realisierung, tatsächlich die zweite Lösung. So wurde man 1946 und 1947 Zeuge eines einschneidenden Abschwellens der öffentlichen kurzfristigen Schuld in der Verfügung der Banken, eine Entwicklung, welche den Trésor dazu zwang, seine Appelle an die direkten Vorschüsse der Zentralbank zu vervielfältigen[84]."

Als sich Ende 1948 die Notwendigkeit einer wirksamen Inflationsbekämpfung mit Mitteln einer rigorosen Kreditpolitik[85] zeigt, erscheint die Politik einer Variation des Diskontsatzes ergänzungsbe-

---

[84] F. *Bloch-Lainé,* a. a. O., S. 358, Übersetzung der Verfasserin.

[85] Vgl. La monnaie et le crédit, in Ministère des Finances, Annuaire . . ., S. 2025 f.
K. F. *Wolff,* Die Leitungsorgane . . ., a. a. O., S. 75, 124;
F. *Bloch-Lainé,* a. a. O., S. 358 ff.
sowie unsere Ausführungen im Teil A.

dürftig. Die gesuchte Ergänzung liefert die Dekretierung von Rediskontplafonds für die Banken bei der Zentralbank. Da eine solche quantitative Limitierung jedoch unwirksam geblieben wäre, verfügten die Banken weiterhin über die Möglichkeit einer Liquidierung von „bons du Trésor", drängt sich die Einführung des Mechanismus des „plancher" auf oder des Minimalportefeuilles von „bons du Trésor" bei den Banken. „Diese neue Reglementierung zwingt die Banken zur Konservierung eines Minimalportefeuilles an ‚bons du Trésor' in Höhe von 95% der am 30. September 1948 vorhandenen Bons; die Banken werden autorisiert, sich der Bons in Höhe von 80% eines eventuellen Rückgangs ihrer Einlagen zu entledigen; ihnen ist auferlegt, jede Ausweitung dieser Einlagen zu 20% durch Neuzeichnung von Bons anzulegen[86]." Die Maßnahme ähnelt den uns bekannten Mindestreservebestimmungen: sie erlaubt die Blockierung einer Reserve in Form von öffentlichen Papieren in Höhe von 25% der Bankeinlagen. Ist eine solche Maßnahme geeignet, die Abhängigkeit des Bankensystems von der Zentralbank zu verstärken, im Sinne einer Intensivierung des kreditpolitischen Instrumentariums, so wird sie gleichzeitig eingeführt, um den Trésor Public in Zukunft vor einem Abbau der kurzfristigen öffentlichen Schuld in der Verfügung der Banken zu schützen. Doch sind beide Ziele — Kreditkontrolle und Schutz der Trésorerie — jederzeit kompatibel? Die Technik des „plancher" liefert Ende 1948 bis Anfang 1952 sicherlich ein wirksames Instrument zur Inflationsbekämpfung in dem Maße, wie sie erlaubt, zusätzliche Quellen der Banken teilweise zu blockieren und so die Möglichkeiten einer globalen Kreditausdehnung einzuschränken, doch läßt sie gleichzeitig eine Kanalisierung von Mitteln in Richtung des Trésor Public zu: diese Mittel werden nicht bei der Banque de France sterilisiert, sondern in den Geldkreislauf zurückgeleitet.

Wir wollten uns grundsätzlich davor hüten, bei unserer Frage nach der Bedeutung der öffentlichen Finanzgebarung für den Geldwert dem Vorhandensein und dem Ausmaß direkter Kredite der Banque de France an den Trésor ein allzu großes Gewicht beizumessen. Die Nichtexistenz solcher Direktkredite, d. h. die Abwesenheit eines bezifferbaren Falls in die Inflation, erlaubt uns keineswegs, die öffentliche Hand von der Verantwortung für die Ausdehnung der Geld- und Quasigeldmenge freizusprechen: sie beträgt im Inflationsjahr 1951 allein und direkt, d. h. auf Initiative des Trésor rund 30%.

d) Kaum lösbar erscheint uns die Aufgabe auch nur einer Schätzung des indirekten Beitrags der öffentlichen Hand zur Ausdehnung der

---

[86] F. *Bloch-Lainé,* a. a. O., S. 358 f., Übersetzung der Verfasserin.

Geld- und Quasigeldmenge, d. h. einer Andeutung des Umfanges der Geld- und Kreditschöpfung, die zwar auf Initiative der Wirtschaft erfolgt, welche jedoch wachsende Ansprüche der öffentlichen Hand aus Beiträgen, Steuern und Anleihen nach sich ziehen.

Doch wir können und wollen eine Ausnahme berücksichtigen, einen Grenzfall, eine Geld- und Kreditschöpfung, die ökonomisch gesehen auf Initiative der öffentlichen Hand erfolgt, technisch-statistisch dagegen in der Rubrik der Kredite an die Wirtschaft ausgewiesen wird. Zum Verständnis der Bedeutung dieses Grenzfalles bedarf es der Rekapitulierung einiger grundsätzlicher Zusammenhänge im System der Kreditversorgung der französischen Wirtschaft[87].

Ist die Vergabe kurzfristiger Kredite fast ausschließlich Aufgabe des Bankensystems, geht die Versorgung der Wirtschaft mit langfristigen und nicht mobilisierbaren mittelfristigen Krediten bei zu geringer Bedeutung des Kapitalmarktes teilweise in den Aufgabenbereich des Trésor Public sowie der öffentlichen Spezialkreditinstitute über, so wird nach der „Libération“ ein Zwischenbereich geschaffen durch die Einführung einer Sonderkategorie, der mobilisierbaren mittelfristigen Kredite, an deren Vergabe Bankensystem, öffentliche und halböffentliche Spezialinsitute sowie letztlich Trésor Public und Banque de France beteiligt sind.

Vergegenwärtigen wir uns den hier speziell interessierenden Vorgang der mobilisierbaren mittelfristigen Kreditvergabe, ohne auf Einzelheiten einzugehen, d. h. unter Bezug auf unsere besondere Fragestellung.

Um so weit wie möglich die letztlich offenstehende Mobilisierung der mittelfristigen Kredite bei der Banque de France zu vermeiden, wird bei Einführung dieser Kreditkategorie den mit der Verteilung der Kredite beauftragten Banken die Möglichkeit einer Mobilisierung bei öffentlichen Organisationen eingeräumt, im wesentlichen beim „Crédit National“ und bei der „Caisse de dépôts“, bei Organisationen also, die sich zumindest teilweise in der Lage sehen, diese Mobilisierung aus Emissionen auf dem Kapitalmarkt sowie aus eigenen Quellen zu alimentieren. Die „Caisse de dépôts“, Sammelstelle der bei Sparkassen, Versicherungen und Sozialversicherung eingelegten Gelder, ist praktisch die einzige öffentliche Einrichtung, die über genügend stabile und umfangreiche Quellen verfügt, um der Rolle als Mittler zwischen Banken und Zentralbank gerecht zu werden.

---

87 Vgl. unsere Ausführungen im Teil A.
sowie J. *Marchal*, La monnaie . . ., S. 147 ff., 197 ff.
K. F. *Wolff*, Die Leitungsorgane . . ., S. 149 ff.
F. *Bloch-Lainé*, a. a. O., S. 258 f.

„Wie die Dinge heute liegen, verlangt man von ihr die Mobilisierung fast aller mittelfristigen Papiere, repräsentiert durch die Spezialkredite an den sozialen Wohnungsbau, vergeben vom ‚Crédit Foncier' im Rahmen der 1950 eingeführten Reglementierung. Sie partizipiert gleichfalls an der Mobilisierung eines Teils der mittelfristigen Kredite, die der Kapitalbildung der nationalen Betriebe zugedacht sind[88].“

Da die „Caisse de dépôts“ nun gezwungen ist, ihre gesamten Liquiditäten dem Trésor zur Verfügung zu stellen, zieht die Mobilisierung mittelfristiger Papiere eine Auszahlung vermittels Zentralbankgeld seitens des Trésor zugunsten des Geldmarktes nach sich. Verfügt die „Caisse de dépôts“ über ungenügende Liquiditäten auf ihrem Konto beim Trésor, vermag der Trésor aus seinen Quellen die Lücke nicht zu füllen, so steht der Weg des Rediskonts der mittelfristigen Papiere bei der Zentralbank offen. Technisch betrachtet, d. h. mit Blick auf die Liquidität des Trésor, sind die Variationen des Portefeuilles an mittelfristigen Papieren bei der „Caisse de dépôts“ verwandt mit denen des Portefeuilles an „obligations cautionnées“ in der Verfügung des Trésor. „Jede Ausdehnung dieser Portefeuilles zieht eine relative Verminderung der Liquidität des Trésor nach sich; jede Reduzierung dieses Portefeuilles im Gefolge des Rediskonts von Papieren bei der Banque de France tendiert im Gegenteil auf eine Rekonstituierung dieser Liquidität[89].“ Es ist unschwer einzusehen, welche inflationären Folgen die Ausstattung von Betrieben und der Bau von Sozialwohnungen haben können, werden sie zu einem beträchtlichen Teil durch Notenbankkredite finanziert. Ende 1948 schon sieht sich der Gouverneur der Banque de France veranlaßt, zum ersten und nicht zum letzten Mal mit deutlichen Worten vor der Übertreibung mit der Inanspruchnahme kurz- und mittelfristiger Kredite seitens der öffentlichen Hand zu warnen[90]. Wir entnehmen nachfolgender Tabelle das besorgniserregend starke Ansteigen der der Notenbank seitens der „Caisse de dépôts“ präsentierten mittelfristigen Kredite allein im Jahre 1951.

Doch trotz der endlich Ende 1951 vorgenommenen Verschärfung der Kreditrestriktionen[91] ändert die Banque de France nichts an dem Grundsatz, mittelfristige Papiere unbeschränkt in ihr Portefeuille aufzunehmen und bietet so der öffentlichen Hand bei der Verwirklichung ihrer Investitionsanstrengung, jetzt konzentriert auf den

---

[88] F. *Bloch-Lainé*, a. a. O., S. 258, Übersetzung der Verfasserin.

[89] F. *Bloch-Lainé*, a. a. O., S. 259, Übersetzung der Verfasserin.

[90] W. B. *Bing*, Wirtschaft . . ., S. 76.

[91] Vgl. La monnaie et le crédit, in Ministère des Finances, Annuaire . . ., S. 2025.

K. F. *Wolff*, Die Leitungsorgane . . ., S. 125.

Wohnungsbau, eine neue Hilfestellung zu einem Zeitpunkt, zu dem die Finanzierungswege mit dem Ziel der Inflationsbekämpfung nicht vereinbar sind.

Tabelle XXXIV

Ein Auszug aus der Bilanz der Banque de France (in Mill. F)

	1948	1949	1950	1951
Bilanz der Banque de France	11 764	14 577	17 616	20 914
davon: Diskontportefeuille	2 472	3 643	4 272	8 321
(Mobilisierung mittelfristiger Kredite für die „Caisse de dépôts")			322	752

Quellen: La monnaie et le crédit, in Ministère des Finances, Annuaire . . ., S. 2022. La monnaie et le crédit, in SEF, Nr. 37, Januar 1952, S. 39.

4. Zusammenfassung und Beurteilung

a) Suchen wir die Beantwortung unserer Frage nach der Bedeutung der öffentlichen Finanzgebarung für den Geldwert allein in den Variationen der Geld- und Kreditschöpfung, hervorgerufen durch das Tätigwerden des Trésor Public, oder einzig in den expansiven oder kontraktiven Einkommens- und Produktionseffekten der Ausgaben- und Einnahmenpolitik der öffentlichen Hand, so führt uns die Analyse der Periode von Ende 1948 bis Anfang 1952, wie auch der Vor- und Nachperioden, in eine zwiespältige Situation.

Ist zwar selbstverständlich, daß das Inflationsphänomen als Prozeß eines kumulativen Preisanstiegs hervorgerufen oder zusätzlich alimentiert werden kann durch „Ereignisse im Bereich der öffentlichen Finanzen"[92], so werden wir skeptisch, hören wir: „Die uns gestellte Frage ist die, ob dieser inflationistische Effekt ein Einkommens- oder ein Kasseneffekt rein monetären Charakters ist. Anders ausgedrückt: wir müssen wissen, ob die inflationistische Wirkung mit den budgetären Vorgängen (Schaffung von Einkommen durch die Ausgaben, Vernichtung von Einkommen durch die Einnahmen) oder vielmehr mit der Tätigkeit des Trésor in Zusammenhang gebracht werden muß, soweit diese Tätigkeit Geldschöpfungsvorgänge auslöst[93]."

---

[92] J. *Le Bourva,* Discussions . . ., S. 170, Übersetzung der Verfasserin.

[93] Vgl. ebenda.

Die uns angebotene Alternative erscheint uns irreführend. Einzig eine Zusammenschau der verschiedenen Phänomene der öffentlichen Finanzgebarung vermag für uns zum Ausgangspunkt einer Beurteilung werden.

b) Richten wir unser Augenmerk allein auf den Beitrag der öffentlichen Hand zur Ausdehnung der Geldmenge während einer bestimmten Periode, vermittelt durch den Trésor Public, so erscheint uns ihr Tätigwerden Determinismen unterworfen, die ihre Verantwortlichkeit abmindern. F. Bloch-Lainé und P. de Vogüé weisen in diesem Zusammenhang hin auf die „besoins d'encaisses de l'économie“[94]. „Der Kassenbedarf einer Volkswirtschaft“, Folge des Zusammenwirkens ökonomischer und psychologischer Gegebenheiten (Produktionsrhythmus, Niveau der Preise und Einkommen, Erwartungen in Hinblick auf den Geldwert usw.) stellt in jedem Augenblick eine Globalgröße dar, als deren Funktion die Kreditnachfrager in Aktion treten und sich einander anpassen. Vergegenwärtigen wir uns nun, daß die monetären Guthaben für die Allgemeinheit, in deren Händen sie sind, liquide und unproduktive Aktiva darstellen, so wird einsichtig, daß ihre Veränderungen von einem Gesetz der minimalen Kassenhaltung diktiert sind, „la loi des encaisses minima“[95]. Jedesmal, wenn nun unter dem Einfluß der Sondermechanismen der Geldschöpfung eine die Globalbedürfnisse der Wirtschaft überschreitende Geldmenge in den Kreislauf eintritt, macht sich spontan ein Aufsaugungsprozeß bemerkbar, an welcher auch immer der Kontaktstellen von Bankensystem und Wirtschaftsfaktoren. „So erhält das Gesetz der minimalen Kassenhaltung seinen Zusatz in dem Gesetz der Interdependenz der Gegenposten der Geldmenge[96].“

In dieser Sicht spricht gegen die Rolle der öffentlichen Hand als Initiator bei der Entwicklung des Geldwertes folgende Beobachtung: Neben dem Geldbedarf des Trésor und der Unternehmer wird ein weiterer Faktor bedeutsam, dessen Beitrag zur Entwicklung der Geldmenge 1949 bis 1951 konträr zu den beiden übrigen verläuft. Erstmals seit Kriegsende weist die Zahlungsbilanz 1949 und 1950 Überschüsse auf, die 1951 erneut Defiziten Platz machen. Die Geldfülle der Jahre 1949 und 1950 könnte zusammen mit dem wiedererwachenden Vertrauen der Bevölkerung in die Währung erklären, warum der Trésor zur Finanzierung seiner „impasse“, ungeachtet ihrer Höhe, auf Geldschöpfung zunehmend verzichten kann. In diesem Lichte erscheint die umgekehrte Liquiditätssituation 1951 kausal für die neuerlichen Schwierigkeiten des Schatzamts. So liegt die Folgerung nahe: „Aus allen diesen Gründen erlebte der Trésor eine Krise seiner Kassen-

[94] F. *Bloch-Lainé*, a. a. O., S. 261 f.
[95] Vgl. ebenda.
[96] F. *Bloch-Lainé*, a. a. O., S. 262, Übersetzung der Verfasserin.

führung, die nicht durch die Bedeutung des budgetären Defizits hervorgerufen wurde, sondern durch die wirtschaftliche Situation. Der Trésor ist nicht nur aktiv beteiligt, sondern in bedeutendem Maße passiv, in dem Sinne, daß er die Auswirkungen der allgemeinen wirtschaftlichen Lage erträgt[97]."

c) Doch dürfen wir über diesen Determinismen die aktiven Phänomene nicht übersehen: die Ausgaben- und Einnahmenpolitik der öffentlichen Hand und die Kreditpolitik der Zentralbank.

Bei einem Gesamtausgabenvolumen, welches sich grosso modo proportional zum Bruttosozialprodukt entwickelt und dessen strukturelle Veränderungen eine einschneidende Diskrepanz von expansivem Effekt und verausgabtem Betrag nicht vermuten lassen, liegt der Akzent auf der Einnahmenpolitik der öffentlichen Hand. Die restriktive Kreditpolitik der Zentralbank, restriktiv für die private Kreditaufnahme, favorisiert bis Mitte 1950 die Versuche der öffentlichen Hand in Richtung eines realen Mittelentzugs über direkte Steuern und Anleihen, schwächt die expansiven Effekte des Mittelentzugs vermittels indirekter Steuern und Sozialversicherungsbeiträgen ab. Das verspätete Wiedereinsetzen einer Verschärfung der Kreditpolitik setzt einem realen Mittelentzug im Laufe des Jahres 1951 Hindernisse, läßt die expansiven Effekte lediglich nominalen Mittelentzugs voll zur Geltung gelangen.

Die Kreditpolitik der Zentralbank, expansiv in Richtung der öffentlichen Kreditaufnahme, begünstigt vor der Koreakrise den Trésor ohne negative Einwirkungen auf den Geldwert, trägt jedoch nach Beginn der Krise das ihre zur Geldentwertung bei.

Wir kommen zu dem lapidaren Ergebnis, daß während der Periode Ende 1948 bis Anfang 1952 die öffentliche Hand bei Abwesenheit jeder antizyklischen Finanzpolitik zur Stabilisierung beiträgt, solange alle übrigen Faktoren dieser Stabilisierung günstig sind, demgegenüber die Geldentwertung favorisiert, sobald alle anderen relevanten Faktoren eine solche Entwicklung zulassen. Durch ihr Verhalten verstärkt sie die vorherrschenden Tendenzen.

III. Von der Stagnation zur Expansion bei Stabilität Anfang 1952 bis Ende 1955

1. Die öffentlichen Ausgaben

a) Ausgangspunkt und Leitfaden unserer Frage nach der Bedeutung der Finanzgebarung der öffentlichen Hand für den Geldwert soll wie in den Vorperioden die Entwicklung von Volumen und Struktur der

---

[97] J. *Le Bourva*, Discussions . . ., S. 170, Übersetzung der Verfasserin.

gesamten öffentlichen Ausgaben sein, absolut und gemessen am Bruttosozialprodukt.

Verschaffen wir uns einen Überblick über das Zahlenmaterial. Nach Berechnungen im Rahmen der volkswirtschaftlichen Gesamtrechnung steigt der Anteil der definitiven, öffentlichen Ausgaben (kalkuliert unter Zuzug der öffentlichen Bruttokapitalbildung und unter Abzug der internen Subventionen) 1952 und 1953 weiter erheblich an, um sich erst 1954 und 1955 zu stabilisieren.

Tabelle XXXV

Bruttosozialprodukt zu Marktpreisen und konsolidierte, definitive öffentliche Ausgaben (in Mill. F)

	1951	1952	1953	1954	1955
1. Bruttosozialprodukt zu Marktpreisen	122 900	144 000	150 400	159 200	170 500
2. Konsolidierte, definitive Ausgaben der öffentlichen Hand	39 250	50 250	54 360	57 340	60 830
2. in % von 1.	31,9 %	34,9 %	36,1 %	36,0 %	35,3 %

Quellen: Les Comptes de la Nation 1949—1959 . . ., S. 1120 f., 1374 ff. und 1454 ff. Vgl. auch Les Comptes de la Nation, Rapport 1949—1955 . . ., S. 88 f. und 94 f. Les Comptes de la Nation 1954—1957, in SEF, Nr. 113, Mai 1958, S. 562 f. und 566 f.

Ergänzen wir unsere statistische Übersicht um die Aufwendungen zu investiven Zwecken, definitiven und temporären Charakters, unter Berufung auf den „Conseil de Direction“ des „Fonds du développement économique et social“, die Nachfolgeorganisation der Investitionskommission, so können wir festhalten, daß grosso modo bei absoluter Stabilisierung der Anteil der Investitionsausgaben an den Gesamtlasten des Trésor Public 1952 bis 1955 ebenso absinkt wie der Anteil der durch öffentliche Gelder finanzierten zivilen Investition. Eine Ausnahme bildet lediglich das Jahr 1953.

Von einer wachsenden Beanspruchung des Bruttosozialproduktes durch die öffentliche Hand infolge ihrer Investitionstätigkeit kann wie seit 1950 auch 1952 bis 1955 nicht mehr die Rede sein. Dieser Ausgabeposten wirkt vielmehr korrektiv auf die durch die starke Ausweitung der laufenden Ausgaben 1952 und 1953 ausgelöste überproportionale Beanspruchung des Bruttosozialprodukts, läßt die sich 1954 und 1955 abzeichnende Stabilisierung der laufenden Aufwendungen in eine Abwärtsentwicklung dieser Beanspruchung umschlagen.

Tabelle XXXVI

Gesamtlasten des Trésor Public und öffentliche Investitionen (in Mill. F)

	1951	1952	1953	1954	1955
1. Gesamtlasten des Trésor Public		35 410	38 360	37 950	39 860
(mit Sonderkonten und Titel VIII)	(28 490)	(36 000)	(38 710)	(39 410)	(41 520)
2. Investitionsausgaben der öffentlichen Hand (Mutterland und Übersee)	8 000	8 470	8 780	8 180	8 470
2. in % von 1.		23,9 %	22,8 %	21,5 %	21,2 %
	(28,0 %)	(23,8 %)	(23,6 %)	(21,6 %)	(21,4 %)

Quellen: zu 1951 vgl. Tabelle XX, S. 139.
1952 bis 1955: Premier rapport du Conseil de Direction du Fonds de développement économique et social, in SEF, Suppl. Nr. 89, Mai 1956, S. 478.

Tabelle XXXVII

Die öffentliche Investition und die Gesamtinvestition (in Mill. F)

	1951 a)	1952 a)	1953	1954	1955
1. Bruttofixkapitalbildung im Mutterland	16 500	23 770	23 750	25 710	28 160
2. davon finanziert durch öffentliche Gelder	6 750	7 100	7 300	7 030	7 000
2. in % von 1.	40,9 %	29,4 %	30,7 %	27,3 %	24,9 %

Quelle: zu 1951 vgl. Tabelle XXI, S. 139.
1952 bis 1955: Premier rapport du Conseil de Direction . . ., S. 468 ff., hors Texte B.
a) Im Sinne einer Angleichung der Statistiken an diejenigen der volkswirtschaftlichen Gesamtrechnung erfolgt 1952 eine bedeutende Umstellung in der Berechnung. Nach der alten Methode beträgt die Bruttofixkapitalbildung 1952 nur 18,118 Mrd. F.
Vgl. Septième rapport de la Commission des investissements, in SEF, Suppl. Nr. 74, Februar 1955, Annexe I, Tab. A, B, S. 238.

b) Die 1952 und noch 1953 rapide erfolgende Ausdehnung der laufenden Ausgaben der öffentlichen Hand führt bei verzögertem Zuwachs der fiskalischen und parafiskalischen Einnahmen, wie wir später dem Kassenbericht des Trésor entnehmen werden, zu einem Einbruch, einer Verdoppelung der „impasse“. Der paradoxen Erscheinung des Zusammentreffens überproportional zum Bruttosozialprodukt wachsenden Finanzierungsbedarfs der öffentlichen Hand mit, erinnern wir uns unserer historischen Rahmengebung[98], der Geldwertstabilisierung 1952 und 1953, der absolut unverändert hohen Finanzierungsanstrengungen mit erneutem Konjunkturaufschwung 1954 und 1955, werden wir in den nachfolgenden Kapiteln gerecht zu werden versuchen. Uns stellt sich hier die Frage, ob und in welchem Maße Verschiebungen in der Struktur der öffentlichen Ausgaben zur Erklärung des konjunkturellen Geschehens 1952 bis 1955 beitragen können.

Überblicken wir die Tabellen XXXVIII und XXXIX, so beobachten wir: verändern sich die Anteile von Ausgabengruppen wie Dienste oder Zinszahlungen kaum, so nehmen andere Ausgabengruppen, wie Güterkäufe im Inland und im Ausland sowie Transferzahlungen, in Hinblick auf Umfang und Bewegung ihrer Anteile, Schlüsselpositionen in der Entwicklung der laufenden Ausgaben ein und verdienen daher unsere gesteigerte Aufmerksamkeit.

Der erneute hohe Anstieg der Güterkäufe 1952 ist nahezu ausschließlich Aufwendungen zu militärischen Zwecken zuzuschreiben. Der re-

Tabelle XXXVIII

Aufgliederung der definitiven Ausgaben der öffentlichen Hand (in Mill. F)

	1951	1952	1953	1954	1955
1. Güter	4 520	7 610	8 560	7 870	7 660
in % von 6.	11,5 %	15,2 %	15,7 %	13,6 %	12,5 %
2. Dienste	6 630	7 670	8 150	9 130	9 810
in % von 6.	16,8 %	15,3 %	15,0 %	15,9 %	16,0 %
3. Transferzahlungen	22 870	27 610	30 530	33 070	37 170
in % von 6.	58,1 %	55,2 %	56,0 %	57,2 %	60,5 %
4. Ausgaben im Ausland	4 020	5 300	5 510	5 960	4 980
in % von 6.	10,2 %	10,6 %	10,1 %	10,3 %	8,0 %
5. Zinsen	1 340	1 860	1 750	1 770	1 860
in % von 6.	3,4 %	3,7 %	3,2 %	3,0 %	3,0 %
6. Laufende Ausgaben insgesamt	39 380	50 050	54 500	57 800	61 480
7. Bruttokapitalbildung a)	1 720	2 570	2 680	3 050	3 500

Quellen: Les Comptes de la Nation, Rapport 1949—1955 . . ., S. 21.
Les Comptes de la Nation 1954—1957 . . ., S. 463.
a) Es handelt sich um die Eigenkapitalbildung der öffentlichen Hand.

[98] Vgl. unsere Ausführungen S. 57 ff.

Tabelle XXXIX

Entwicklung der hauptsächlichen Transferzahlungen (in Mill. F)

	1951	1952	1953	1954	1955
1. Sozialleistungen des Staates und der Sozialversicherung	12 260	14 540	15 810	17 360	18 990
2. Sozialhilfe	2 620	3 290	3 660	3 900	4 470
3. Wiederaufbauentschädigung	3 070	3 130	2 960	2 930	3 000
4. Subventionen	4 260	5 760	7 010	7 820	9 490
davon:					
a) Unternehmen und Haushalte	2 410	3 390	4 190	4 310	5 340
b) Organismen der öffentlichen Hand	1 850	2 370	2 820	3 510	4 150

Quellen: Les Comptes de la Nation, Rapport 1949—1955 . . ., S. 23; Les Comptes de la Nation 1954—1957 . . ., S. 466.

lative und absolute Rückgang dieser Ausgaben — wie auch der Ausgaben im Ausland — fällt mit der Beendigung des Indochinakrieges durch P. Mendes-France 1954 zusammen. Der sich im gleichen Jahre anbahnende Krieg in Algerien hat unmittelbar keine spürbare finanzielle Zusatzbelastung zur Folge. Diese stellt sich erst im Laufe des folgenden Jahres ein.

Gegenüber der sprunghaften Ausweitung der Kriegskosten bleibt die sozusagen mit schöner Regelmäßigkeit erfolgende Zunahme der Transferzahlungen zeitweise im Schatten. Doch übersehen wir nicht, daß die Aufblähung der Masse der laufenden Ausgaben selbst 1952 überwiegend, in den folgenden Jahren fast ausschließlich dieser Ausgabengruppe zuzurechnen ist. Obwohl nun die Haushalte — die Sozialleistungen des Staates wachsen grosso modo parallel zu denen der Sozialversicherung — nach wie vor die Hauptnutznießer der Masse der Transferzahlungen darstellen, werden durch ihr Wachstum mehr und mehr die Unternehmen begünstigt, insbesondere die Privatindustrie, der die öffentliche Hand 1955 vor allem als Exporthilfe 1,6 Mrd. F mehr an Subventionen zukommen läßt als 1951. Unter den öffentlichen Unternehmen bleibt die Staatsbahn, die S. N. C. F., die Hauptbegünstigte[99].

[99] Vgl. Les Comptes de la Nation, Rapport 1949—1955 . . ., S. 22.

Auffällig ist, daß die Strukturverschiebungen weg von den Güterkäufen zu militärischen Zwecken und hin zu den Transfer-, insbesondere Subventionszahlungen zusammenfallen mit der Erholung 1954 von der leichten Rezession der Vorjahre. Es hieße jedoch die Zusammenhänge auf den Kopf stellen, wollte man behaupten, daß gesteigerte Sozialleistungen bei positiver Entwicklung der Sparquote nachfragewirksamer seien als Güterkäufe zu Rüstungszwecken, von Subventionen, soweit sie Preisstützungen darstellen, ganz zu schweigen. So erscheinen, ähnlich wie die Entwicklung der Gesamtmasse der öffentlichen Ausgaben, gemessen am Bruttosozialprodukt, die Bewegungen ihrer Struktur als Paradoxon in Hinblick auf die Konjunkturentwicklung — es sei denn, wir dürften der immerhin bemerkenswerten Verminderung der Auslandsausgaben 1955 ein entscheidendes Gewicht für die Wiederbelebung der Konjunktur zuschreiben.

Wir dürfen folgern, daß die Preisstabilisierung 1952 zustandekommt trotz überproportional steigender laufender Aufwendungen und trotz einer die Nachfrageaufblähung begünstigenden Strukturierung, daß die Wiederbelebung der Konjunktur 1954 sich gegen die Stabilisierung des Anteils der laufenden Ausgaben am Bruttosozialprodukt und gegen ihre teilweise durch außerwirtschaftliche Ereignisse aufgezwungene Strukturverschiebung durchsetzt.

c) Fragen wir nun, ob und inwieweit sich unser Urteil durch die Einbeziehung der investiven Aufwendungen der öffentlichen Hand in unsere Analyse modifiziert.

Bei der Darstellung der Investitionstätigkeit der öffentlichen Hand während der Vorperiode 1949 bis 1951 erlaubte uns der Vergleich des jeweiligen Staatsbeitrags mit der absoluten Veränderung der Gesamtinvestition die Folgerung, einen unmittelbaren Zusammenhang von Ausmaß und Entwicklung der öffentlichen Investitionsanstrengung mit der Gesamtinvestition abzulehnen. Betrachten wir 1952 bis 1955 erneut die absoluten Zahlen, so entspricht allein im Jahre 1952 dem Stagnieren des öffentlichen Beitrages eine unveränderte Investitionssumme der gesamten Volkswirtschaft. In den folgenden Jahren vollzieht sich das Wachstum beider Größen in entgegengesetzter Richtung.

Doch sind die Veränderungen der absoluten Zahlen nicht genügend aussagekräftig, um nachweisen zu wollen, daß eine durch die öffentliche Investitionstätigkeit direkt ausgelöste Veränderung, anders ausgedrückt eine Steigerung oder Verminderung des Einkommenseffektes der öffentlichen Investition über den tatsächlich verausgabten Betrag hinaus, grundsätzlich nicht eingetreten ist.

Tabelle XL zeichnet deshalb die Bewegungen der Investitionsquote auf.

Tabelle XL

Absolute und relative Bruttofixkapitalbildung und prozentualer öffentlicher Beitrag

Jahr	Bruttofixkapitalbildung im Mutterland (in Mill. F)	in % des Bruttosozialproduktes	öffentlicher Beitrag in %
1949	14 620	18,6	48,1
1950	15 580	17,6	46,2
1951	20 370	18,2	33,1
1952	23 770	16,8	29,4
1953	23 750	16,5	30,7
1954	25 710	17,1	27,3
1955	28 160	17,3	24,9

Quelle: Premier rapport du Conseil de Direction . . ., S. 486.

Der öffentliche Beitrag zur Gesamtinvestition erreicht 1949 und 1950 seinen Höhepunkt; in den folgenden Jahren verändert er sich zwar absolut kaum, sein Anteil sinkt jedoch ständig. Die Gesamtinvestitionsquote entwickelt sich in Entsprechung zum Konjunkturablauf. Lediglich 1950 und 1952 tragen die Entwicklung der Quote der Gesamtinvestition und die des Staatsbeitrages das gleiche — negative — Vorzeichen.

Nun sind die Stagnationssituationen der ersten Hälfte des Jahres 1950 und der zweiten Hälfte des Jahres 1952 sowie des Jahres 1953, ausgelöst durch eine Fülle von Faktoren, in die sich die Reduktion des Anteils der öffentlichen Investitionen einreiht, auch insofern miteinander verwandt, als sie die Wirtschaftspolitik in Richtung einer Wiederankurbelung der wirtschaftlichen Expansion lenken, mit Hilfe einer initialen öffentlichen Investitionsanstrengung, die Auslösungsmoment privater Folgeinvestitionen sein soll.

1951 läßt die mit der Koreakrise einsetzende Hausse der Löhne und Preise zusammen mit der Gefahr einer Vergrößerung des öffentlichen Defizits die Regierung von einer umfangreichen Investitionspolitik mit öffentlichen Mitteln Abstand nehmen[100] — sie verlagert lediglich das Gewicht ihrer Investitionsanstrengung auf die Förderung des sozialen Wohnungsbaus[101]; die Anhebung der privaten Investitionsquote wird daher kaum durch eine Initialinvestition der öffentlichen Hand erreicht;

[100] Vgl. A. *Barrère*, Politique . . ., S. 206 f.

[101] Vgl. unsere Ausführungen S. 144 f.

sie wird ermöglicht durch eine Verdoppelung der Selbstfinanzierung[102]. 1953 dagegen werden die wirtschaftspolitischen Intentionen realisiert: R. Mayer, der Nachfolger A. Pinays, dem, wie wir uns erinnern, die Geldwertstabilisierung 1952, aber auch die Abstoppung der wirtschaftlichen Expansion zu verdanken ist, greift zur Ankurbelungspolitik vermittels, wenn auch nur geringfügiger, Anhebung der öffentlichen Beteiligung an der Investitionsanstrengung. Diese Maßnahme hat bei wachsenden Kriegslasten der öffentlichen Hand einen unmittelbaren Erfolg: erneute Finanzierungsschwierigkeiten des Trésor. Die Anfang 1954 ausgearbeiteten Pläne zur Wiederbelebung der Wirtschaft nehmen auf diese Erfahrung Rücksicht[103]. So verzichtet die Finanzpolitik trotz einer Stabilisierung der Kriegslasten mit Beendigung des Indochinakrieges auf eine Anhebung der öffentlichen Beteiligung an der gesamten Investition. Die private Investitionsquote steigt, wie wir später sehen werden, im Gefolge einer Ausdehnung der Kapitalmarktmittel.

d) Gehen von der Entwicklung der Masse der öffentlichen Investitionsausgaben seit 1950 keinerlei inflationistische Impulse mehr aus, im Gegenteil, so gilt das Gleiche nicht uneingeschränkt für ihre Strukturierung oder sektorielle Verteilung.

Während der Periode galoppierender Inflation vor 1950 gewann nach unserer Ansicht der wachsende öffentliche Beitrag zur Gesamtinvestition seinen expansiven Effekt weniger über die Auslösung privater Folgeinvestitionen, deren Entstehen die Einnahmenpolitik beeinträchtigte. Ohne daß es unsere Quellen erlaubten, solche Verschiebungen zu beziffern, wollten wir einen aus dem wachsenden Eingriff der öffentlichen Hand resultierenden Trend zur Verlängerung der Produktionsumwege, zu einer Verminderung der Kapitalproduktivität mit ihren kurzfristigen Folgen für den Geldwert erkennen. Wie ist es um diesen Trend bei absolut stagnierender, relativ sinkender öffentlicher Investitionsanstrengung ab 1950 bestellt?

Suchen wir eine uneingeschränkte Bestätigung für die sich aufdrängende These einer Erhöhung der Kapitalproduktivität der Gesamtinvestition als Folge der Zurückhaltung der öffentlichen Hand mit ihrer eventuellen unmittelbar preisstabilisierenden Wirkung, so enttäuscht uns das uns zugängliche, in Tabelle XLI wiedergegebene Material.

Es zeigt uns vielmehr, daß „in verschiedenen Wirtschaftszweigen die auf einem hohen Niveau gehaltenen öffentlichen Gelder, die der Finanzierung der Investitionen in der Metropole tatsächlich bestimmt

[102] Vgl. unsere Ausführungen S. 151 f.

[103] Vgl. Rapport sur les Comptes Provisoires de la Nation de 1953 et le Budget économique de 1954, Paris, Imprimerie Nationale, 1954, sowie A. *Barrère*, Politique . . ., S. 207 f.

Tabelle XLI

Zivile Investitionen im Mutterland (in Mill. F zu Preisen von 1952)

Jahr	Administrative Investitionen	Wohnungsbau	Gebäudereparatur	Transportmaterial
1949	2 020	2 240	1 130	3 790
1950	2 100	2 520	1 100	3 550
1951	2 140	3 540	1 090	4 090
1952	2 500	4 150	1 070	3 750
1953	2 620	4 460	1 060	3 850
1954	2 990	5 500	1 090	4 190
1955	2 320	6 320	1 090	4 550
1955/53	+ 27 %	+ 42 %	+ 2 %	+ 18 %
1955/49	+ 64 %	+ 182 %	— 4 %	+ 20 %

Jahr	Landwirtschaftliches Material	Industriematerial	Bau und öffentliche Arbeiten	insgesamt
1949	1 330	5 880	6 570	22 960
1950	1 300	6 540	6 120	23 230
1951	1 340	6 630	5 630	24 460
1952	1 330	6 360	4 610	23 770
1953	1 330	6 360	4 290	23 970
1954	1 500	6 600	4 160	26 030
1955	1 710	7 040	4 270	28 300
1955/53	+ 29 %	+ 11 %	0 %	+ 18 %
1955/49	+ 29 %	+ 20 %	— 35 %	+ 23 %

Quelle: Premier rapport du Conseil de Direction . . ., S. 487.

werden, erheblich zur Expansion dieser Investitionen beitrugen"[104]. Dazu gehören die administrativen Investitionen sowie diejenigen im Wohnungsbau, deren Ausdehnung nur geringfügig von dem Rückgang der Rubrik „Bau und öffentliche Arbeiten" korrigiert wird — alle drei Gruppen enthalten Investitionsarten mit typisch niedriger Kapitalproduktivität. Dazu kommt, daß die zunehmende Konzentrierung

[104] Premier rapport du Conseil de Direction . . ., S. 488, Übersetzung der Verfasserin.

der öffentlichen Investitionsbeteiligung auf den Bausektor, für den sich ein gesamtwirtschaftlicher Arbeitskräftemangel besonders einschneidend auswirkt, wie 1951 auch bei Wiederbelebung der Konjunktur 1954 inflationistische Impulse auslösen muß.

So können wir zusammenfassend feststellen, daß die Entwicklung von Volumen und Struktur der öffentlichen Gesamtausgaben 1952 und 1953 inflationistisch, 1954 und 1955 allenfalls neutral wirkt. Sollte demnach ein Beitrag zur Stagnation sowie zur Expansion bei Stabilität gegeben sein, so müssen wir diesen bei der Finanzierungspolitik der öffentlichen Hand suchen.

2. Die öffentlichen fiskalischen und parafiskalischen Einnahmen

a) Nach Berechnungen im Rahmen der „Comptes de la Nation" entwickelt sich das absolute Aufkommen aus Steuern und Sozialversicherungsbeiträgen 1952 bis 1955 in Vergleich zu den Vorperioden nur zögernd. Sein Anteil, gemessen am Bruttosozialprodukt, steigt noch bis 1953 an, um dann abzusinken.

Innerhalb dieses fiskalischen und parafiskalischen Aufkommens wächst die Summe der Sozialversicherungsbeiträge schneller als die der Steuern. Innerhalb der fiskalischen Einkünfte entsteht bis 1953 ein

Tabelle XLII

Bruttosozialprodukt zu Marktpreisen und Aufkommen aus Steuern und Sozialversicherungsbeiträgen des Staates, der Gebietskörperschaften und der Sozialversicherung (in Mill. F)

	1951	1952	1953	1954	1955
1. Bruttosozialprodukt zu Marktpreisen	122 900	144 000	150 400	159 200	170 500
2. Aufkommen aus Steuern	25 550	30 410	33 190	34 630	36 380
3. Aufkommen aus Sozialversicherungsbeiträgen	9 850	12 330	13 260	14 480	15 690
2. in % von 1.	20,7 %	21,1 %	22,1 %	21,8 %	21,4 %
3. in % von 1.	8,3 %	8,6 %	8,8 %	9,0 %	9,1 %

Quellen: Les Comptes de la Nation, Rapport 1949—1955 . . ., S. 24; Les Comptes de la Nation 1954—1957 . . ., S. 468; Les Comptes de la Nation 1949—1959 . . ., S. 1374 f.; Ministère des Finances, Annuaire . . ., S. 2105.

Tabelle XLIII

Die Struktur des Aufkommens aus Steuern und Sozialversicherungsbeiträgen des Staates, der Gebietskörperschaften und der Sozialversicherung (in Mill. F)

	1951	1952	1953	1954	1955
1. Direkte Besteuerung					
der Körperschaften	2 370	2 630	3 070	2 980	3 200
in % des Gesamtsteuer-aufkommens	9,3 %	8,6 %	9,2 %	8,6 %	8,8 %
der Personen-unternehmen	1 310	1 520	1 830	1 770	1 580
in % des Gesamtsteuer-aufkommens	5,1 %	5,0 %	5,5 %	5,1 %	4,3 %
der Haushalte	2 340	2 560	3 180	3 180	3 310
in % des Gesamtsteuer-aufkommens	9,2 %	8,4 %	9,6 %	9,2 %	9,1 %
direkte Steuern insgesamt	6 020	6 710	8 080	7 930	8 090
in % des Gesamtsteuer-aufkommens	23,6 %	22,0 %	24,3 %	22,9 %	22,2 %
2. Indirekte Besteuerung					
Umsatzsteuern	11 680	14 340	14 410	15 160	15 590
in % des Gesamtsteuer-aufkommens	45,7 %	47,2 %	43,4 %	43,8 %	42,9 %
übrige indirekte Steuern	7 850	9 360	10 700	11 540	12 700
in % des Gesamtsteuer-aufkommens	30,7 %	30,8 %	32,3 %	33,3 %	34,9 %
indirekte Steuern insgesamt	19 530	23 700	25 110	26 700	28 290
in % des Gesamtsteuer-aufkommens	76,4 %	78,0 %	75,7 %	77,1 %	77,8 %
3. Sozialversicherungs-beiträge	9 850	12 330	13 260	14 480	15 690

Quellen: Les Comptes de la Nation, Rapport 1949—1955 . . ., S. 24; Les Comptes de la Nation 1954—1957 . . ., S. 468; Les Comptes de la Nation 1949—1959 . . ., S. 1374 ff., Ministère des Finances, Annuaire . . ., S. 2105.

Übergewicht zugunsten der direkten, ab 1954 erneut zugunsten der indirekten Steuern. Den Hintergrund dieser Tendenzen bilden die Eingriffe des Gesetzgebers[105] und die konjunkturelle Entwicklung. Variationen von Höhe und Struktur der öffentlichen fiskalischen und parafiskalischen Einnahmen werden ihrerseits bedeutsam für Veränderungen des Geldwertes.

b) Wie wir beobachten können, ist tragendes Element des überproportional steigenden fiskalischen Anspruches der öffentlichen Hand bis 1953 die direkte Besteuerung. Ein Element dieser Entwicklung ist der progressive Überbau der allgemeinen Einkommensteuer oder die „surtaxe progressive". Zwar bleibt, wie wir uns aus unserem historischen Abriß erinnern, während der Regierungszeit von A. Pinay jede zusätzliche Besteuerung auf Initiative des Gesetzgebers aus. Doch die restriktiven Wirkungen der bestehenden Besteuerung werden grundsätzlich nicht zu beseitigen versucht. Erleichterungen werden durch einen Verzicht auf Steuerrückstände sowie durch Steuerbegünstigung der Einkünfte aus öffentlichen Papieren zu schaffen versucht. Die Situation ändert sich 1954 und 1955; in diesen Jahren fällt der Anteil der direkten Steuern unter die 1951 erreichte Ziffer, und zwar u. a. „aufgrund ... der Erleichterungen, die sukzessiv in die Berechnung der ‚surtaxe progressive' eingehen. Das Aufkommen aus der ‚surtaxe progressive' wächst um fast 70% 1951 bis 1953, durch die erwähnten Erleichterungen fällt der Satz auf 50% für die Periode 1951—1955"[106].

Dagegen erfährt die proportionale Besteuerung der Gewinne der Körperschaften, 1951 noch einschneidend verschärft, am 10. April 1954 eine erneute Anhebung ihres Tarifs auf 36%, am 30. April 1955 auf 38%. Zusätzliches Element der 1954 und 1955 zu beobachtenden relativen Erleichterung der direkten Besteuerung sind gezielte Maßnahmen zur Investitionsförderung, wie eine ab 1. Januar 1954 vorgesehene, spezielle Abschreibung von 10% zur Favorisierung von Modernisierungsanstrengungen[107].

Das Aufkommen aus indirekter Besteuerung ist 1952 bis 1955 entscheidend vom Eingriff des Gesetzgebers mitbestimmt. Das zur Umwandlung der Produktionssteuer in eine Mehrwertsteuer am 25. September 1948 eingeführte System der „payements fractionnés", welches vorsieht, daß jeder der Produzenten, der zur Fertigstellung des

---

[105] Vgl. insb. Les Comptes de la Nation, Rapport 1949—1955 . . ., S. 19 ff. Les recettes budgétaires de l'Etat, in Ministère des Finances, Annuaire . . ., S. 1805 ff.

[106] Les Comptes de la Nation, Rapport 1949—1955, S. 24, Übersetzung der Verfasserin.

[107] Vgl. L. *Reboud*, Systèmes . . ., S. 315.

Produktes beiträgt, die Steuer entrichtet, die der Wertsteigerung auf seiner Produktionsstufe entspricht, wird 1953 und in den folgenden Jahren entscheidend ergänzt. Bei Berechnung der Besteuerungsgrundlage werden die Abzüge mit Dekret vom 30. September 1953 auf die produktiven Investitionen ausgedehnt, mit Gesetz vom 10. April 1954 auf alle bei der Fabrikation und beim Verkauf eingesetzten Güter, mit Gesetz vom 14. August 1954 auf die Transportkosten und schließlich mit Dekret vom 30. April 1955 auf alle bei Fabrikation und Verkauf eingesetzten Dienstleistungen. Anfang 1955 ist das System der Umsatzbesteuerung als Mehrwertbesteuerung durch Gesetz gestaltet; es umfaßt drei Hauptsteuern, die einander ausschließen: die Mehrwertsteuer, die lokale Umsatzsteuer und die Dienstleistungssteuer, von denen wiederum jede einen allgemeinen, einen verminderten und einen erhöhten Satz aufweist.

Aus diesen Reformen resultiert in der Folgezeit eine spürbare Verminderung des Steueraufkommens. Trotz konjunktureller Erholung ab 1954 und Anhebung der Tarife — der allgemeine Satz der Mehrwertsteuer beträgt 1955 20% — sinkt der Anteil der Umsatzsteuern am Gesamtsteueraufkommen ab 1952 laufend ab.

Das gleiche gilt nicht für die übrigen indirekten Steuern, deren Erträge kein geringes Gegengewicht bilden; sie weisen in der fraglichen Periode die höchsten Wachstumsraten auf. Diese Verschärfung ist weniger der Wiedereinführung verschiedener spezieller Verbrauchsteuern zu danken, der „taxes uniques", (auf Wein 1951, Fleisch 1952, Apfelwein 1954, Tee und Kaffee 1955, Gütertransporte 1956) — das Aufkommen solch traditioneller Abgaben wie der auf alkoholische Getränke neigt vielmehr zur Stagnation —; sie ist vor allem den Erträgen der Besteuerung von Erdölprodukten zuzuschreiben, welche bei erheblicher Zunahme des Verbrauchs und angehobenen Tarifen stark wachsen. Daneben sichern die Erträge der Pauschalabgabe auf die Löhne seitens der Arbeitgeber automatisch das Wachstum der indirekten Steuern; sie dehnen sich proportional zur Masse der gezahlten Löhne aus.

Ein Gegengewicht zur Abwärtsentwicklung des Ertrages aus der Umsatzbesteuerung bildet gleichfalls das Aufkommen aus Sozialversicherungsbeiträgen. Pinay weist zwar 1952 energisch jede Einführung neuer Steuern sowie jede Tarifverschärfung zurück, im gleichen Jahre zwingt jedoch das die Sonderkonten des Trésor belastende Defizit der Sozialversicherung[108] zur Anhebung des zur Beitragsberechnung herangezogenen Lohnplafonds. 1952 bis 1955 wächst der Ertrag aus Sozialversicherungsbeiträgen schneller als derjenige aus Steuern und trägt

[108] Vgl. Le Trésor et la dette publique, in Ministère des Finances, Annuaire . . ., S. 1912 ff.

damit zur leichten Verschärfung der fiskalischen und parafiskalischen Gesamtlast bei.

c) Ist die Mittelbeschaffung der öffentlichen Hand aus Steuern und Sozialversicherungsbeiträgen auch in ihrer Höhe wie in den Vorperioden von der wachsenden Masse der Ausgaben diktiert, ist ihre Strukturierung auch nach wie vor weitgehend Resultante des Zusammenwirkens einer Vielfalt ökonomischer Faktoren, so können wir doch auf Ansätze einer konjunktur- und wachstumsbewußten Einnahmenpolitik hinweisen.

Die Regierung Pinay ist dem Ziel der Preisstabilisierung verpflichtet und richtet einige ihrer einnahmenpolitischen Maßnahmen an ihr aus; die nachfolgenden Regierungschefs sehen sich einer gewandelten konjunkturellen Situation gegenüber — der sich anbahnenden Rezession — und versuchen, ihr ihrerseits mit geeigneten Maßnahmen zu begegnen.

Pinay lehnt zwar grundsätzlich eine Verschärfung der Steuerlast als Maßnahme zur Gesundung der öffentlichen Finanzen ab, doch ist ihm ein Abbau dieser Steuerlast mit Rücksicht auf die verdoppelte „impasse" des Trésor[109] nicht möglich. Seine Einnahmenpolitik beschränkt sich, wie wir sehen werden, auf Maßnahmen zur Ausweitung des öffentlichen Finanzierungsspielraums. Ein Absinken der privaten Investitionsquote ist die Folge[110]. Seine Nachfolger, ab 1954 vorläufig der Sorge um die Finanzierung wachsender Kriegslasten enthoben, wählen zur Wiederankurbelung der wirtschaftlichen Expansion den Weg einer Ausweitung des privaten Finanzierungsspielraums. Maßnahmen zur allgemeinen Sparförderung durch Erleichterung der „surtaxe progressive" werden ergänzt durch solche gezielter Investitionsförderung durch entsprechende Gestaltung der Besteuerung von Gewinn und Produktion. So erholt sich der Kapitalmarkt[111]; das aus Indochina repatriierte Kapital sucht nunmehr auf ihm Anlage. Die zum Ausgleich der gesamten fiskalischen und parafiskalischen Einnahmenmasse vorgenommene Verschärfung der Verbrauchsteuern sowie die Aufrechterhaltung der Lohnsummenbesteuerung, wie auch die Anhebung der Sozialversicherungsbeiträge, treffen bei durch die Konjunkturbelebung gegebener Überwälzungsmöglichkeit Schichten mit hoher Verbrauchsneigung. Eine eventuelle Rückwälzung über erhöhte Lohnansprüche der Arbeitnehmer wird während dieser Periode relativer Preisstabilität vereitelt durch das von Pinay 1952 eingeführte System der gleitenden Löhne[112].

---

[109] Vgl. den nachfolgenden Kassenbericht des Trésor Public.
[110] Vgl. Tabelle XL, S. 171.
[111] Vgl. nachfolgende Tabelle XLIV.
[112] Vgl. unsere historische Rahmengebung S. 57.

d) Die ab 1954 zu beobachtende Erholung der Investitionsquote sowie die schon früher aufgetretene Verschiebung in der Struktur ihrer Finanzierung zugunsten der Kapitalmarktmittel unter Vernachlässigung der Selbstfinanzierung geht aus nachfolgender Tabelle hervor.

Rekapitulieren wir: unübersehbar ist die Tatsache des Anstiegs der Investitionsquote zu dem Zeitpunkt, nämlich 1954, zu dem die Gesamt-

Tabelle XLIV

Finanzierung der im Mutterland realisierten zivilen Investitionen (in Mill. F)

	1952	1953	1954	1955
Gesamte Bruttoausstattung	23 770	23 750	25 710	28 160
davon finanziert durch:				
öffentliche Gelder	7 100	7 300	7 030	7 000
übrige Quellen				
1. Spezialinstitute aus eigenen Quellen	1 100	1 280	2 070	2 670
2. Wiederaufbauentschädigungen	110	70	80	70
3. Mittelfristige Kredite	2 440	2 630	2 820	3 430
4. Aktien	650	530	750	1 030
5. Obligationen	370	1 020	1 440	1 720
6. Saldo der übrigen Aufwendungen und Quellen	12 000	10 920	11 520	12 240

Quelle: Premier rapport du Conseil de Direction . . ., S. 468 ff., hors Texte B.

belastung des Bruttosozialprodukts mit Steuern und Sozialversicherungsbeiträgen absinkt. Diese Lastverminderung ist primär Folge relativ sinkenden Anspruchs des Staates über direkte Steuern durch Erleichterungen im System der progressiven „surtaxe“. Es liegt nahe, die Verbindung zur Gesundung des Kapitalmarktes zu suchen. Die Beanspruchung des Bruttosozialproduktes durch indirekte Steuern und Sozialversicherungsbeiträge bleibt unverändert, doch verschiebt sich ihre Zusammensetzung. Aus dem Prozeß der Umwandlung der Produktionssteuer in eine Mehrwertsteuer, der Ende 1953 bis 1955 in eine neue und entscheidende Phase eintritt, resultiert eine spürbare Verminderung des Steueraufkommens. Der wesentlich stimulierende Effekt für die Investitionstätigkeit liegt in der Ende 1953 bei der Berechnung der Besteuerungsgrundlage wirksam werdenden Ausdehnung der Abzüge auf die produktiven Investitionen.

Im nachfolgenden Kapitel wird uns die Frage beschäftigen, ob und inwieweit die eingeschlagenen Wege einer bewußten, konjunktur- und wachstumspolitisch ausgerichteten Einnahmenpolitik durch die Finanzierungspolitik des Trésor ergänzt werden.

3. Die Kreditaufnahme durch den Trésor

a) 1952 steigen die Lasten des Trésor stark an, und zwar diesmal nicht wie 1948 aufgrund einer von ihm zusätzlich finanzierten Investitionsanstrengung, sondern vielmehr als Folge zusätzlicher Aufwendungen im Rahmen der laufenden Ausgaben. Da die budgetären Einnahmen den Ausgaben nur zögernd folgen, wächst die „impasse" auf über 6 Mrd. F oder 18% der Gesamtlast und bleibt auf dem absoluten Niveau während der ganzen Periode stehen.

Die Frage drängt sich auf, warum bei solch hohem absoluten und relativen Fehlbetrag in der Kassenhaltung die Stabilisierung des Geldwertes im Laufe des gleichen Jahres gelingt, warum die Stabilität erhalten bleibt, obwohl eine Verringerung der „impasse" während der folgenden Jahre nicht erfolgt.

Wie für die übrigen Zeitabschnitte ist auch 1952 bis 1955 die Antwort gegeben: Höhe und Entwicklung der „impasse" sind solange für den Geldwert ohne Bedeutung, wie für den Trésor die „fermeture de circuit" gegeben ist, wie alles von ihm verausgabte Geld in seine Kassen zurückfließt. Und selbst bei Ungleichgewichtigkeit des „circuit" ist die „impasse" für den Geldwert ungefährlich, solange die von der Banque de France durch den Trésor zusätzlich geforderten Kredite von der Wirtschaft nicht auch zusätzlich eingesetzt werden.

In die „impasse" gehen die Ausgaben der öffentlichen Hand ein, die außerhalb des durch die Budgets gesetzten Rahmens finanziert werden.

Unter diesen außerbudgetären Finanzierungsmöglichkeiten ist die Geldschöpfung Privileg des Trésor; sie wurzelt im Einsatz der „ressources de trésorerie".

Dem Schatzamt sind drei Geldquellen zugänglich: der Beitrag des Bankenapparates, das durch den Staat als Bankier geschaffene Geld, dem vor allem die Einlagen seiner Korrespondenten gegenüberstehen, schließlich die direkte Hilfe der Banque de France.

Vergegenwärtigen wir uns, daß allein die letzte Quelle sich auf Anruf des Trésor Public erschließt. Die Ausdehnung der Staatspapiere ist an

Tabelle XLV

Überblick über die Lasten und Ressourcen des Trésor Public (in Mill. F)

A. Ausführung der Finanzgesetze

	1951	1952	1953	1954	1955
Einnahmen: aus Steuern und übrigen budgetären Quellen	24 990	29 230	31 850	32 250	33 770
Ausgaben:					
Zivile und militärische Ausgaben (Staatshaushalt)	21 330	28 620	31 540	31 600	33 410
Investitionsausgaben	6 060	6 900	6 890	6 430	6 560
davon:					
Wiederaufbauentschädigungen	3 100	3 440	3 350	2 980	2 880
Darlehen im Rahmen des F. D. E. S.	2 530	2 950	2 980	2 750	2 950
Darlehen an den sozialen Wohnungsbau H. L. M.	430	510	560	700	730
Ausgaben insgesamt	27 390	35 520	38 430	37 980	39 970
Fehlbetrag der Sonderrechnungen oder Spezialkonten	— 1 130	— 310	+ 60	— 880	— 420
Fehlbetrag insgesamt: „impasse“ oder „découvert“	— 3 530	— 6 600	— 6 520	— 6 640	— 6 620

Quelle: Le Trésor et la Dette publique, in Ministère des Finances, Annuaire . . ., S. 1934 f.

die Entwicklung der Konjunktur gebunden, hat doch der Gesetzgeber die Einlagen in den Banken und ihren Bestand an Staatspapieren in ein Verhältnis gesetzt. Die Einlagen der Korrespondenten entstammen ihren Kassenreserven. In ihrer Entwicklung hat der Trésor eine lediglich passive Rolle. „Es erweist sich, daß der Staat ein Großteil des Geldes ‚annimmt‘, welches ihm spontan die Einleger . . . oder die Banken anbieten, sobald ihre eigene Liquidität ihnen erlaubt, die Regeln zu respektieren, die die Zusammensetzung ihres Portefeuilles bestimm-

Tabelle XLVI

Überblick über die Lasten und Ressourcen des Trésor Public (in Mill. F)

B. Operationen der Trésorerie

	1951	1952	1953	1954	1955
1. Auflage von Anleihen: im Inland und im Ausland	300	2 340	340	790	950
2. Plazierung kurzfristiger Papiere:					
im Publikum:					
Bons du Trésor	800	620	940	1 470	1 390
Wechsel	110	100	40	— 110	— 300
bei Banken und Zentralbank:					
Bons du Trésor	290	370	730	1 650	1 450
Wechsel	530	1 050	— 30	— 920	— 950
Kurzfristige Papiere insgesamt	1 730	2 140	1 680	2 090	1 590
3. Außergewöhnliche Einkünfte	— 30	120	220	550	240
4. Einlagen von Korrespondenten	1 750	1 640	2 990	2 860	3 930
5. Geldinstitute der Frankenzone	— 140	150	310	120	870
6. Kassenbewegungen	— 430	— 440	+ 70	+ 190	+ 260
7. Direkte Hilfe der Banque de France:					
Diskont der „obligations cautionnées“	370	500	— 1 030	690	— 110
Vorschüsse an den Staat	— 20	150	2 280	— 650	— 1 110
Saldo: Deckung der „impasse“	3 530	6 600	6 520	6 640	6 620

Quelle: Le Trésor et la Dette publique, in Ministère des Finances, Annuaire . . ., S. 1936 f.

ten“[113]. So wird im wesentlichen der Geldbedarf des Trésor durch einen automatischen Prozeß gedeckt, ohne besondere Anfrage.

Doch das auf diesen Wegen dem Trésor zufließende Geld genügt nicht immer, seine Ausgaben zu finanzieren. Er muß zur Auflage von

[113] G. C. de *Verdière*, Conjoncture . . ., S. 64, Übersetzung der Verfasserin.

Anleihen greifen oder bei ungenügender Ersparnis zu den Zuschüssen der Zentralbank.

Wenden wir uns den einzelnen Finanzierungsarten zu wie ihren Beziehungen zur Entwicklung des Geldwertes.

b) Die langfristigen Anleihen: Diese seit 1945 vegetierende klassische Finanzierungsart außerbudgetärer Ausgaben erlebt 1952 einen Aufschwung, der unmittelbar dem durch die Politik Pinays ausgelösten, der Geldwertstabilität günstigen psychologischen Schock zu verdanken ist. Die große 3,5%ige Anleihe, deren Rendite Steuerbefreiungen genießt, und deren Rückzahlungswert an den Goldkurs, den Kurs des „Napoléon" gebunden ist[114], deckt nahezu 40% der gegenüber dem Vorjahr verdoppelten „impasse". Dem nominalen Erfolg verhilft u. a. eine, wie wir uns erinnern, Ende 1951 einsetzende restriktive Kreditpolitik der Zentralbank zu einem realen Erfolg. Trotz unverhältnismäßig steigender Staatsausgaben gelingt die Geldwertstabilisierung.

Dieser Erfolg des Experimentes Pinay von 1952, dessen Mittelpunkt durch den Rückgriff auf die Anleihe — und nicht auf die Steuer — gebildet wird, ist Ausgangspunkt einer Revision der Kritik, der die Anleihepolitik der öffentlichen Hand nach Kriegsende ausgesetzt ist. Sie unterhalte — so lautet im wesentlichen die Kritik — während einer Inflationsperiode, verborgen hinter der Erscheinung eines rein kassenmäßigen Gleichgewichts der öffentlichen Finanzen, das fundamentale Ungleichgewicht der Volkswirtschaft und bekämpfe somit nicht die wahren Ursachen des Übels. Sie sei Zeichen einer Politik der Bequemlichkeit[115].

Pinays Politik beruht einmal auf den Erfahrungen der Nachkriegsjahre, die die Steuer als geeignetes Mittel zur Reduzierung der Nachfrage in Frage stellen. Sie haben im Gegenteil gezeigt — so nach F. Bloch-Lainé[116] —, daß eine Verschärfung des Steuerentzugs während einer Inflationsperiode sich sofort auf die Preise auswirken und ein neuer Motor für den Wettlauf der Löhne und der Preise werden kann, ohne, mit Ausnahme sehr kurzer Anpassungsperioden, das Niveau der Realeinkommen oder das Verhalten der Privaten zu verändern. Bei Berücksichtigung der französischen Steuerstruktur während der fraglichen Zeitabschnitte mit ihrem Übergewicht zugunsten der indirekten Besteuerung wie mit ihrer scharfen Belastung der mittleren und hohen Einkommen mit direkten Steuern wird verständlich, daß die Steuer, weit entfernt, sie zu bekämpfen, zur Inflationspsychose beitragen kann.

---

114 Vgl. unsere historische Rahmengebung S. 57 f.

115 Vgl. F. *Bloch-Lainé,* a. a. O., S. 336.

116 Dgl., S. 336.

Pinays Politik beruht zum anderen auf der Überlegung, daß die Unfähigkeit des Mittelentzugs mit Hilfe von Anleihen, eine Bremswirkung auf den Verbrauch auszuüben, nicht grundsätzlich zu beweisen ist. Sind die notwendigen Voraussetzungen in Form einer umfassenden Politik gegeben, orientiert in Richtung einer Wiederherstellung des Vertrauens in das Geld und eines Stabilisierungsklimas, einzig geeignet, den Sparsinn wiederzuwecken, so kann die Auflage von Anleihen einen realen Mittelentzug beinhalten. „Hat die Anleihe nicht tatsächlich Erfolgschancen, weil die Staatsgewalt die psychologischen Bedingungen eines Inflationsstopps zu schaffen wußte? Ist der freiwillige Charakter der Anleihenzeichnung nicht der beste Garant der Tatsache, daß dem Publikum der Umschlag der Tendenz bewußt geworden ist und daß seine Entscheidungen sich danach einrichten[117]?" „Wie es die psychologische Realität verrät, war die Steuer inflationistisch ,in der Inflation' und die Anleihe war es nicht mehr — ,in der Stabilität': eine effektive Ersparnis ist entstanden[118]", und zwar zugunsten des Staates.

Unter dem Nachfolger Pinays, R. Mayer, helfen keine ähnlich günstigen, psychologischen Phänomene bei der Finanzierung des unveränderten Kassendefizits. Nur zögernd entwickelt sich das Aufkommen aus lang- und kurzfristigen Anleihen in den folgenden Jahren, als Ausdruck des sich nach anfänglichem Enthusiasmus nur langsam normalisierenden Sparwillens der Bevölkerung bei andauernder Stabilisierung des Geldwertes.

So ist der Trésor 1952 bei Verdoppelung der „impasse" und bei noch stark inflationistischen Tendenzen der Wirtschaft paradoxerweise nicht so sehr auf die Hilfestellung der Banque de France angewiesen wie 1953 bei völlig veränderten Verhältnissen. Doch diese Situation ist wiederum nicht von Dauer. Trotz der direkten Vorschüsse der Banque de France in Höhe von 2,3 Mrd. F 1953 ist die letzte Geldquelle des Staates, sein eindeutiger Fall in die Inflation, auch 1952 bis 1955 vernachlässigungswert, und zwar bei verdoppelter „impasse" aufgrund des zunehmenden Funktionierens seiner sozusagen automatischen Geldschöpfungsmöglichkeiten, insbesondere aus den Einlagen der Korrespondenten, wie aus nachstehenden Zahlen hervorgeht.

c) Die direkte Bank- und Buchgeldschöpfung der öffentlichen Hand, oder die Geldschöpfung auf Initiative des Trésor, beträgt über die ganze Periode 1952 bis 1955 nicht mehr als 27% des Anstiegs der „masse monétaire et quasi-monétaire". Dieser Beitrag konzentriert sich im wesentlichen auf die Jahre 1952 und 1953, und zwar in Höhe von 48%. 1953 erscheint für die Ausdehnung der alleinigen Bankgeld-

---

117 F. *Bloch-Lainé,* a. a. O., S. 337, Übersetzung der Verfasserin.
118 J. M. *Jeanneney,* Forces . . ., S. 39, Übersetzung der Verfasserin.

Tabelle XLVII

Sichteinlagen insgesamt und solche in der Verfügung des Trésor (in Mill. F)

	1951	1952	1953	1954	1955
1. Sichteinlagen insgesamt	17 950	20 350	23 200	27 150	30 590
2. Sichteinlagen in der Verfügung des Trésor	2 950	3 350	3 870	4 720	5 410
2. in % von 1.	16,4 %	16,5 %	16,7 %	17,4 %	17,7 %

Quelle: La monnaie et le crédit, in Ministère des Finances, Annuaire . . ., S. 2019.

schöpfung die öffentliche Hand fast ausschließlich verantwortlich. Bei seit 1952 unverändert hoher „impasse" ist also die Beteiligung des Trésor an der Gesamtgeldschöpfung von Jahr zu Jahr sehr unterschiedlich und in ihrer Auswirkung auf die Geldentwicklung abzuwägen.

Dürfen wir die Ansprüche des Trésor 1952, insbesondere in Hinblick auf die nur geringe Bankgeldschöpfung in Form direkter Vorschüsse der Banque de France, als ein nicht gewichtiges Hindernis für die Geldwertstabilisierung ansehen, ist eine inflationsfördernde Rolle des Trésor 1954 und 1955 bei Berücksichtigung der in den gleichen Jahren erfolgenden Rückzahlungen an die Zentralbank nahezu ausgeschlossen, so können wir die hohen Ansprüche des Trésor an die Banque de France im Rezessionsjahr 1953 als ein auslösendes Moment für die nachfolgende Wiederbelebung der Konjunktur ansehen. Wir haben 1953 in dem Maße ein echtes „deficit-spending" vor uns, als der Nachfolger Pinays, R. Mayer eine geringfügige Ausweitung der Investitionsausgaben, deren Finanzierung über Zentralbankkredite keinen Zweifel läßt, mit dem Ziel einer Ankurbelung der Wirtschaft vornimmt.

Doch, wie wir uns schon anderweitig vergegenwärtigten, sind einmal die drei Geldquellen des Staates miteinander verbunden, und einzig der Globalbedarf des Trésor bestimmt dessen Geldschöpfung — diese wiederum als Funktion seiner übrigen Finanzierungsmöglichkeiten. Zum andern und eng mit dem ersten Phänomen verknüpft stellt diese Geldschöpfung teilweise nur eine Umleitung der Ausdehnung der Geldmenge in Abhängigkeit vom Bedarf der Wirtschaft zugunsten des Trésor dar. Erinnern wir uns erneut an das „Gesetz der Interdependenz der Gegenposten der Geldmenge" als Ergänzung zum „Gesetz der minimalen Kassenbestände"[119]. 1952 und 1953 sind die Veränderun-

[119] F. *Bloch-Lainé*, a. a. O., S. 262, Übersetzung der Verfasserin.

Tabelle XLVIII

Überblick über die Geld- und Quasigeldmenge und ihre Gegenposten (in Mill. F)

	1951	1952	1953	1954	1955
Geld- und Quasigeldmenge	37 750	42 870	47 940	54 650	61 690
Vorjahr = 100	118	114	112	114	113
davon:					
Banknoten im Umlauf	18 830	21 240	23 100	25 510	28 530
Sichteinlagen	17 950	20 350	23 200	27 150	30 590
A. Kredite an den Trésor	15 700	17 950	20 550	22 220	22 280
Vorjahr = 100	113	114	114	108	100
in % der Geldmenge	41,6 %	41,8 %	42,9 %	40,7 %	36,1 %
davon:					
1. Forderungen der Banque de France	7 460	8 060	9 390	9 610	8 450
direkte Vorschüsse	6 330	6 480	8 760	8 110	7 000
Vorjahr = 100	99	102	135	92	86
2. Öffentliche Papiere in Portefeuilles	5 120	6 250	7 010	7 570	7 850
Vorjahr = 100	119	122	112	108	104
Banken	3 260	3 860	4 420	5 660	6 080
Banque de France	1 860	2 390	2 590	1 910	1 770
3. Forderungen der Unternehmen und Privaten	3 120	3 640	4 150	5 040	5 980
auf Postscheckkonten	2 620	3 040	3 520	4 350	4 940
Vorjahr = 100	126	116	116	124	114
B. Kredite an die Wirtschaft	19 060	22 720	25 190	28 600	32 990
Vorjahr = 100	141	119	111	114	115
in % der Geldmenge	50,5 %	53,0 %	52,5 %	52,3 %	53,5 %
C. Gold und Devisen	2 450	2 140	2 040	3 800	6 800
Vorjahr = 100	55	87	95	186	179
in % der Geldmenge	6,5 %	5,0 %	4,3 %	7,0 %	11,0 %
Diverse	540	60	160	30	— 380

Quelle: La monnaie et le crédit, in Ministère des Finances, Annuaire . . ., S. 2019 f.

gen der Devisenguthaben der Geldschöpfung äußerst ungünstig, 1954 und 1955 demgegenüber sehr günstig. Die Veränderungen der Guthaben der Banque de France beim Trésor tragen genau umgekehrte

Vorzeichen. Ähnliche Gegenbewegungen sind bei den Krediten der Zentralbank an die Wirtschaft feststellbar, nur 1952 bis 1955 weit weniger frappant. Betonen wir noch einmal: der Kassenbedarf der Wirtschaft stellt in jedem Augenblick eine Globalgröße dar, als deren Funktion die Kreditnachfrager in Aktion treten. „Die einzige Folge des Defizits ist demnach ... auf der Aktivseite der Banken die Substitution eines Kredites an die Wirtschaft durch einen Kredit an den Trésor[120].“

Dürfen wir der Geldschöpfung auf Initiative des Trésor demnach zumindest 1953 eine ausschlaggebende Rolle zuweisen, so erscheint diese teilweise akzidentell.

4. Zusammenfassung und Beurteilung

a) Die Finanzgebarung der öffentlichen Hand trägt während der Periode 1952 bis 1955 den Stempel der ernsthaften und teilweise erfolgreichen Bemühung um ein vereintes Anstreben zweier Ziele: der Steigerung des Sozialproduktes und der Geldwertstabilität, von denen bisher dem ersten der Vorrang gebührte.

A. Pinay gilt als derjenige Politiker der IV. Republik, der mit größter Energie die Inflation bekämpft. Seine Politik der Mittelbeschaffung, der Finanzierung hoher zusätzlicher Ausgaben zugedacht, durch Auflage einer großen Anleihe ist von Erfolg gekrönt. Doch mit der Inflation wird die wirtschaftliche Expansion abgestoppt; die industrielle Produktion stagniert. Außerdem gelingt es der Regierung Pinay nicht, trotz hoher Subventionen zur Exportförderung, die Außenhandelsbilanzsituation zu verbessern, ein Umstand, welcher neue Finanzierungsschwierigkeiten des Trésor heraufbeschwört. Doch kann Pinay schon der Kompromiß von Geldwertstabilität, dieses nach den voraufgehenden Inflationen ihm vordringlich erscheinenden Zieles, und Steigerung des Sozialproduktes gelingen?

Von einer Abwertung nimmt man mit Rücksicht auf die preissteigernden Effekte einer Verteuerung der Importe Abstand. Lediglich eine Beibehaltung der Kreditbremsen sichert die reale Finanzierung der bei unerfreulicher militärischer Lage in Indochina steigenden öffentlichen Kosten. Eine Ankurbelung der stagnierenden Wirtschaft über eine Anhebung der öffentlichen Investition ist keine geeignete Lösung, da bei der schon verdoppelten „impasse“ Finanzierungsschwierigkeiten des Trésor drohen, die bei Rückgriff auf die Zentralbank das erreichte Ziel der Währungsstabilität zunichte machen können.

---

[120] SEF, lère année 1949, S. 273, Übersetzung der Verfasserin.

b) A. Pinay muß gehen. Für seine Nachfolger stellt sich das Dilemma von Geldwertstabilität und Steigerung des Sozialproduktes nicht in gleicher Schärfe. Die wirtschaftliche Stagnation droht in eine Rezession auszuarten. R. Mayer erhöht leicht die öffentlichen Investitionsausgaben und läßt ihre Finanzierung über zusätzliche Zentralbankkredite zu. Der Ankurbelungseffekt für die private Investitionstätigkeit ist außerordentlich gering; der Geldwert bleibt stabil. Eine Kompromißlösung bei dem Versuch der Realisierung beider Ziele: Steigerung des Sozialprodukts und Geldwertstabilität genügt in den folgenden Jahren. Finanzminister und späterer Regierungspräsident E. Faure liefert durch eine auf die Förderung der privaten Investition ausgerichtete öffentliche Einnahmenpolitik seinen Beitrag zur Expansion bei Stabilität. P. Mendes-France schafft die notwendigen Voraussetzungen auf der Ausgabenseite der öffentlichen Hand durch Beendigung des Krieges in Indochina.

Doch die Periode 1952 bis 1955 stellt weder eine endgültige Wende im konjunkturellen Geschehen dar, noch darf sie als Beginn konjunkturbewußten Finanzgebarens der öffentlichen Hand gelten; sie repräsentiert allenfalls eine Episode.

IV. Inflation Anfang 1956 bis Ende 1958

1. Die öffentlichen Ausgaben

a) Ausgangspunkt der Frage nach der Bedeutung öffentlicher Finanzgebarung für den Geldwert ist in Frankreich im Verlaufe jeder Konjunkturperiode die Feststellung der Höhe der öffentlichen Ausgaben. Seit 1945 bis heute steht eine Überschußpolitik (etwa in Parallele zur Erscheinung des „Juliusturms") außerhalb jeder Diskussion. Von der Entwicklung ihrer Aufwendungen wurde und wird die Suche der öffentlichen Hand nach Finanzierungsmitteln diktiert.

Den Hintergrund eines erneuten Anschwellens der „impasse" des Trésor auf jetzt 10 Mrd. F und der niegekannte Ausmaße annehmenden Kassenkrisen der sterbenden IV. Republik[121] bilden die 1956 sprunghaft wachsenden definitiven Ausgaben; ihr Anteil am Bruttosozialprodukt steigt in diesem einen Jahr um fast 2%. Basis der Reduzierung der „impasse" des Trésor auf 7 Mrd. F im Jahre 1958 ist die verlangsamte Ausdehnung der öffentlichen Ausgaben, deren Anteil am Sozialprodukt spürbar absinkt.

Wie für die Vorperioden benötigen wir zur endgültigen Beurteilung der Entwicklung der öffentlichen Gesamtausgaben zusätzlich die

---

[121] Vgl. später den Kassenbericht des Trésor.

Tabelle XLIX

Bruttosozialprodukt zu Marktpreisen und konsolidierte, definitive öffentliche Ausgaben (in Mill. F)

	1955	1956	1957	1958
1. Bruttosozialprodukt zu Marktpreisen	170 500	188 400	210 500	238 300
2. Konsolidierte, definitive Ausgaben der öffentlichen Hand	60 830	69 940	76 840	85 050
2. in % von 1.	35,3 %	37,1 %	36,5 %	35,7 %

Quelle: Les Comptes de la Nation 1949—1959 . . ., S. 1121 f. und 1168 ff.

temporären Aufwendungen zu Investitionszwecken. Wir entnehmen den Berechnungen des „Conseil de Direction du Fonds de développement économique et social“ eine Stabilisierung, wenn nicht ein weiteres Absinken der Beteiligung von öffentlichen Geldern an der Finanzierung der in der Metropole realisierten Fixkapitalbildung (Tabelle LI), demgegenüber jedoch nach vorübergehender Reduzierung einen Anstieg des Anteils der definitiven und temporären Investitionslasten an den Gesamtausgaben als Ergebnis zunehmender Auslandsinvestitionen (Tabelle L).

b) 1956 ist das überproportionale Wachstum der Gesamtausgaben der öffentlichen Hand im wesentlichen den als laufend bezeichneten Aufwendungen zuzuschreiben. Wir müssen innerhalb dieser Ausgabengruppe die Verantwortung als erstes der Ausdehnung der Güterkäufe anlasten. Die Beendigung des Indochinakrieges brachte 1954 eine

Tabelle L

Gesamtlasten des Trésor Public und Investitionsaufwendungen (in Mill. F)

	1955	1956	1957
1. Gesamtlasten (Trésor und Anhangsbudgets)	42 010	46 830	52 720
2. Effektive Investitionsausgaben (Mutterland und Übersee)	9 274	10 181	11 903
2. in % von 1.	22,5 %	21,8 %	22,5 %

Quellen: Le Trésor et la Dette publique, in Ministère des Finances, Annuaire . . ., S. 1934 f. Troisième rapport du Conseil de Direction du Fonds de développement économique et social, SEF, Suppl. Nr. 110, Februar 1958, S. 158.

Tabelle LI

Gesamtinvestition und öffentlicher Beitrag (in Mill. F)

	1955	1956	1957	1958
1. Bruttofixkapitalbildung im Mutterland	29 760	33 800	39 800	44 100
2. davon finanziert durch öffentliche Gelder	7 500	8 600	9 300	10 300
2. in % von 1.	25,2 %	25,3 %	23,2 %	23,4 %

Quellen: 1955: Troisième rapport du Conseil de Direction . . ., S. 136.
1956—1958: Huitième rapport du Conseil de Direction du Fonds de développement économique et social, SEF, Suppl. Nr. 174, Juni 1963, S. 783.

Stabilisierung, später einen Rückgang der Militärausgaben; die Ereignisse in Algerien verursachen einen Zuwachs der Kriegslasten um 50% in zwei Jahren. Die Beiträge der übrigen Ausgabenkategorien entwickeln sich grosso modo parallel zur Gesamtmasse, derjenige der Transferzahlungen erscheint leicht rückläufig. Wir vergleichen dazu Tabelle LII. Nach Aufspaltung dieser Ausgabenkategorie in Tabelle LIII in ihre einzelnen Bestandteile können wir feststellen, daß das beobachtete Phänomen Ergebnis entgegengerichteter Bewegungen ist. Innerhalb der Transferzahlungen wachsen Soziallasten und Subventionen überproportional zur Gesamtausgabenmasse. Unter den Wachstumsfaktoren in der Gruppe der Transferzahlungen ist einer den Sozialleistungen und den Subventionen gemeinsam und daher doppelt ausgewiesen. Subventionen werden vom Staat an Unternehmen, Haushalte und Organismen der öffentlichen Hand gezahlt. Unter den letzteren sind neben den Subventionen an Gebietskörperschaften und staatliche Einrichtungen, zu sozialen und kulturellen Zwecken, die Überweisungen des Staates an die Sozialversicherung hervorzuheben, da sie ab 1956 bemerkenswerte Ausmaße annehmen. Es handelt sich um die Leistungen des „Fonds national de Solidarité", der über das Staatsbudget aus Steuererhöhungen finanziert wird. So ist der Zuwachs der Leistungen der Sozialversicherung auch Ergebnis dieser Ausschüttungen[122]. Zweiter Faktor des sprunghaften Wachstums der öffentlichen Ausgaben wird demnach neben dem politischen der soziale: wie wir uns erinnern[123], fügt nach den Wahlen Anfang 1956 eine sozialistische Regierung unter G. Mollet den bestehenden neue Sozialleistungen hinzu in Form einer Verbesserung der Altersversorgung

[122] Vgl. Les Comptes de la Nation 1954—1957 . . ., S. 465 f.
[123] Vgl. unsere historische Rahmengebung, S. 61 ff.

und einer Verlängerung des bezahlten Urlaubs. Politische und soziale Wachstumsfaktoren finden 1956 ihre Ergänzung in wirtschaftspolitischen Interventionen in Form von zusätzlichen Subventionen an die

Tabelle LII

Aufgliederung der definitiven Ausgaben der öffentlichen Hand (in Mill. F)

	1955	1956	1957	1958
1. Güter in % von 6.	7 660 12,5 %	9 530 13,3 %	10 400 13,1 %	10 550 12,1 %
2. Dienste in % von 6.	9 810 16,0 %	11 470 16,0 %	12 730 16,0 %	14 680 16,9 %
3. Transferzahlungen in % von 6.	37 170 60,5 %	41 830 59,5 %	47 280 59,3 %	51 160 58,8 %
4. Ausgaben im Ausland in % von 6.	4 980 8,0 %	6 300 8,0 %	6 680 8,4 %	7 300 8,4 %
5. Zinsen und diverse Posten in % von 6.	1 860 3,0 %	2 400 3,2 %	2 560 3,2 %	3 380 3,8 %
6. Laufende Ausgaben insgesamt	61 480	71 530	79 650	87 070
7. Bruttokapitalbildung	3 500	4 120	4 540	4 800

Quelle: Les Comptes de la Nation 1949—1959 . . ., S. 1168 ff.

Tabelle LIII

Entwicklung der hauptsächlichen Transferzahlungen (in Mill. F)

	1955	1956	1957	1958
1. Sozialleistungen des Staates und der Sozialversicherung	18 990	21 250	24 210	27 240
2. Sozialhilfe	4 470	4 700	5 410	6 090
3. Wiederaufbau-entschädigungen	3 000	2 510	2 170	1 610
4. Subventionen	9 490	12 160	14 130	14 550
davon:				
a) Unternehmen und Haushalte	5 340	6 450	6 780	6 730
b) Organismen der öffentlichen Hand	4 150	5 710	7 350	7 820

Quelle: Les Comptes de la Nation 1949—1959 . . ., S. 1168 ff.

Unternehmen. Sehen wir von den Finanzinvestitionen, den „subventions d'équipement" ab, die uns an anderer Stelle beschäftigen werden, so interessieren hier die Subventionierung der laufenden Produktion, die „subventions d'exploitation" für Staatsbetriebe und Privatunternehmen sowie die unmittelbare Preisstützung, die „subventions d'équilibre", ausschließlich für Staatsbetriebe.

1957 dehnen sich militärische Ausgaben und Sozialleistungen der öffentlichen Hand im überkommenen Rhythmus aus; erste Versuche einer Eindämmung der Flut der öffentlichen Ausgaben erfolgen bei den Subventionszahlungen. Ihre Stabilisierung wird erreicht durch eine Streichung von Zuweisungen an die S. N. C. F., die diese allerdings durch eine Anhebung ihrer Beförderungstarife ausgleicht[124]. Zum neuen Wachstumsfaktor werden im gleichen Jahre die Auslandsinvestitionen.

1958 spiegelt das Konto der öffentlichen Hand erneute Versuche einer Sanierung der öffentlichen Finanzen durch eine Beschneidung einzelner Ausgabenkategorien. Als Ergebnis beobachten wir[125]:

— eine Stabilisierung des öffentlichen Konsums; die Einstellung der Kriegshandlungen in Algerien reduziert unmittelbar die Aufwendungen zu militärischen Zwecken;

— eine verminderte Ausdehnung der Transferausgaben, erreicht durch eine Stabilisierung der Subventionszahlungen an Unternehmen und Haushalte sowie an öffentliche Organisationen, (Fonds national de Solidarité);

— ein verringertes Wachstum der Bruttofixkapitalbildung, bewirkt durch eine Reduzierung der Aufwendungen im Straßenbau: sie erreicht 1958 den niedrigsten Anteil an der Gesamtinvestition seit 1949.

Andere Ausgabenkategorien weiten sich auch und gerade 1958 erheblich aus:

— so steigen die Zahlungen für Löhne und Gehälter überproportional zur Gesamtmasse;

— der Zuwachs der Sozialleistungen setzt sich im alljährlich beobachteten Ausmaß fort;

— die Einstellung der bewaffneten Feindseligkeiten in Algerien bedeutet nicht auch eine Entlastung der französischen Regierung von

---

[124] Vgl. Les Comptes de la Nation 1954—1957 . . ., S. 462 ff.

[125] Vgl. Les Comptes de la Nation de l'année 1958, in SEF, Nr. 130, Oktober 1959, S. 1175 ff.

ihren zivilen Verpflichtungen; die Ausgaben im Ausland steigen überproportional zur Gesamtmasse, ein Phänomen, das sich in den folgenden Jahren noch verstärken soll;

— schließlich entstehen dem Staat höhere Zinsverpflichtungen als Folge der Zunahme der Verschuldung in den Vorjahren.

So ist dem Versuch der Sanierung der öffentlichen Finanzen durch eine Überprüfung der Ausgaben, rein quantitativ gesehen, ein wenig spektakulärer Erfolg beschert. Die Reduzierung der „impasse" soll im wesentlichen, wie wir sehen werden, Ergebnis entsprechender einnahmenpolitischer Maßnahmen sein.

c) Verfolgen wir nun die Ausgabengebarung der öffentlichen Hand während der Inflationsperiode 1956 bis 1958 in ihren möglichen Beziehungen zur Konjunkturentwicklung.

Der Stoß zusätzlicher öffentlicher Aufwendungen 1956, der sich auf alle Ausgabenkategorien verteilt, trifft überproportional die Güterkäufe, die Sozialleistungen zur Verbesserung der Altersversorgung und die Subventionszahlungen. Ist grundsätzlich die inflationistische Wirkung solcher Zusatzausgaben nicht in Zweifel zu ziehen, so dürfen wir eine solche Feststellung bei den Subventionen nur mit Einschränkung gelten lassen.

Im folgenden Jahre 1957 ändert sich die Strukturierung des Ausgabevolumens kaum mit Ausnahme zweier Ausgabenposten, die von ersten Sparmaßnahmen betroffen werden: die Inlandsinvestitionen und die der S.N.C.F. gewährten Subventionen. Beide Kategorien stellen manipulierbare Ausgabenmassen par excellence dar; sie bieten sich einer konjunkturbewußten Ausgabenpolitik geradezu an; sie offenbaren jedoch gleichzeitig einige der Dilemmen, denen sich eine solche Politik gegenübergestellt sieht. Zeigt sich das eine Dilemma erst längerfristig, so das andere um so kurzfristiger. Die von der Staatsbahn nach Streichung von Subventionszahlungen unmittelbar vorgenommenen Tariferhöhungen alimentieren 1957 zusätzlich den Inflationsprozeß. Uneingeschränkt deflationistisch wirken die im gleichen Jahre angehobenen Auslandsinvestitionen.

Ein effektiver Beitrag zur Geldwertstabilisierung seitens der Ausgabenpolitik erfolgt 1958, und zwar im Laufe des Jahres, nachdem der Inflationsprozeß mit einem Geldverfall von 12—15% einen neuen und vorläufig letzten Höhepunkt erreicht. Der öffentliche Beitrag zum Stabilisierungsversuch in Form einer Reduzierung der Ausgaben ist allerdings in erster Linie einem politischen Ereignis zuzuschreiben, der Beendigung der Kriegsführung in Algerien. Die Manipulierungen der übrigen Ausgabenposten erweisen sich entweder als Scheinlösung, insoweit sie eine Reduzierung der vom Budget Général zugunsten der Sozialversicherung abgezweigten Mittel und ihre Substitution durch ein Defizit beim Trésor beinhalten, oder aber als kritisierbar in Hinblick auf ihre kurz- und langfristigen Auswirkungen, insoweit sie die Beschneidung der Subventionszahlungen und Investitionsaufwendungen im Inland betreffen. Die im gleichen Jahre erfolgende, überproportionale Ausweitung der Aufwendungen für Dienste nach Jahren relativer Stabilität ist gleichzeitig Ergebnis der voraufgehenden Wellen von Streiks und Lohnforderungen und Ausgangspunkt neuer gewerkschaftlicher Aktivität. Den effektiven Beitrag zur Geldwertstabilisierung bringt 1958 demnach die Ausdehnung von solchen Ausgabenposten wie Zinszahlungen und in noch höherem Maße Auslandskonsum und Auslandsinvestition.

d) Die Investitionsaufwendungen definitiven und temporären Charakters im Inland werden 1957 und 1958 im Sinne einer Gesundung der Staatsfinanzen derart geringfügig ausgedehnt, daß von inflationistischen Wirkungen im Ausmaß zusätzlicher Ausgaben kaum die Rede sein kann. Doch dürfen wir bei dieser Betrachtung nicht stehenbleiben. Grundsätzlich ist, wie wir schon erwähnten, die Manipulierung der Investitionsausgaben aus konjunkturpolitischen Gesichtspunkten ein zweischneidiges Verfahren, da sie eine Vernachlässigung der Realisierung wachstumspolitischer Zielsetzungen beinhaltet. Dazu kommt, daß eine Veränderung der öffentlichen Investitionsausgaben Auswirkungen auf die Gesamtinvestition haben kann, die diese Veränderung überschreiten. Ob und inwieweit dies der Fall ist, erscheint wie in den Vorperioden auch 1956 bis 1958 kaum feststellbar. Bemerkenswert ist, daß trotz sinkenden Staatsanteils die Gesamtinvestitionsquote 1957 steigt und 1958 sich stabilisiert, eine Tatsache, die wie in den Vorperioden die Unabhängigkeit der Privatinvestition von quan-

Tabelle LIV

Entwicklung von Bruttosozialprodukt und Gesamtinvestition im Mutterland (in Mill. F, zu Preisen von 1956)

	1954	1955	1956	1957	1958
1. Bruttosozialprodukt	169 500	179 300	188 300	199 500	203 100
2. Gesamtinvestition	27 600	31 200	33 800	37 200	38 000
2. in % von 1.	16,3 %	17,4 %	18,0 %	18,7 %	18,7 %

Quelle: Huitième rapport du Conseil de Direction du Fonds de développement économique et social, in SEF, Suppl. Nr. 174, Juni 1963, S. 780.

titativen Veränderungen der öffentlichen Investition unter Beweis stellen könnte.

Können wir demnach die geringe Ausdehnung der Masse der Investitionsausgaben der öffentlichen Hand in ihrem budgetpolitischen Aspekt — wenn auch nur in diesem — als vorteilhaft für eine konjunkturelle Beruhigung ansehen, so darf wie in den Vorperioden auch 1956 bis 1958 die sektorale Bedeutung der öffentlichen Investitionsbeteiligung nicht vernachlässigt werden, die ihrerseits eine Alimentierung der Inflation nicht ausschließt.

1957 kommt die geringfügige zusätzliche öffentliche Investitionsanstrengung nur dem Wohnungs- und Städtebau sowie kulturellen und sozialen Zwecken zugute. Abgesehen von der geringen Kapitalproduktivität solcher Investitionen und der Gefahr sektoraler Überhitzung bei Arbeitskräftemangel entstehen, insbesondere für die Wohnungsbaufinanzierung, zusätzliche Probleme auf der Einnahmenseite, denen wir uns in den nachfolgenden Kapiteln zuwenden wollen.

Tabelle LV

Gliederung der im Mutterland zu Investitionszwecken verwandten öffentlichen Gelder nach volkswirtschaftlichen Gesichtspunkten (in Mill. F)

	1956	1957	1958
Landwirtschaft	1 303	1 511	1 305
Energie und Minen	1 768	1 695	2 525
Transport und Staatspost (PTT)	1 572	1 425	1 067 502
Industrie, Handel, Tourismus	692	590	555
Wohnungs- und Städtebau	2 137	2 862	2 557
Kulturelle und soziale Ausstattung	840	1 324	1 474
Verwaltungsinvestitionen	246	250	281
öffentliche Gelder insgesamt	8 558	9 657	10 266

Quellen: Troisième rapport du Conseil de Direction . . ., S. 154 ff.
Cinquième rapport du Conseil de Direction . . ., S. 1733.

2. Die öffentlichen fiskalischen und parafiskalischen Einnahmen

a) Sehen wir von gelegentlichen Unterbrechungen ab, so setzt sich die seit Kriegsende beobachtete alljährliche Zunahme des Anteils von Steuern und Sozialversicherungsbeiträgen am Bruttosozialprodukt —

ein Anteil, der rund 95% der budgetären öffentlichen Einnahmen darstellt — ab 1956 bis heute fort. Die formale fiskalische Last steigt 1956 bis 1958 von 21,8% auf 23,3%, die parafiskalische von 9,5% auf 9,7%.

Tabelle LVI

Bruttosozialprodukt zu Marktpreisen und Aufkommen aus Steuern und Sozialversicherungsbeiträgen des Staates, der Gebietskörperschaften und der Sozialversicherung (in Mill. F)

	1955	1956	1957	1958
1. Bruttosozialprodukt zu Marktpreisen	170 500	188 400	210 500	238 300
2. Aufkommen aus Steuern	36 380	40 890	47 020	55 650
3. Aufkommen aus Sozialversicherungsbeiträgen	15 690	17 920	19 960	23 010
2. in % von 1.	21,4 %	21,8 %	22,3 %	23,3 %
3. in % von 1.	9,1 %	9,5 %	9,5 %	9,7 %

Quellen: Les Comptes de la Nation 1949—1959 . . ., S. 1374 ff.
Ministère des Finances, Annuaire . . ., S. 2105.

Wie während der Vorperioden ist der Beitrag der verschiedenen Steuergruppen sowie der Sozialversicherungsbeiträge am Zuwachs der Gesamtlast unterschiedlich; eine Folge der Nuancierung der Konjunktursituation sowie der Eingriffe des Gesetzgebers. Ab 1956 nimmt der Anteil der direkten Steuern am Gesamtsteueraufkommen von Jahr zu Jahr zu auf Kosten des indirekten Steueranteils. Gemessen am Bruttosozialprodukt entwickelt sich dieses Gesamtsteueraufkommen überproportional, während die Sozialversicherungsbeiträge lediglich proportionale Zuwächse aufweisen, so daß während dieses Zeitabschnitts das Wachstum der formalen fiskalischen und parafiskalischen Last primär der Verschärfung in der Besteuerung der Einkommensbildung zuzuschreiben ist.

b) Wie wir uns erinnern[126], endet 1956 die in Frankreich nach 1945 einmalige kurze Periode störungsfreien Wirtschaftswachstums. Bei weiterhin ansteigender Investitionsquote[127] setzt die Geldentwertung erneut ein, um 1958 15% (Einzelhandelspreise) zu erreichen. Das Außenhandelsdefizit noch nie gekannten Ausmaßes bringt zusätzliche Probleme.

---

[126] Vgl. unsere historische Rahmengebung, S. 59 ff.
[127] Vgl. Tabelle LIV, S. 194.

Tabelle LVII

Die Struktur des Steueraufkommens des Staates und der Gebietskörperschaften sowie die Sozialversicherungsbeiträge (in Mill. F)

	1955	1956	1957	1958
1. Direkte Besteuerung				
der Körperschaften	3 200	4 070	4 760	6 200
in % des Gesamtsteueraufkommens	8,8 %	10,0 %	10,1 %	11,1 %
der Personenunternehmen	1 580	1 600	1 910	2 530
in % des Gesamtsteueraufkommens	4,3 %	3,9 %	4,1 %	4,5 %
der Haushalte	3 310	4 220	5 120	6 650
in % des Gesamtsteueraufkommens	9,1 %	10,3 %	10,9 %	12,0 %
direkte Steuern insgesamt	8 090	9 890	11 790	15 380
in % des Gesamtsteueraufkommens	22,2 %	24,2 %	25,1 %	27,6 %
2. Indirekte Besteuerung				
Umsatzsteuern	15 590	16 470	18 590	20 840
in % des Gesamtsteueraufkommens	42,9 %	40,3 %	39,5 %	37,5 %
übrige indirekte Steuern	12 700	14 530	16 640	19 430
in % des Gesamtsteueraufkommens	34,9 %	35,5 %	35,4 %	34,9 %
indirekte Steuern insgesamt	28 290	31 000	35 230	40 270
in % des Gesamtsteueraufkommens	77,8 %	75,8 %	74,9 %	72,4 %
3. Sozialversicherungsbeiträge	15 690	17 920	19 960	23 010

Quellen: Les Comptes de la Nation 1949—1959 . . ., S. 1374 ff.
Ministère des Finances, Annuaire . . ., S. 2105.

Die mit Ziel einer Wiederbelebung der Konjunktur nach der Rezession 1953 in den Jahren 1954 und 1955 realisierten Erleichterungen im System der Einkommensbesteuerung und die Reformmaßnahmen im System der Umsatzbesteuerung, verbunden mit Bestrebungen zur Investitionsförderung, hatten eine relative Verminderung der formalen Steuerlast zur Folge. Nebenergebnis war allerdings eine Stabilisierung der „impasse" des Trésor auf der Höhe von 6 Mrd. F, ein Umstand, welcher in einem Zeitabschnitt konjunktureller Ruhe an Gewicht verliert, da dann die Möglichkeit einer Kassenkrise weitgehend ausgeschaltet ist. 1956 dagegen sieht sich die öffentliche Hand bei relativ verminderten budgetären Einkünften und bei sprunghaft anschwellenden Ausgaben einer „impasse" von 10 Mrd. F gegenüber. Eine Kassenkrise des Schatzamtes ist jetzt, wie wir sehen werden, bei neueinsetzender Geldentwertung unvermeidbar und tritt 1957 mit ihren verheerenden Folgen für die weitere Entwicklung des Geldwertes auch tatsächlich ein.

In ihrem Bemühen um eine Reduzierung des öffentlichen Defizits greifen die Regierungen, da die Auflage langfristiger Anleihen traditionellerweise und vor allem in Perioden des Preisverfalls unzureichende Erträge bringt, zur Verschärfung des Steuerdrucks und zwar vorwiegend durch eine zusätzliche Besteuerung der Einkommensbildung. „Die Regierung zog es tatsächlich vor, auf diesem Wege die Ausweitung ihrer Transferzahlungen (vor allem über den ‚Fonds national de Solidarité') sowie ihrer militärischen Lasten zu finanzieren ... Da sie befürchtete, eine Erhöhung der Umsatzsteuer akzentuiere noch den Anstieg der Lebenshaltungskosten, zog sie vor, durch die direkte Besteuerung die Ausdehnung der disponiblen Einkommen einzuschränken[128]."

Von der Verschärfung der direkten Besteuerung sind Körperschaftssteuern und Einkommensteuern betroffen[129]. Der Körperschaftssteuersatz, der 1955 noch 38% betrug, wird mit Dekret vom 6. Juli 1956 auf 41,80%, mit Dekret vom 19. Juli 1957 auf 45,60% und schließlich mit Gesetz vom 30. Dezember 1958 auf 50% angehoben. Zusätzlich unterliegen die während des Geschäftsjahres 1957 gebildeten Reserven einer Sonderbesteuerung von 2%, eine Maßnahme, die in den folgenden zwei Jahren aufrechterhalten wird. Die Proportionalsteuer auf die Einkommen wird mit Ziel der Finanzierung des „Fonds national de Solidarité" — Übernahme von Soziallasten durch den Staat — mit Dekret vom 6. Juli 1956 um ein Zehntel erhöht. Die Berechnung erfolgt

[128] Les Comptes de la Nation 1954—1957 . . ., S. 467.

[129] Vgl. insb. Les Comptes de la Nation 1954—1957 . . ., S. 467 f.; Les Comptes de la Nation de l'année 1958 . . ., S. 1175 ff.; Les recettes budgétaires de L'Etat . . . Annuaire . . ., S. 1805 ff.

auf Nettosteuerbasis. Die Steuerverschärfung um eine Dezime betrifft die steuerpflichtigen Einkommen der Jahre 1955 bis 1957. Sie wird mit Rechtsverordnung vom 30. Dezember 1958 beseitigt; gleichzeitig werden jedoch die Sätze der Proportionalsteuer auf 22,12% bzw. 5,50% erhöht. Die minimal 0% und maximal 70% betragenden Sätze der die Proportionalsteuer ergänzenden progressiven „surtaxe“ werden 1956 wie die der Proportionalsteuer um ein Zehntel angehoben. Die Besteuerung der Einkommen physischer Personen sowie der Gewinne der Körperschaften wird zusätzlich verschärft durch die Einführung von Sondersteuern. Gesetz vom 2. August 1956 und Dekret vom 18. März 1957 schaffen eine als vorübergehend etikettierte Abgabe von 20% auf den Übergewinn der Industrie- und Handelsunternehmen, welcher als Differenz zwischen dem Nettogewinn der Periode und einem als normal angesehenen Gewinn definiert wird. Am 13. Dezember 1957 sowie am 31. Juli 1958 wird die Weiterführung dieser Maßnahme während der folgenden Jahre beschlossen. Außerdem wird am 31. Juli 1958 eine Bürgersteuer geschaffen.

Die relative Verminderung des Anteils der indirekten Steuern ist einmal noch der Schaffung der TVA[130] zu verdanken, die eine spürbare Verminderung des Aufkommens nach sich zog, zum anderen den bei verschiedenen Konsumgütern eingeräumten Steuernachlässen, mit Ziel einer Stabilisierung des Preisniveaus. Zwar wird mit Gesetz vom 26. Juni 1957 die Erhöhung des Binnentarifs für Erdölprodukte beschlossen wie auch die Anhebung des Umsatzsteuersatzes für eine Reihe anderer Produkte, zwar erfährt die Umsatzbesteuerung am 13. Dezember 1957 sowie am 31. Juli 1958 erneute Verschärfungen, wiederum einzelne Produkte betreffend, doch bringen diese Maßnahmen vorläufig keinen Umschwung in der beobachteten Tendenz, zumal sich gegen Ende 1958 die Anzeichen einer Konjunkturberuhigung häufen.

c) Der Zuwachs im Aufkommen aus direkter Besteuerung in den Jahren ab 1956 ist Ergebnis der Zunahme von Löhnen und Gewinnen in den jeweils voraufgegangenen Jahren (berücksichtigen wir insbesondere die progressive „surtaxe“, deren Aufkommen bei Ausdehnung der Nominaleinkommen überproportional steigt) und der Realisierung einer Gesamtheit von Maßnahmen: Tariferhöhungen sowie Ein- und Weiterführung von Sondersteuern. Beide Faktoren wirken zusammen. Ihr Beitrag zum Ergebnis der absoluten Zunahme des Aufkommens aus direkter Besteuerung erscheint kaum isolierbar. Doch dürfen wir, in Hinblick auf die ursprüngliche Strukturierung des Systems der Besteuerung der Einkommensbildung sowie im Vergleich mit vor- und nachgelagerten Perioden annehmen, daß die relative, d. h. am

---

[130] Mehrwertsteuer.

Bruttosozialprodukt gemessene Verschärfung der Steuerlast Ergebnis der Eingriffe des Gesetzgebers ist, mit denen er versucht, primär auf eine Sanierung der Staatsfinanzen, sekundär auf eine Beschneidung der privaten Konsum- und Investitionsausgaben zur Bekämpfung der inflationären Tendenzen abzuzielen.

In welchem Maße sind die Bemühungen des Gesetzgebers um die Erreichung dieses doppelten Ziels nun von Erfolg gekrönt?

Durch den Zuwachs an Steuereingängen reduziert sich tatsächlich, wie schon anderweitig erwähnt, die „impasse" des Trésor von 10 Mrd. F auf 7 Mrd. F, und zwar von 1957 auf 1958. Dieses Ergebnis ist nicht überwältigend, insbesondere, wenn wir berücksichtigen, daß auch eine Beschneidung einzelner Ausgabengruppen dazu beiträgt. Immerhin vermindert es rein quantitativ die Möglichkeiten der Wiederholung einer Kassenkrise wie im Jahre 1957, d. h. einer notwendig werdenden Finanzierung der öffentlichen Ausgaben durch zusätzliche Kreditaufnahme bei der Zentralbank. Man hofft nicht auf ein zweites Experiment Pinay, und so wie die Alternative sich stellt, ist es begreiflich, daß die Regierungen zu massiven Steuererhöhungen zur Finanzierung ihrer zusätzlichen Ausgaben Zuflucht suchen.

Die Konzentrierung der entsprechenden Maßnahmen auf die Besteuerung der Einkommensbildung soll nun nach Willen des Gesetzgebers die Möglichkeit einer Überwälzung der zusätzlichen formalen Steuerlast auf die Preise minimisieren, d. h. eine effektive Einschränkung der Konsum- und Investitionsausgaben zugunsten des Staates herbeiführen, soll über eine Stabilisierung der Lebenshaltungskosten schließlich die Kassenlage des Trésor zusätzlich und zwar qualitativ verbessern.

Halten wir sofort fest, daß es sich hier lediglich um ein stabilisierendes Element handeln kann, das der Fülle der inflationären Tendenzen entgegengestellt werden soll, nicht aber um ein solches, das aufgrund seiner deflatorischen Auswirkungen ein echtes Gegengewicht bilden könnte, denn die zusätzlichen Einnahmen aus Steuern werden nicht stillgelegt, sondern ausgegeben. Wie ist es nun um dieses stabilisierende Element bestellt?

d) Tabelle LIV (S. 194) zeigte uns, daß die Investitionsquote, die seit 1954 Jahr für Jahr zunimmt, erstmals 1958 stagniert. Es kann also keinesfalls behauptet werden, daß die von den letzten Regierungen der IV. Republik eingeleiteten steuerlichen Maßnahmen zur Reduzierung von Konsum und Investition unmittelbar den gewünschten konjunkturstabilisierenden Erfolg herbeigeführt hätten. Dieser Erfolg tritt 1958 ein, um ab 1959 dann in eine leichte Rezession auszuarten.

Der wirtschaftliche und insbesondere konjunkturpolitische Umschwung bei der Ablösung der IV. durch die V. Republik, d. h. durch das Régime von General de Gaulle, wie wir ihn in den letzten Kapiteln darstellen werden, ist häufig gerühmt worden und bildet noch heute einen Diskussionsgegenstand. Doch ist hier schon Gelegenheit, darauf hinzuweisen, daß die Planung von J. Rueff und die Realisierung durch A. Pinay sich in der Finanzpolitik — Komprimierung der öffentlichen Ausgaben, Ausweitung der öffentlichen, insbesondere Steuereinnahmen — wenig neuer Elemente bedienen werden, wie auch schon in der IV. Republik angewendet. Doch auch den letzten Regierungen der IV. Republik wie vielen ihrer Vorgängerinnen mangelt es, um erfolgreich zu sein, an Koordination in ihrer Konjunkturpolitik, d. h. an Willen und Möglichkeiten einer rechtzeitigen und konsequenten Verfolgung des Zieles der Geldwertstabilität. Greifen wir einige Aspekte heraus.

Zu ihnen gehören an hervorragender Stelle die mangelnde Übereinstimmung mit der Kreditpolitik im allgemeinen und im besonderen die fortgesetzte Privilegierung des öffentlichen Kredites. Finanzminister P. Ramadier will sich im Frühjahr 1957 noch mit vorwiegend selektiv wirkenden, kreditpolitischen Maßnahmen, gerichtet gegen spekulative Lagerhaltung und als volkswirtschaftlich unnütz angesehene Investitionen und zugunsten einer Exportförderung, begnügen[131]; erst im weiteren Verlauf des Jahres werden generelle Kreditrestriktionen[132] wirksam, wie die Anhebung des Diskontsatzes, die Herabsetzung des Rediskontplafonds und schließlich der Erlaß eines generellen Kreditstopps. Trotzdem wäre eine Stabilisierung des Geldwertes schon früher als 1959 denkbar gewesen, wäre den Spezialkreditinstituten nicht in so starkem Maße die Vergabe mobilisierbarer mittelfristiger Kredite, insbesondere an den Wohnungsbau, finanziert durch die Banque de France, ermöglicht gewesen[133].

Einen weiteren Aspekt bildet die in Frankreich seit Kriegsende zu beobachtende unglückliche Verquickung von Geldentwertung und Außenhandelsdefizit. Letzteres erschwert jedesmal erneut die Finanzierungsaufgaben des Trésor durch die Verknappung der Gesamtliquidität. Die zur Beseitigung dieses Defizits 1957 durchgeführte verschleierte Abwertung hat jedoch ihrerseits preissteigernde Effekte.

Zusätzliche Aspekte einer Stärkung des Inflationsklimas liefern die Aufrechterhaltung des Systems der gleitenden Löhne, die Beseitigung von Subventionen, vergeben mit dem Ziel der Preisstützung, die grundsätzliche Manipulierung der Lebenshaltungskostenindizes und ihre plötzliche Richtigstellung Ende 1957 usw.

---

[131] Vgl. K. F. *Wolff*, Die Leitungsorgane . . ., S. 129.

[132] La monnaie et le crédit, in Ministère des Finances, Annuaire . . ., S. 2025.

[133] Vgl. nachfolgende Tabelle LVIII und spätere Ausführungen.

Wesentlicher Gegner einer erfolgreichen Steuerpolitik ist das gleichzeitig mit den erhöhten Steuereingängen und trotz dieser Erhöhung sprunghaft wachsende öffentliche Defizit, welches den Trésor zu zusätzlicher Kreditaufnahme zwingt.

So sind die vereinzelten steuerpolitischen Maßnahmen zu schwach, um die inflationistische Strömung zu brechen; es ist im Gegenteil anzunehmen, daß 1956 und 1957 die zusätzliche formale Last an direkten Steuern teilweise überwälzt wird und so das Ihre zur Anhebung der Lebenshaltungskosten tut.

Tabelle LVIII

Die im Mutterland realisierte Gesamtinvestition und ihre Finanzierung (in Mill. F)

	1956	1957	1958
Gesamtinvestition im Mutterland	33 800	39 800	44 100
davon finanziert durch:			
a) Öffentliche Gelder	8 600	9 300	10 300
in % der Gesamtmasse	25,3 %	23,2 %	23,4 %
b) Finanzquellen der Spezialinstitute und Versicherungen	2 600	2 700	2 800
c) Kreditmarkt	3 400	4 400	5 000
b) + c)	6 000	7 100	7 800
in % der Gesamtmasse	18,3 %	18,1 %	17,7 %
d) Mittelfristiger Kredit	3 600	5 500	5 500
in % der Gesamtmasse	10,5 %	13,9 %	12,4 %
e) Saldo der übrigen Aufwendungen und Quellen	15 600	17 900	20 500
in % der Gesamtmasse	45,9 %	44,8 %	46,5 %

Quelle: Huitième rapport du Conseil de Direction . . ., S. 783.

Im Laufe des Jahres 1958 wird die Dosis der Steuerverschärfung genügend stark; dazu wird sie verabreicht als Teilrealisation eines umfassenden konjunkturpolitischen Konzepts, welches als wesentlichsten Bestand die Kreditpolitik miteinbezieht. Eine Steuerüberwälzung erscheint in dieser Situation weit unwahrscheinlicher und findet keine Stütze in unserem Zahlenmaterial.

3. Die Kreditaufnahme durch den Trésor

a) Es erschien uns bisher unter Berücksichtigung unserer empirischen Untersuchungen nicht ohne weiteres möglich, der jeweiligen Höhe der „impasse“ an sich eine Schlüsselstellung in der Analyse der Bedeutung der öffentlichen Hand für die konjunkturelle Entwicklung zuzumessen. Wies in Perioden galoppierender Inflation die Kassenhaltung des Staates ein relativ niedriges Defizit auf, so konnte dessen Finanzierung zum Problem werden und den Geldwert zusätzlich gefährden; war eine relativ hohe „impasse“ in Zeitabschnitten mit Preisruhe zu beobachten, so bereitete ihre Finanzierung u. U. geringe Schwierigkeiten und blieb ohne wesentlichen Einfluß auf den Geldwert. Wir neigten dazu, in der Vergangenheit die Kassenführung des Trésor in Abhängigkeit vom Konjunkturablauf zu sehen, d. h. die Bedeutung einer durch Veränderung des Ausgabe- und Einnahmevolumens auf Ausweitung oder Einschränkung der „impasse“ hinmündenden Politik für die Entwicklung des Geldwertes zu minimisieren. Andere Faktoren als die Höhe des öffentlichen Defizits und ihre Finanzierung, so war unsere Ansicht, wurden ausschlaggebend für die jeweilige Konjunktursituation.

Soll sich dies 1956 ändern? Die außerordentliche Höhe der „impasse“ 1956 und 1957 in einer Periode mit inflationären Spannungen spricht für sich. Zu dem auf eine Nachfragebeschränkung abzielenden Regierungsprogramm Ende 1957 gehört auch und an hervorragender Stelle die Reduzierung des öffentlichen Defizits. Zwar gilt nach wie vor: „Die zusätzliche Verschuldung des Trésor verrät zu gleicher Zeit die Konjunkturentwicklung in ihrer ganzen Komplexität und die weitgehend autonome Reaktion der öffentlichen Hand gegenüber dieser Entwicklung“[134], doch sind die Akzente jetzt anders zu setzen.

Zwar ist wie in den Vorperioden die Art der Finanzierung der „impasse“ Ausdruck für die eigentümliche Stellung des Trésor im Kreislauf von Geld und Kredit. Seine Finanzierungsquellen sind auch 1956 bis 1958 verschiedenartig und in Abhängigkeit vom Konjunkturablauf von unterschiedlichem Gewicht; in der Analyse der „ressources de trésorerie“ bewegen wir uns auf ausgetretenen Pfaden, wie auch in derjenigen ihrer jeweiligen Beiträge zur Deckung der „impasse“, doch neuartig ist das Phänomen, daß der Staat durch die Ausweitung seiner definitiven und temporären Ausgaben bei ungenügenden budgetären Einnahmen in einer auf Inflation tendierenden Wirtschaftssituation ab 1956 die Voraussetzungen zu einer Kassenkrise schafft und so verantwortlich zur Inflation beiträgt, und daß er ab 1958 durch Abbau seiner Ausgaben und Ausweitung seiner budgetären Einnahmen

---

[134] J. *Marchal*, Monnaie . . ., S. 195, Übersetzung der Verfasserin.

Tabelle LIX

Überblick über die Lasten und Ressourcen des Trésor Public (in Mill. F)

A. Ausführung der Finanzgesetze

	1955	1956	1957	1958
Einnahmen: aus Steuern und übrigen budgetären Quellen	33 770	36 330	42 130	50 340
Ausgaben: Zivile und militärische Ausgaben (Staatshaushalt)	33 410	39 980	44 420	50 150
Investitionsausgaben	6 560	6 610	6 780	6 540
davon: Wiederaufbauentschädigungen	2 880	2 700	2 260	1 810
Darlehen im Rahmen des F. D. E. S.	2 950	2 910	3 080	2 980
Darlehen an den sozialen Wohnungsbau H. L. M.	730	1 000	1 440	1 750
Ausgaben insgesamt	39 970	46 590	51 200	56 690
Fehlbetrag der Sonderrechnungen oder Spezialkonten	— 420	220	— 1 340	— 550
Fehlbetrag insgesamt: „impasse" oder „découvert"	— 6 620	— 10 040	— 10 410	— 6 900

Quelle: Le Trésor et la Dette publique, in Ministère des Finances, Annuaire . . ., S. 1934 f.

das Seine zur Beseitigung der Kassenkrise und damit zur Konjunkturberuhigung tut.

Auch 1956 bis 1958 müssen wir im Sinne unserer früheren Ausführungen differenzieren. Selbst ohne hohe zusätzliche Ausgaben im Jahre 1956 wäre 1957 eine Kassenkrise des Trésor denkbar; setzen wir eine unveränderte Konjunkturentwicklung voraus, so droht selbst bei Berücksichtigung der verringerten Ausgaben 1958 eine erneute Kassenkrise. Nun ist die Voraussetzung unveränderter Konjunkturentwicklung gerade in Hinblick auf die Finanzgebarung der öffentlichen Hand

Tabelle LX

Überblick über die Lasten und Ressourcen des Trésor Public (in Mill. F)

B. Operationen der Kassenführung

	1955	1956	1957	1958
1. Auflage von Anleihen:				
im Inland und im Ausland	950	4 030	840	2 940
2. Plazierung kurzfristiger Papiere				
a) im Publikum				
Bons du Trésor	1 390	1 070	1 070	1 160
Wechsel	— 300	— 30	—	—
b) bei Banken und Zentralbank				
Bons du Trésor	1 450	1 710	420	— 160
Wechsel	— 950	— 950	—	—
Kurzfristige Papiere insgesamt	1 590	1 800	1 490	1 000
3. Außergewöhnliche Einkünfte	240	120	740	450
4. Korrespondenten	3 930	4 240	2 010	1 700
5. Geldinstitute der Frankenzone	870	280	1 050	390
6. Kassenbestände	260	— 60	— 490	— 370
7. Direkte Hilfe der Banque de France:				
Diskont der „obligations cautionnées“	— 110	340	220	750
Vorschüsse an den Staat	— 1 110	— 710	4 520	40
Saldo: Deckung der „impasse“	6 620	10 040	10 410	6 900

Quelle: Le Trésor et la Dette publique, in Ministère des Finances, Annuaire . . ., S. 1936 f.

nicht aufrechtzuerhalten. Doch zur Erklärung der tatsächlichen Situation müssen wir die aktive Beteiligung der öffentlichen Hand berücksichtigen.

Die schon 1956 auf 10 Mrd. F eingebrochene „impasse“ wird zu einem bedeutenden Bruchteil noch durch eine langfristige Anleihe finanziert; die Einlagen der Korrespondenten sowie eine Erhöhung der „dette flottante“ decken den Rest, das Bankensystem und insbesondere die Zentralbank werden verhältnismäßig geringfügig in Anspruch genommen: langfristige und liquide Ersparnis stehen dem Trésor, als Erbe der voraufgehenden Periode stabilen Geldwertes, noch ausreichend zur Verfügung. 1957 schlägt die Situation dann um: die obigen Quellen genügen bei weiter steigender „impasse“ nicht mehr, der Trésor muß bei der Zentralbank um einen Vorschuß von fast 5 Mrd. F nachsuchen. 1958 verbessert sich die Kassenlage kaum; zwar spielt wie 1956 die Auflage einer langfristigen Anleihe eine Rolle, doch trotz einer verringerten „impasse“ muß der Trésor bei Ausbleiben einer Hilfestellung des Bankensystems und aufgrund der unzureichend zur Verfügung stehenden liquiden Ersparnis in Form von Schatzscheinen und Einlagen seiner Korrespondenten, einschließlich der Sichteinlagen der Privaten und Unternehmen, seinen Verpflichtungen durch den Diskont von „obligations cautionnées“ bei der Zentralbank begegnen. So ist, weisen wir noch einmal darauf hin, der Trésor nach wie vor als Opfer des Konjunkturablaufs anzusehen; nur schafft diesmal die öffentliche Hand selbst die Voraussetzung für das Entstehen der Kassenkrise 1957 und ihre Abschwächung 1958 über ihre Ausgaben- und fiskalische Einnahmengebarung.

b) Der Anteil der durch die Finanzgebarung der öffentlichen Hand direkt, d. h. auf Initiative des Trésor hervorgerufenen Geldschöpfung, der grundsätzlich von Jahr zu Jahr rückläufig ist, steigt von 35% 1956 auf 40% 1957 und sinkt 1958 nur geringfügig. Die Situation des Jahres 1957 ist unter einem weiteren Gesichtspunkt außergewöhnlich: der Beitrag des Trésor von 6 Mrd. F nimmt fast ausschließlich die Form direkter Vorschüsse der Zentralbank an, d. h. der „planche à billets“, der Geldschöpfung ohne jede zusätzliche Produktion. Diese in ihrem Ausmaß nach 1945 einmalige Kassenkrise der öffentlichen Hand lenkt die ungeteilte Aufmerksamkeit der Öffentlichkeit auf die Finanzgebarung des Trésor, die als hauptverantwortlich für die sich 1958 endgültig Bahn brechende Inflation gilt. Doch wissend, in welch komplexen Zusammenhängen sich die Finanzierung der öffentlichen Ausgaben durch den Trésor vollzieht, wollten wir auch 1957 nicht das Symptom mit der Ursache, der öffentlichen Ausgaben- und fiskalischen Einnahmengebarung, verwechseln und wollen wir jetzt das Symptom selbst einer eingehenden Analyse unterziehen.

Tabelle LXI

Überblick über die Geld- und Quasigeldmenge und ihre Gegenposten (in Mill. F)

	1955	1956	1957	1958
Geld- und Quasigeldmenge	61 690	68 170	75 350	80 240
Vorjahr = 100	113	111	111	107
davon:				
Banknoten im Umlauf	28 530	31 140	32 680	34 690
Sichteinlagen	30 590	34 040	38 090	40 640
A. Kredite an den Trésor	22 280	24 140	30 130	31 100
Vorjahr = 100	100	108	125	103
in % der Geldmenge	36,1 %	35,4 %	39,9 %	38,7 %
davon:				
1. Forderungen der Banque de France	8 450	7 890	12 990	13 510
direkte Vorschüsse	7 000	6 290	10 810	10 850
Vorjahr = 100	86	90	172	100
2. Öffentliche Papiere im Portefeuille	7 850	9 020	9 130	8 510
Vorjahr = 100	104	115	101	93
Banken	6 080	6 600	6 990	6 940
Banque de France	1 770	2 420	2 140	1 570
3. Forderungen von Unternehmen und Privaten	5 980	7 230	8 010	9 080
Vorjahr = 100	119	121	111	113
auf Postscheckkonten	4 940	5 970	6 660	7 570
B. Kredite an die Wirtschaft	32 990	40 240	45 770	48 680
Vorjahr = 100	115	122	114	107
in % der Geldmenge	53,5 %	59,3 %	60,7 %	60,7 %
C. Gold und Devisen	6 800	3 730	— 310	— 70
Vorjahr = 100	179	55		
in % der Geldmenge	11,0 %	5,5 %		
Diverse	— 380	60	— 240	530

Quelle: La monnaie et le crédit . . ., Annuaire, S. 2019.

Wie wir uns erinnern, formte sich die Institution Trésor Public[135] dergestalt aus, daß einerseits der Fluß liquider Ersparnis in ihre Kassen zur Übernahme zusätzlicher Verantwortung, insbesondere für die Investitionstätigkeit der Volkswirtschaft führt, daß jedoch andererseits das Ausbleiben dieser Liquidität gleichbedeutend mit einer Kassenkrise, d. h. mit quantitativer Geldwertbedrohung wird. Das Akzessorische der übrigen Finanzierungsquellen ist demnach in diesem System angelegt, doch der dem Trésor mögliche Rückgriff auf Bankensystem und Zentralbank zur Finanzierung eines eventuellen Fehlbetrags öffnet jederzeit eine Tür in die Inflation. Die Veränderungen des „Geldes Trésor"* können ernsthaft sowohl die Entwicklung der Kassenhaltung wie die gesamte Geldsituation gefährden. „Je nach Entwicklung der Konjunktur und der Kreditpolitik kann dieser Anteil der gesamten Geldmenge die Wirkungen der öffentlichen Finanzgebarung auf die monetäre Situation eindämmen oder ausweiten. In Perioden großer Liquidität tendieren die Kassen des Publikums zur Auffüllung mit ‚Geld Trésor'*; sie dämmen so die Wirkung des öffentlichen Defizits auf die Liquidität des Schatzamts und auf die Geldschöpfung durch das Bankensystem zu seinen Gunsten ein. Im Gegensatz dazu haben diese Kassen in Perioden sich vermindernder Liquidität durch ihr Zusammenschmelzen die Tendenz, die Wirkung der Kreditrestriktionen auf den Restbetrag der Geldmenge zu kompensieren und den Liquiditätsbedarf des Trésor beim Bankensystem auszuweiten[136]." Das Finanzierungssystem der Lasten des Trésor trägt demnach die Inflationsdrohung in sich, und es ist lediglich einer Fülle günstiger Umstände zu verdanken — die wir jeweils schilderten —, daß eine so katastrophale Kassenkrise wie 1957 mit ihren verheerenden Auswirkungen auf den Geldwert einmalig nach 1945 auftritt, welche, negativ ausgedrückt, Ergebnis des Zusammenkommens widriger Umstände für den Trésor ist.

c) Betrachten wir die Entwicklung der übrigen Gegenposten der Geldmenge, so können wir wie in den Vorperioden auf Zusammenhänge schließen: der Devisenabfluß, der gleichfalls 1957 nie gekannte Ausmaße annimmt, erklärt den Liquiditätsmangel der Volkswirtschaft. Da ein solches fundamentales Ungleichgewicht auf dem Geldmarkt dem Trésor jede Hoffnung nimmt, mit eigenen Mitteln die Schließung des „circuit" zu erreichen — die durch das öffentliche Defizit in Umlauf gesetzten Liquiditäten dienen den Banken lediglich dazu, den durch den Devisenabfluß hervorgerufenen Bedarf sowie die Abhebungen an Banknoten zu decken, eine Tendenz, die kaum durch eine

---

[135] Vgl. den Teil A unserer Ausführungen.

[136] F. *Bloch-Lainé,* a. a. O., S. 249, Übersetzung der Verfasserin.

* Trésorgiralgeld

Anhebung des Zinssatzes der öffentlichen Papiere zur Umkehr gebracht werden kann — liegt 1957 das Problem der Trésorerie vollständig in den Händen der Banque de France.

„Sollte das Emissionsinstitut die fehlenden Liquiditäten dem Trésor zukommen lassen, der sie auf dem Wege seines Defizits der Volkswirtschaft zuführen könnte? Oder sollten sie den Banken zukommen, mit der Sicherheit, daß diese durch ausreichende Zeichnung von „Bons du Trésor" die Schließung des ‚circuit du déficit' der Trésorerie besorgten[137]?" Der Gouverneur der Banque de France nimmt in Übereinstimmung mit dem Finanzminister von einer umfassenden Offenmarktpolitik sowie von einer Erleichterung des Rediskonts Abstand, zugunsten einer zusätzlichen direkten Hilfe an den Trésor. Dieses Verfahren birgt jedoch eine Fülle von Nachteilen[138].

— Im System einer allgemeinen Kreditkontrolle stellt es ein nur ungenügend angepaßtes Instrument dar. So wird, wie wir sahen, ab 1957 eine Verschärfung der Kreditrestriktionen als Gegengewicht unerläßlich. Ein Circulus vitiosus entsteht, der die Finanzierungsaufgabe des Trésor erneut erschwert.

— In dem Maße, wie es die Aufmerksamkeit übertrieben auf die Schwierigkeiten des Trésor lenkt, verschleiert es Analyse und Diagnose der monetären Situation. Wie wir schon häufig erwähnten, spiegeln die Variationen der direkten Vorschüsse der Banque de France an den Trésor weit mehr die Auswirkungen der Veränderung der allgemeinen Liquidität, als Funktion der Konjunkturlage und der Kreditpolitik, auf den Trésor in seiner Eigenschaft als Bankier, als daß sie Licht in die Finanzgebarung der öffentlichen Hand brächten.

— Wird das Verfahren gewählt in der Hoffnung auf die heilsamen Wirkungen einer Überprüfung der Finanzgebarung der öffentlichen Hand im Sinne einer Beschneidung der budgetären Defizite, so ist bedauerlich, daß eine solche Überprüfung, wie 1958, dann erfolgt, wenn das Übel mit seinen Konsequenzen schon aufgetreten ist.

d) Ergebnis der Ausgaben- und Einnahmenpolitik der öffentlichen Hand ist 1956 bis 1958 nicht allein eine gegenüber den Vorperioden außergewöhnlich hohe direkte Beteiligung an der Geldschöpfung, auf Initiative des Trésor, sondern gleichfalls ein nicht zu vernachlässigender indirekter Beitrag zur Geldschöpfung auf Initiative der Wirtschaft.

---

[137] F. *Bloch-Lainé,* a. a. O., S. 368, Übersetzung der Verfasserin.
[138] Vgl. F. *Bloch-Lainé,* a. a. O., S. 370 f.

Erinnern wir uns, daß Ansätze zu einer restriktiven Kreditpolitik erst im Laufe des Jahres 1957 erfolgen, so können wir damit rechnen, daß im rapide wachsenden Kreditbedarf der Wirtschaft 1956 und 1957 neben einer Vielzahl von Faktoren auch die Bemühung der öffentlichen Hand um eine Deckung ihrer zusätzlichen Ausgaben mit Hilfe der Auflage von Anleihen und der Verschärfung der direkten Besteuerung ihren Niederschlag findet. Erst 1958 erschwert eine Verschärfung der Kreditrestriktionen eine solche Überwälzung der zusätzlichen Ansprüche der öffentlichen Hand.

Neben diesem ersten, sich einem statistischen Zugriff entziehenden Aspekt indirekter Beteiligung der öffentlichen Hand an der Ausweitung der Geldmenge tritt ein weiterer, unmittelbar zahlenmäßig zu erfassender auf: mit Beginn des Wohnungsbauprogramms 1950 steigt Jahr für Jahr der Umfang der mobilisierbaren mittelfristigen Kredite und gleichzeitig der Anteil, den die Banque de France an der Finanzierung dieser Kredite nimmt[139]. Bedeutungsvoll wird für uns, in welchem Maße 1956 und 1957 die starke Expansion der kurzfristigen Kredite an die Wirtschaft begleitet wird von einer Verlagerung der mobilisierbaren mittelfristigen Kredite von Banken und öffentlichen Spezialinstituten zur Banque de France.

Tabelle LXII

Auszug aus der Bilanz der Banque de France (in Mill. F)

	1955	1956	1957	1958
Bilanz der Banque de France	30 759	33 625	39 275	41 731
davon:				
Diskontportefeuille	12 402	17 847	19 872	22 217
(davon: Mobilisierung mittelfristiger Kredite)	(5 734)	(10 040)	(13 379)	(15 026)

Quelle: La monnaie et le crédit, in Ministère des Finances, Annuaire . . ., S. 2023.

Die Haltung der Banque de France gegenüber diesem außerordentlichen Zuwachs der Mobilisierung mittelfristiger Kredite zugunsten der „Caisse de dépôts et consignations“ ist ähnlich derjenigen, die sie gegenüber dem direkten öffentlichen Kredit an den Tag legt: Trotz einer akuten Gefährdung des Geldwertes leistet sie keinen ent-

[139] Vgl. La monnaie et le crédit, in SEF; z. B. in Ministère des Finances, Annuaire . . ., S. 2023.

scheidenden Widerstand, nimmt im Gegenteil in unbeschränktem Umfang mittelfristige Papiere in ihr Portefeuille auf und macht so die Rolle der Finanzgebarung der öffentlichen Hand für den Inflationsprozeß 1956 bis 1958 noch offensichtlicher.

4. Zusammenfassung und Beurteilung

Das jähe Ende der IV. Republik mit der Machtübernahme durch de Gaulle hat seine wesentliche akute Ursache in der Unfähigkeit, des Algerienproblems Herr zu werden. Die permanente Schwäche ihrer Regierungen, die dieses Ende ermöglicht, ist u. a. Ursache und Folge ihres Versagens gegenüber dem Problem der Geldentwertung.

Der Inflationsprozeß 1956 bis 1958 beschleunigt zweifelsohne den Sturz der IV. Republik, um so mehr als die Bedeutung der öffentlichen Finanzgebarung für diesen Prozeß eindeutig wie selten zuvor zu Tage tritt. Die öffentliche Hand finanziert zusätzliche Kriegslasten, vermehrte Sozialleistungen und in den sozialen Wohnungsbau verlagerte Investitionsaufwendungen vermittels zusätzlicher Zentralbankkredite. Versuche einer Realisierung gesteigerten realen Mittelentzugs sind mangels Koordination mit der Kreditpolitik zu partiellem Scheitern verurteilt. Der Zeitpunkt ist gekommen für umfassende Reformbestrebungen in allen Bereichen der Wirtschaftspolitik mit dem Ziel einer Verwirklichung störungsfreien Wirtschaftswachstums. Den Erfolg solcher Bemühungen werden wir in den folgenden Kapiteln zu beurteilen haben.

V. Die schleichende Geldentwertung unter der V. Republik

1. Die öffentlichen Ausgaben

a) Am 13. Mai 1958 beginnt mit der Machtübernahme durch General de Gaulle auch ein neuer Abschnitt in der Wirtschaftsgeschichte Frankreichs. Im Rahmen unserer gesamten Analyse wird dieser letzte Zeitabschnitt von Ende 1958 bis heute einen Epilog darstellen, nicht nur im Sinne eines Auslaufens einer Reihe von Zeitabschnitten, die 1945 beginnt, als auch unter Berücksichtigung einer unveränderten gesamtwirtschaftlichen Fragestellung.

Zwar gelingt es der V. Republik nach umfangreichen Reformen[140], die galoppierende Inflation[141] aus dem französischen Wirtschaftsgeschehen zu verbannen — und dies nicht zum wenigsten aufgrund von Überprüfungen der öffentlichen Finanzgebarung —, es ist ihr jedoch

---

[140] Vgl. unsere historische Rahmengebung, S. 62 ff.

[141] Vgl. Tabelle III, S. 50.

wie ihrer Vorgängerin nicht gegeben, ein störungsfreies Wirtschaftswachstum bei Geldwertstabilität zu erreichen.

b) Die Entwicklung des Anteils der konsolidierten, definitiven öffentlichen Ausgaben (welche die öffentliche Fixkapitalbildung ein-, die internen öffentlichen Subventionen jedoch ausschließen) am Bruttosozialprodukt zu Marktpreisen spiegelt anfänglich die unter dem Eindruck der Geldentwertung von 1958 stehenden Bemühungen A. Pinays um eine Gesundung der öffentlichen Finanzen, bestätigt ab 1961 eine großzügigere Haltung gegenüber dem Ausgabenvolumen der öffentlichen Hand und weist 1964 auf eine erneute Überprüfung der öffentlichen Finanzgebarung im Rahmen des Stabilisierungsplans von V. Giscard d'Estaing hin.

Tabelle LXIII

Bruttosozialprodukt zu Marktpreisen und konsolidierte definitive öffentliche Ausgaben (in Mill. F)

	1959	1960	1961	1962	1963	1964
1. Bruttosozialprodukt zu Marktpreisen	267 400	296 200	319 700	356 300	395 600	431 900
2. Konsolidierte, definitive Ausgaben der öffentlichen Hand	92 013	99 357	111 024	127 837	144 630	159 189
2. in % von 1.	34,4 %	33,5 %	34,8 %	35,9 %	36,6 %	36,9 %

Quellen: Les Comptes de la Nation de l'année 1963, in SEF, Nr. 187—188, Juli—August 1964, S. 730 f., 820 f.

Les Comptes de la Nation de l'année 1964, in SEF, Nr. 199—200, Juli—August 1965, S. 860 f., 950 f.

c) Wenden wir uns unter Heranziehung der nachfolgenden Tabellen LXIV und LXV den strukturellen Veränderungen im einzelnen zu, die den Hintergrund des sinkenden, dann erneut steigenden und schließlich sich stabilisierenden Anteils der konsolidierten, definitiven öffentlichen Ausgaben am Bruttosozialprodukt bilden.

Eine Übernahme der 1958 komprimierten öffentlichen Budgets in das Jahr 1959[142] hätte, bei Berücksichtigung der notwendigen größenmäßigen Anpassung an die inzwischen eingetretene Geldentwertung von

[142] Vgl. Les Comptes de la Nation de l'année 1960, in SEF, Nr. 151, Juli 1961, S. 803 ff.

12—15%, das im Vorjahr mühsam erreichte Kassengleichgewicht des Trésor erneut gefährdet. Der von der eventuellen zusätzlichen Kreditaufnahme seitens des Trésor ausgehende inflationäre Impuls hätte die angestrebten heilsamen Wirkungen konjunkturdämpfender Reformmaßnahmen, nicht zuletzt seitens der Steuerpolitik, beeinträchtigt. So ist Angelpunkt des Ende 1958 von der ersten Regierung der V. Republik mit Finanzminister A. Pinay vorgelegten zusammenhängenden Programms zur Sanierung der französischen Wirtschaft — und von J. Rueff auch ausdrücklich als solcher bezeichnet[143] — die weitere Komprimierung des öffentlichen Defizits, nicht nur durch höheren Steuerentzug, sondern auch durch zusätzliche Beschneidung der Ausgaben. Doch das gesteckte Ziel ist schwer zu erreichen; die öffentlichen Ausgaben erweisen sich — wie eh und je — unter dem Druck der Ereignisse im In- und Ausland als nur geringfügig manipulierbar.

So bleibt der Anteil der öffentlichen Konsumausgaben im Inland an den Gesamtausgaben zwar unverändert, doch die Aufwendungen im Ausland, vorwiegend in Algerien, steigen um den erheblichen Betrag von 3,5 Mrd. F innerhalb eines Jahres: die nach der Einstellung der Feindseligkeiten sich langsam lösende Engagierung von Frankreich in Nordafrika verursacht Kosten. Die Zahlungen von Löhnen und Gehältern steigen wie im Vorjahr überproportional. Durch die ständige Verjüngung der französischen Bevölkerung entstehen zusätzliche Gemeinkosten, z. B. im Unterrichtswesen. Die Sozialleistungen nehmen wie in den Vorjahren zu. Schließlich stellen die Zinszahlungen einen schwer reduzierbaren Ausgabenblock dar.

Als manipulierbare Ausgabenkategorien bleiben die Subventionen und die Investitionen übrig. Die Regierung kürzt kaum die Subventionen an Unternehmen und Haushalte, dafür um so empfindlicher die Zuwendungen seitens des Staates an die Sozialversicherung. Angestrebt ist, daß die „Sécurité Sociale“ die im „Fonds national de Solidarité“ vorgesehenen Leistungen zu einer Verbesserung der Altersversorgung ab 1959 aus eigenen Quellen finanziert. Unmittelbar führt diese Verpflichtung zu einer Weitergabe des entstehenden Defizits an den Trésor, später — wie wir sehen werden — zur Erhöhung der Beitragssätze. Dagegen beschneidet Finanzminister A. Pinay die Investitionsaufwendungen der öffentlichen Hand nicht weiter. Die Ausgaben zu Investitionszwecken werden nach Willen der Planer aufgestockt, um einer durch die übrigen Maßnahmen eventuell ausgelösten Rezession entgegenzuwirken. Diese Ausweitung betrifft neben der Bruttofixkapitalbildung des Staates, d. h. den definitiven Investitionsaufwen-

---

143 Vgl. Rapport sur la situation financière . . ., auch Rueff-Rapport genannt, S. 5 ff.

dungen, auch die Vergabe von Darlehen im Rahmen des F. D. E. S. Wir werden darauf noch später zurückkommen.

Das Ergebnis der Bemühungen um eine weitere Reduzierung der **„impasse" ist 1959** auf der Ausgabenseite mehr als bescheiden und teilweise gar illusorisch. Immerhin sinkt wie im Vorjahr auch 1959 der Anteil der Ausgaben der öffentlichen Hand am Bruttosozialprodukt weiter leicht ab, ein Ergebnis, das sich bei Einbeziehung der steigenden temporären Lasten des Trésor aus seiner Darlehensvergabe zu Investitionszwecken wie aus seiner Deckung der Defizite der Spezialkonten modifizieren könnte.

Eine Pause in der Entwicklung der öffentlichen Finanzen kennzeichnet das Jahr 1960[144]. Die relativ geringe absolute Ausdehnung der Masse sowie die unwesentliche Veränderung der Struktur der öffentlichen Ausgaben spiegeln die konjunkturelle Wende ebenso wie die Lethargie der Regierung in bezug auf ihre Gestaltung. Ohne weitere Anstrengungen reduziert sich die „impasse" sozusagen von selbst. Die Strenge in der Finanzgebarung erschöpft sich relativ schnell, und zwar sobald die Periode der Geldentwertung als überwunden gilt. Die Konfrontation der Wirtschaft mit einer leichten Rezession bei Geldwertstabilität verleitet zur Großzügigkeit, einer wirtschaftspolitischen Haltung, die auch bei erneutem Abweichen der Volkswirtschaft vom „Pfad der Tugend", d. h. vom störungsfreien Wachstum ab 1961 nicht revidiert wird.

Die Stellungnahme der Berichterstatter zur volkswirtschaftlichen Gesamtrechnung enthält nun eine Note der Resignation: „Mit der allgemeinen wirtschaftlichen Expansion verbunden, wachsen die Gesamtausgaben der öffentlichen Hand unentwegt weiter an. Diese Entwicklung erscheint zur Zeit nicht umkehrbar[145]". Notieren wir zur Berichtigung dieser etwas summarischen Erklärung, daß zu den in der wirtschaftlichen Expansion begründeten, eine Ausdehnung gewichtiger öffentlicher Ausgabenkategorien favorisierenden Faktoren solche hinzukommen, die ähnlicher Wirkung, doch außerwirtschaftlichen, z. B. demographischen oder auch nur akzidentellen Ursprungs sind[146].

— Konsum- und Investitionsausgaben zu militärischen Zwecken wachsen nach einigen Jahren der Pause wieder an, die finanzielle Kehrseite des Aufbaus der „Force de frappe".

---

[144] Vgl. Les Comptes de la Nation de l'année 1960 . . ., S. 803 ff.

[145] Les Comptes de la Nation de l'année 1961, in SEF, Nr. 163—164, Juli/August 1962, S. 751, Übersetzung der Verfasserin.

[146] Les Comptes de la Nation de l'année 1963, in SEF, Nr. 187—188, Juli/August 1964, S. 727 ff.

— Die Masse der Lohn- und Gehaltszahlungen wächst wohl als Folge wiederholter Anhebungen in der Besoldung, doch auch aufgrund häufiger Erhöhungen der Beamtenzahl, überwiegend im Schulwesen, wie schließlich akzidentell 1962 und 1963 aufgrund der Übernahme von Personal aus Algerien in den Staatsdienst.

Tabelle LXIV

Aufgliederung der definitiven Ausgaben der öffentlichen Hand (in Mill. F)

	1959	1960	1961	1962	1963	1964
1. Güter	11 093	11 436	12 025	13 658	15 344	16 737
in % von 6.	12,1 %	11,5 %	10,8 %	10,7 %	10,6 %	10,6 %
2. Dienste	15 921	17 230	19 194	22 868	27 225	30 210
in % von 6.	17,4 %	17,4 %	17,4 %	17,9 %	19,0 %	19,1 %
3. Transferzahlungen	50 313	54 883	63 238	75 251	87 995	98 632
in % von 6.	55,1 %	55,4 %	57,0 %	59,0 %	61,2 %	62,5 %
4. Ausgaben im Ausland	10 814	11 805	12 352	10 975	8 361	7 514
in % von 6.	11,8 %	12,0 %	11,4 %	8,7 %	5,8 %	4,7 %
5. Zinsen und diverse Posten	3 242	3 631	3 791	4 699	4 870	4 835
in % von 6.	3,6 %	3,7 %	3,4 %	3,7 %	3,4 %	3,1 %
6. Laufende Ausgaben insgesamt	91 383	98 985	110 600	127 451	143 795	157 928
7. Bruttofixkapitalbildung	6 174	6 438	7 761	9 143	10 600	12 088

Quellen: Les Comptes de la Nation de l'année 1963 . . ., S. 730 f.
Les Comptes de la Nation de l'année 1964 . . ., S. 860 f., 885.

— Die Transferzahlungen — Subventionen an Unternehmen, Beihilfen an Haushalte und Sozialleistungen —, die während des Zeitabschnitts finanzieller Schwierigkeiten komprimiert werden konnten, finden schnell ihr Entwicklungsausmaß der Vorperioden wieder und übersteigen es gar. Die häufig erprobte Politik der Stützung der Agrarpreise wird wieder aufgenommen, die Beihilfen im Wohnungsbau nehmen zu. Schließlich beschleunigt sich die alljährlich beobachtete Ausdehnung der Sozialleistungen 1962 und 1963 zusätzlich durch den Einstrom der Algerienflüchtlinge.

— Die im IV. der Vierjahrespläne vorgesehenen Ausgaben für öffentliche Investitionen sind stark erhöht. Sie betreffen insbesondere den Städte- und Straßenbau, das Schulwesen und die Forschung.

Tabelle LXV

Entwicklung der hauptsächlichen Transferzahlungen (in Mill. F)

	1959	1960	1961	1962	1963	1964
1. Sozialleistungen des Staates und der Sozialversicherung	30 310	33 454	38 033	44 729	52 759	60 116
2. Sozialhilfe	6 212	6 633	7 235	9 256	10 964	11 495
3. Wiederaufbauentschädigungen	1 685	1 681	1 409	1 169	758	392
4. Subventionen	12 106	13 115	16 561	20 097	23 514	26 629
davon: a) Unternehmen und Haushalte	6 562	7 049	9 224	11 340	13 749	15 802
b) Organismen der öffentlichen Hand	5 544	6 066	7 337	8 757	9 765	10 827

Quellen: Les Comptes de la Nation de l'année 1963 . . ., S. 738.
Les Comptes de Nation de l'année 1964 . . ., S. 869, 885.

— Einziges Gegengewicht im Strom absolut und relativ wachsender öffentlicher Ausgaben bilden mit der schrittweisen Regelung des Algerienproblems in den letzten Jahren die Ausgaben im Ausland.

Es würde den Rahmen unserer Analyse sprengen, dem Problem nachzugehen, welche dieser Ausgabenkategorien im Zweifelsfalle reduzierbar wäre und welche nicht. Diese Aufgabe ließe sich in der Problematik der Rangliste der mit ausgabenpolitischen Mitteln realisierbaren Zielsetzungen resümieren, falls dem langfristigen Ziel maximalen Wachstums und Wohlergehens für alle Bürger das kurzfristige der Geldwertstabilität vorgezogen würde — immer unter der Voraussetzung, daß solche Ziele vom Staat auch angestrebt werden. Wie die Frage sich auch theoretisch stellen könnte, praktisch fehlt ein wesentlicher Antrieb zur Stabilisierung oder gar Reduzierung des Staatsbedarfs: eine gewisse Leichtigkeit, ja Leichtfertigkeit, wird ermutigt durch die — wie wir sehen werden — ohne gewichtige Eingriffe des Gesetzgebers immer reichlicher fließenden Steuereinnahmen. Die Ausschaltung oder zumindest die Verringerung des Risikos einer Kassenkrise mit ihren unmittelbar möglichen, negativen Auswirkungen auf den Geldwert bewirkt eine Verminderung der zu berücksichtigenden Inflationsquellen in der öffentlichen Finanzgebarung, genauer eine Beschränkung auf die aus

Strukturverschiebungen der Einnahmen und Ausgaben resultierenden, weit weniger sichtbaren Inflationsherde. Ein erneuter Anlauf zur Überprüfung der öffentlichen Finanzgebarung erfolgt erst 1964, nachdem ein neuer Fehlbetrag des Schatzamtes sowie eine neue Bedrohung des Geldwertes offenbar geworden sind.

d) Die Struktur der öffentlichen Ausgaben, deren Volumen ständig steigt, ändert sich nur geringfügig. Fassen wir eine längere Periode ins Auge, so können wir nur erstaunt sein über die Stabilität in der Struktur der in große Gruppen aufgeteilten Ausgaben. Überblicken wir die Periode von 1959 bis Ende 1961 und nehmen wir auch die von 1956 bis 1958 reichende hinzu, wie sie in unseren früheren Tabellen erfaßt wurde[147], so beobachten wir, daß sich „während der durch bedeutende Konjunkturveränderungen gezeichneten Jahre, in deren Verlauf die öffentlichen Finanzen mehrfach Objekt umfangreicher Entscheidungen wurden, die Zusammensetzung der großen Ausgabenkategorien sehr wenig geändert hat", und es wird gefolgert: „So ist die Gesamtmasse der öffentlichen Ausgaben genügend hoch, um die internen Veränderungen, die sie von Jahr zu Jahr berühren, sich ungefähr kompensieren zu lassen. Andererseits ist die Unbeweglichkeit dieser Ausgabenmasse ohne Zweifel dem Platz zu verdanken, den die Funktion der öffentlichen Hand im Wirtschaftsleben des Landes einnimmt; ein Platz, der sich mit dem technischen Fortschritt und der sozialen Entwicklung verschiebt, der sich aber wohl kaum in kurzen Zeitabschnitten wesentlich ändern kann[148]."

Diese Einschränkungen dürfen uns nicht davon abhalten, auf einige keinesfalls zu vernachlässigende Veränderungen hinzuweisen, die bis 1961 und insbesondere nachher bei verschiedenen Komponenten der einzelnen Ausgabengruppen auftreten und die durchaus ihre Bedeutung für die Entwicklung des Geldwertes haben.

Die durch die politischen Ereignisse — d. h. die Beendigung des Algerienkrieges und den Ausbau der dortigen zivilen Verpflichtungen in der politischen Übergangsphase — in den öffentlichen Budgets zeitweilig auftretenden Substitutionen des Inlandskonsums zu militärischen Zwecken durch zivilen Auslandskonsum vermittelt in der entscheidenden Phase ab Mitte 1958 der Wirtschaft zweifelsohne deflatorische Impulse. Zu beachten ist jedoch die erneute Umkehr dieser Entwicklung zugunsten der „Force de frappe" in den letzten Jahren.

Mit Betrachtung der Lohn- und Gehaltszahlungen durch die öffentlichen Institutionen berühren wir ein äußerst heikles Problem der

---

147 Vgl. Tabellen LII und LIII, S. 191.

148 Les Comptes de la Nation de l'année 1961 . . ., S. 751 ff., Übersetzung der Verfasserin.

französischen Wirtschaftsverfassung. Beschränken wir uns auf einige Hinweise. Für die 1958 in ihrem Ausmaß recht überraschende Geldentwertung erscheint uns die im gleichen Jahre überdurchschnittlich anschwellende Ausgabe für Löhne und Gehälter, nach Jahren relativer Stabilität, ebenso mitverantwortlich wie für die schleichende Geldentwertung ab 1961 ihre überproportionale Zunahme während des gleichen Zeitabschnitts. Diese Überlegung beruht nicht etwa auf der Annahme, daß Staatsbeamten und -angestellten eine höhere Konsumneigung zuzusprechen sei als den übrigen Einkommensbeziehern, sie gründet sich vielmehr in der Beobachtung, daß von der öffentlichen Hand, einschließlich der Staatsbetriebe, zugestandene Lohnerhöhungen nicht nur gelegentlich die von der Privatwirtschaft zum gleichen Zeitpunkt gewährten überschreiten (wie z. B. 1961), sondern ihnen dazu noch häufig zeitlich vorausgehen. Diese Beobachtung gilt übrigens auch für Arbeitszeitverkürzungen, denken wir nur an die von den Renault-Werken 1964 gewährte Ausdehnung des bezahlten Urlaubs auf vier Wochen. Wo die Wurzeln dieser Erscheinung auch liegen mögen, im Streikrecht, in der gewerkschaftlichen Organisierung, in der Schwäche der Arbeitgeberposition, d. h. des Staates, wir beobachten, daß bei vielen Lohnkämpfen der fernen und nahen Vergangenheit die Streikhandlungen oder auch nur Drohungen des Arbeitsaussatzes in der öffentlichen Verwaltung wie in den öffentlichen Betrieben — Staatsbahn, Pariser Untergrundbahn, Staatspost, Elektrizität und Gas — denen in der Privatwirtschaft vorangingen. Lohnzugeständnisse im öffentlichen Bereich werden somit zum Anstoß mit Auswirkungen für die Gesamtwirtschaft, die schwer zu isolieren und abzuschätzen, geschweige denn zu beziffern sind. Die größere Zurückhaltung in diesem Ausgabenbereich bedeutet für 1964 einen wesentlichen Beitrag nicht nur zur Gesundung der öffentlichen Finanzen, sondern auch und gerade zur Geldwertstabilisierung[149].

Nach 1956 erhält, wie wir uns erinnern[150], die Geldentwertung zusätzliche Impulse durch die über den „Fonds national de Solidarité" aus dem Budget abgezweigten und der Sozialversicherung zugeleiteten Summen, die den schon proportional steigenden Strom der Sozialleistungen überproportional ausweiten. Die Regierung ist daher gut beraten, die zusätzliche Einkommensumverteilung aus dieser Quelle mit ihrer Favorisierung des Konsums 1958 und 1959 einzudämmen. Doch handelt es sich, wie wir schon darstellten, hier jeweils um Scheinlösungen. Ungeachtet dieser sich ablösenden Maßnahmen dehnt die Sozialversicherung ihre Leistungen lange Zeit gleichmäßig um 3 Mrd. F pro Jahr aus, ein Ausmaß, das sich 1961 erheblich beschleunigt. Der durch

---

[149] Vgl. Les Comptes de la Nation de l'année 1964 . . ., S. 862.

[150] Vgl. unsere Ausführungen S. 190.

die Anhebung der Transfereinkommen verursachte unmittelbare inflatorische Impuls durch die Erhöhung der Konsumneigung vermindert sich auch 1964 nicht.

Hält die Regierung eine Stabilisierung der öffentlichen Ausgaben in Hinblick auf den Geldwert für angebracht, so bietet sich wie in den Vorperioden auch ab 1959 neben den Investitionen, denen wir uns im folgenden zuwenden werden, die Manipulierung der Masse der Subventionen an, d. h. der Transferzahlungen ohne Gegenleistung an Unternehmen und Haushalte. Ab 1957 verhielt sich die Regierung äußerst zurückhaltend bei den in dieser Ausgabengruppe zusammengefaßten Aufwendungen[151]; 1959 beschneidet sie die „subventions d'exploitation", z. B. die Subventionierung der laufenden Produktion im Schiffsbau sowie die „subventions d'équilibre", d. h. die unmittelbare Preisstützung, während die Finanzinvestitionen sich ausdehnen. Ab 1960 jedoch erreichen die Ausgabengruppen zu Subventionszwecken schnell wieder ihr Ausdehnungsausmaß aus den Jahren vor der Restriktionsperiode; dieses beschleunigt sich gar in den letzten Jahren, um erst 1964 wieder fühlbar zurückzugehen[152]. Erschien uns der Abbau von Subventionen, insbesondere der „subventions d'exploitation et d'équilibre", zeitweise mit Rücksicht auf seine unmittelbaren Preiswirkungen als zweischneidiges Verfahren, so soll dies nicht darüber hinwegtäuschen, daß eine erneute absolute und relative Ausdehnung dieser Ausgabengruppe grundsätzlich kaum zu begrüßen ist. Man kann von der „Absurdität der Subventionspolitik" sprechen, „sobald diese zum Kampf gegen einen dauerhaften Inflationsprozeß eingesetzt wird"[153], und als einziges Ergebnis eine erneute Aufblähung des öffentlichen Ausgabenvolumens und eventuell Finanzierungsschwierigkeiten des Schatzamtes zeitigt. Aus der zwiespältigen Situation sucht man 1964 einen Ausweg durch eine relative Reduzierung der Subventionen an die Privatindustrie, die grundsätzlich nicht der unmittelbaren Preisstützung dienen, und durch eine Ausdehnung der der Tarifstützung zugedachten Zuwendungen an die öffentlichen Betriebe[154].

Es erhalten sich in der Entwicklung der Strukturierung der definitiven öffentlichen Ausgaben wie vor dem Beginn der Reformmaßnahmen 1958 auch nach ihrem Verlaufen 1960 und ihrer Wiederbelebung 1964 eine Fülle inflationärer Faktoren, die im wesentlichen ihren Ursprung in der immer bedeutungsvoller werdenden, sich in einer Umverteilung

---

[151] Vgl. unsere Ausführungen, S. 191 f.

[152] Vgl. Les Comptes de la Nation de l'année 1964 . . ., S. 874 ff.

[153] J. *Le Bourva*, La théorie de l'inflation, le rapport des experts et l'opération de décembre 1958, in Revue Economique, September 1959, S. 713, Übersetzung der Verfasserin.

[154] Vgl. Les Comptes de la Nation de l'année 1964 . . ., S. 869 f.

der Einkommen materialisierenden, sozialen Aufgabenstellung der öffentlichen Hand haben.

e) Zur endgültigen Beurteilung der Entwicklung des Volumens öffentlicher Gesamtausgaben bedürften die definitiven Ausgaben, die nur die Bruttofixkapitalbildung einschließen, der Ergänzung um die gesamten temporären Ausgaben der öffentlichen Hand zu Investitionszwecken. Da uns geeignetes, konsolidiertes statistisches Material wie für die Vorperioden auch ab 1959 fehlt, behelfen wir uns mit den Berechnungen des „Conseil de Direction du Fonds de développement économique et social", die auf der Basis einer Erfassung der gesamten definitiven öffentlichen Investitionsaufwendungen und der temporären Investitionsausgaben des Trésor die Isolierung der letzteren Ausgabengruppe erlauben. Unberücksichtigt bleiben allerdings alle temporären Investitionsaufwendungen der Gebietskörperschaften sowie der der öffentlichen Hand recht nahestehenden Spezialkreditinstitute.

Ein Überblick über Tabelle LXVI bestätigt uns den schon in den Vorperioden gewonnenen Eindruck einer unaufhaltsam schwindenden Beteiligung der öffentlichen Hand an der Bruttofixkapitalbildung in Frankreich. Diese relative Einbuße betrifft die definitive Investitionsanstrengung wie die Darlehensvergabe des Trésor im Rahmen des F. D. E. S. und der H. L. M[155]. Eine Ausnahme bilden die Jahre 1959 und 1962, die sich durch eine absolute und relative Wiederbelebung der öffentlichen Investitionstätigkeit auszeichnen.

Im Laufe des Jahres 1959 werden die Erwartungen des mit der Wirtschaftsreform betrauten Gremiums unter der Leitung von J. Rueff

Tabelle LXVI

Gesamtinvestition und öffentlicher Beitrag (in Mill. F)

	1959	1960	1961	1962	1963	1964 prov. Berechnung
1. Bruttofixkapitalbildung im Mutterland	50 800	55 200	62 900	70 200	79 100	88 800
2. davon: finanziert durch öffentliche Gelder	12 400	12 500	13 400	15 800	15 900	17 000
2. in % von 1.	24,4 %	22,7 %	21,2 %	22,5 %	20,1 %	19,1 %

Quelle: Dixième rapport du Conseil de Direction du Fonds de développement économique et social, in SEF, Suppl. Nr. 198, Juni 1965, S. 817.

155 Vgl. später die Kassenberichte des Trésor Public.

enttäuscht. Die tatsächlich als Ergebnis der umfangreichen Reformmaßnahmen erreichte Geldwertstabilisierung könnte zwar die gewünschten[156] Auswirkungen auf das Gesamtsparvolumen haben — durch eine Reduzierung des Finanzierungsbedarfs des Trésor, durch eine wachsende innere Sparquote, durch zunehmende Repatriierung von Fluchtkapitalien und durch den Zufluß von Auslandskapital —; es könnte demnach bei einer Limitierung der öffentlichen Investition durch die Finanzierungsmöglichkeiten aus Anleihen endgültig „die Inflation durch die Ersparnis abgelöst“[157] werden, doch die Investitionsneigung der Unternehmer ist gebrochen. So muß die öffentliche Investition im Laufe des Jahres 1959 notwendigerweise zur Stütze der Gesamtinvestition werden. Doch reicht, wie wir der nachfolgenden Tabelle LXVII entnehmen, die öffentliche Investitionsanstrengung 1959 bei weitem nicht aus, der Volkswirtschaft die einsetzende leichte Rezession zu ersparen. „Sicherlich stellen die realen und psychologischen Effekte der öffentlichen Investition, der durch die Realisierung des Gemeinsamen Marktes ausgeübte Druck, der spontane Dynamismus einer Reihe von Unternehmern ... favorable Faktoren dar. Doch die Abwesenheit einer ausreichenden Nachfrage ist wesentlicher und hemmt den Elan. So stagniert die private Investition beim derzeitigen Stand der Dinge[158].“ Doch auf welchem Wege hätte eine bedeutendere öffentliche Investitionsbeteiligung finanziert werden können, wollte man den Einsatz zusätzlichen Zentralbankkredits vermeiden?

In den folgenden Jahren erholt sich die private Investitionsquote bei sinkendem Beitrag der öffentlichen Hand. Ist für diese erneute Expansion das Volumen der öffentlichen Investitionsanstrengung demnach wohl kaum von Bedeutung, so gilt das gleiche nicht, daran sei am Rande erinnert, für die überproportional steigenden laufenden Aufwendungen der öffentlichen Hand. 1962 tritt die öffentliche Investitionsbeteiligung noch einmal in den Vordergrund, doch wird sie diesmal kaum von der Konjunkturpolitik diktiert, vielmehr vom Investitionsbedarf ausgewählter Wirtschaftszweige.

So will es uns für unsere letzte Periode weniger denn je gelingen, dem Volumen der öffentlichen Investitionsanstrengung eine zusätzliche Bedeutung im Konjunkturablauf zuzusprechen; es ist nicht nachweisbar, daß der expansive Effekt zusätzlicher öffentlicher Investitionsausgaben für die Gesamtinvestition 1959 und 1962 den dem verausgabten Betrag entsprechenden übersteigt, und es ist kaum anzunehmen, daß der kontraktive Effekt verminderten öffentlichen Investitions-

---

[156] Vgl. Rueff-Rapport ..., S. 15 f.

[157] P. *Bauchet*, Les investissements de la Ve République, in Revue Economique, September 1959, S. 702 f., Übersetzung der Verfasserin.

[158] P. *Bauchet*, Les investissements..., S. 706, Übersetzung der Verfasserin.

Tabelle LXVII

Entwicklung von Bruttosozialprodukt und Gesamtinvestition im Mutterland (in Mill. F, zu Preisen von 1959)

	1959	1960	1961	1962	1963	1964 Schätzung
1. Bruttosozialprodukt	267 400	287 600	300 600	320 500	336 900	355 400
2. Gesamtinvestition (Bruttofixkapitalbildung)	50 800	54 300	60 000	64 700	69 100	74 900
2. in % von 1.	19,0 %	18,9 %	19,9 %	20,2 %	20,5 %	21,1 %

Quelle: Dixième rapport du Conseil de Direction . . ., S. 814.

Tabelle LXVIII

Gliederung der mit öffentlichen Geldern finanzierten Investitionen im Mutterland nach Wirtschaftsbereichen (in Mill. F)

	1959	1960	1961	1962	1963	1964
					prov. Berechnung	
Landwirtschaft	1 372	1 451	1 542	1 765	2 015	2 074
Energie und Minen	3 438	3 290	3 570	3 935	3 388	3 593
Transport und Staatspost	1 781	2 248	2 170	2 855	2 684	2 851
Industrie, Handel, Tourismus	512	564	676	634	686	554
Wohnungs- und Städtebau	3 298	3 141	3 290	3 897	4 278	4 211
Investitionen zu kulturellen und sozialen Zwecken	1 690	1 585	1 818	2 390	2 556	3 458
Verwaltungsinvestitionen	293	267	304	280	252	246
Investitionen insgesamt	12 384	12 546	13 370	15 756	15 858	16 986

Quellen: Sixième rapport du Conseil de Direction . . ., in SEF, Suppl. Nr. 147, März 1961, S. 485; Huitième rapport . . ., S. 801 ff.; Neuvième rapport . . ., in SEF, Suppl. Nr. 190, Oktober 1964, S. 1321; Dixième rapport . . ., S. 836 ff.

betrags in den übrigen Jahren die private Investition hemmt. Der Nachweis eines entscheidenden Beitrags des öffentlichen Investitionsvolumens zur Konjunkturentwicklung, genauer zum Inflationsprozeß, bleibt auf die erste Nachkriegsperiode 1945 bis 1948 beschränkt. Seit langem entspringt die öffentliche Verantwortung für die Entwicklung des Geldwertes aus ihrer Ausgabengebarung anderen Aufgabenbereichen, so grundsätzlich der sozialen Sicherheit und periodisch den militärischen Unternehmungen.

f) Werfen wir noch einen kurzen Blick auf Tabelle LXVIII, so beobachten wir, daß sich der öffentliche Beitrag im wesentlichen auf die Investitionen in vier Wirtschaftsbereichen konzentriert:

— Investitionen im Schulwesen, zu kulturellen und sozialen Zwecken;

— Investitionen im Transportwesen und bei der Staatspost;

— Wohnungs- und Städtebau;

— Investitionen in der Landwirtschaft.

Tabelle LXIX bestätigt diese Beobachtung. Ihr Zahlenmaterial wird allerdings erst voll verständlich, wenn wir ergänzend[159] darauf hinwei-

Tabelle LXIX

Gliederung der öffentlichen Finanzbeteiligung an der gesamten Investition nach Wirtschaftsbereichen (in %)

	1960	1961	1962	1963
Landwirtschaft	26	25,1	25,7	21,7
Energie	48	45,4	43,1	49,7
Transport und Telekommunikation	31,6	30,4	34,3	30,6
Industrie, Handel, Tourismus	4,6	4,2	2,8	2
Wohnungs- und Städtebau	25,5	24,6	23,1	19,1
Investitionen im Schulwesen, zu kulturellen und sozialen Zwecken	39	39	25,2	36,1
öffentliche Finanzbeteiligung insgesamt	25,2	24,3	22,8	21,8

Quellen: Huitième rapport du Conseil de Direction . . ., S. 810.
Dixième rapport . . ., S. 844.

[159] Vgl. Dixième rapport du Conseil de Direction . . ., S. 844 f.

sen, daß der Restbetrag der Investition im Schulwesen, zu kulturellen und sozialen Zwecken von den Gebietskörperschaften aus Anleihen finanziert wird, daß weitere 50% der den Investitionen in der Landwirtschaft zugedachten Geldmittel von den Gebietskörperschaften und von Spezialkreditinstituten aufgebracht werden, daß schließlich der Wohnungs- und Städtebau zusätzlich aus den mittelfristigen Krediten der Spezialkreditinstitute finanziert wird.

Hat sich, sehen wir einmal von der Landwirtschaft ab, das Problem der Verlängerung der Produktionsumwege durch die öffentliche Beteiligung an der Investition grundsätzlich nicht verändert, es sei denn verstärkt, so dürften eventuelle inflationistische Effekte, insbesondere im Bauwesen, teilweise neutralisiert sein durch das abnehmende Gewicht des gesamten öffentlichen Investitionsbeitrags.

2. Die öffentlichen fiskalischen und parafiskalischen Einnahmen

a) Nach einer Pause während der Jahre 1959 und 1960 setzt sich der seit 1945 alljährlich (mit wenigen Unterbrechungen) zu beobachtende Anstieg des Anteils von Steuern und Sozialversicherungsbeiträgen am Bruttosozialprodukt ab 1961 fort, um 1964 für die formale fiskalische Last die vorläufige Rekordhöhe von 23,8%, für die parafiskalische diejenige von 11,5% zu erreichen.

Tabelle LXX

Bruttosozialprodukt zu Marktpreisen und Aufkommen aus Steuern und Sozialversicherungsbeiträgen des Staates, der Gebietskörperschaften und der Sozialversicherung[a]) (in Mill. F)

	1959	1960	1961	1962	1963	1964
1. Bruttosozialprodukt zu Marktpreisen	267 400	296 200	319 700	356 300	395 600	431 900
2. Aufkommen aus Steuern	61 504	66 238	72 466	80 201	91 074	102 685
3. Aufkommen aus Sozialversicherungsbeiträgen	25 467	27 888	32 970	37 946	44 068	49 867
2. in % von 1.	23,0 %	22,4 %	22,7 %	22,5 %	23,0 %	23,8 %
3. in % von 1.	9,5 %	9,4 %	10,3 %	10,6 %	11,1 %	11,5 %

Quellen: Les Comptes de la Nation de l'année 1964 . . ., S. 879 ff., 950 f.

a) es handelt sich um die konsolidierten Summen, d. h. unter Abzug der von der öffentlichen Hand gezahlten Steuern und Sozialversicherungsbeiträge.

Tabelle LXXI

Die Struktur des Steueraufkommens des Staates und der Gebietskörperschaften[a]) (in Mill. F)

	1959	1960	1961	1962	1963	1964
1. Direkte Steuern der Unternehmen	6 179	6 877	7 099	7 162	7 589	8 187
in % des Gesamtsteueraufkommens	10,0 %	10,3 %	9,7 %	8,9 %	8,3 %	7,9 %
der Haushalte	8 203	8 389	9 140	9 807	11 241	14 425
in % des Gesamtsteueraufkommens	13,2 %	12,6 %	12,5 %	12,1 %	12,2 %	13,9 %
übrige direkte Steuern (vorwiegend Haushalte)	2 991	3 106	3 382	3 839	4 243	4 452
in % des Gesamtsteueraufkommens	4,8 %	4,7 %	4,7 %	4,7 %	4,6 %	4,3 %
direkte Steuern insgesamt	17 373	18 372	19 621	20 808	23 073	27 064
in % des Gesamtsteueraufkommens	28,0 %	27,6 %	26,9 %	25,7 %	25,1 %	26,1 %
2. Indirekte Steuern						
Umsatzsteuern	21 568	23 426	25 746	28 920	33 641	37 931
in % des Gesamtsteueraufkommens	34,9 %	35,1 %	35,3 %	35,8 %	36,6 %	36,6 %
übrige indirekte Steuern	22 980	24 910	27 647	31 139	35 136	38 627
in % des Gesamtsteueraufkommens	37,1 %	37,3 %	37,8 %	38,5 %	38,3 %	37,3 %
indirekte Steuern insgesamt	44 548	48 336	53 393	60 059	68 777	76 558
in % des Gesamtsteueraufkommens	72,0 %	72,4 %	73,1 %	74,3 %	74,9 %	73,9 %

Quelle: Les Comptes de la Nation de l'année 1964 . . ., S. 880 f.
a) das Zahlenmaterial enthält die von der öffentlichen Hand gezahlten Steuern.

Nun entwickelt sich nicht nur der Anteil der Sozialversicherungsbeiträge am Zuwachs der Gesamtlast ab 1961 ungleich stärker als derjenige aus Steuerauflage, zusätzlich verkehrt sich ab 1960 innerhalb des Steueraufkommens selbst die Entwicklungstendenz wieder einmal, und zwar diesmal zugunsten der von Anfang an im französischen System dominierenden indirekten Steuern. Wird zwar die letztere Entwicklung 1964 erneut in ihr Gegenteil verkehrt, so ändert dies grundsätzlich nichts an der Tatsache, daß 1959 bis 1964 die Belastung der Einkommensverwendung relativ stärker ist als diejenige der Einkommensbildung.

b) Die von den letzten Regierungen der IV. Republik angestrebte massive Verschärfung des Steuerdrucks 1956 und 1957, insbesondere durch Anhebung der direkten Besteuerung, zu der auch die erste Regierung der V. Republik unmittelbar nach ihrem Antritt und später den Reformvorschlägen von J. Rueff folgend beiträgt[160], weist ab 1958, als eine ernsthafte Überprüfung der Ausgabengebarung hinzukommt[161], als greifbares Ergebnis eine anhaltende Reduzierung des Fehlbetrags der Trésorerie[162] auf. Der 1959 eintretende Konjunkturumschwung sowie die verbesserte Kassenlage des Trésor favorisieren Reformbestrebungen in Richtung einer Entschärfung der direkten Steuern.

Die Steuerreform vom 28. Dezember 1959[163] bringt mit der Schaffung einer einzigen, progressiv gestalteten Steuer auf das Einkommen physischer Personen, der I. R. P. P.*, die die Aufgabe der Konzeption der Schedulensteuer, d. h. der traditionellen Unterscheidung der Einkommen nach ihrem Ursprung mit entsprechend unterschiedlicher Belastung kennzeichnet, sowie mit der Beseitigung einer Reihe von Sondersteuern eine fühlbare Erleichterung der formalen Steuerlast der Personenunternehmen und der Haushalte. Wir dürfen die Feststellung: „die Verminderung der direkten Besteuerung der Einkommen war bedeutender als vorgesehen“[164], allerdings in dem Sinne interpretieren, daß hier nicht nur eine Folge der investitions- und konsumfördernden Politik vorliegt, sondern auch ein Ausfluß der eingetretenen leichten Rezession, die es ja zu beseitigen gilt. Die Belastung der Unternehmen mit der Steuer auf das Einkommen physischer Personen oder mit der Körperschaftsteuer[165] wird entschärft (zusätzlich im Falle der I. R. P. P.)

---

[160] Vgl. unsere Ausführungen S. 196 ff. und S. 64.
[161] Vgl. unsere Ausführungen S. 192 f. und S. 212 ff.
[162] Vgl. Tabelle LIX, S. 204 f. und die späteren Kassenberichte des Trésor.
[163] Vgl. Les recettes budgétaires de l'Etat, in Ministère des Finances, Annuaire . . ., S. 1805 ff.
[164] Les Comptes de la Nation de l'année 1960 . . ., S. 803 f., Übersetzung der Verfasserin.
[165] Vgl. Les recettes budgétaires de l'Etat, in Ministère des Finances, Annuaire . . ., S. 1805 ff.
* Impôt sur le revenu des personnes physiques.

durch eine Umgestaltung ihrer Grundlagen: das Gesetz sieht u. a. eine Neubewertung der Bilanzpositionen vor sowie die Möglichkeit degressiver Abschreibung zur Favorisierung der Investition.

Die Steuerreform von Ende 1959 stellt den letzten großen und klaren Eingriff des Gesetzgebers in das bestehende Steuersystem dar. Während der folgenden Jahre unterliegt die Steuergesetzgebung einer Fülle von Einzelreformen; sie ist heute „zutiefst verändert und übermäßig aufgeschwemmt mit verwickelten und unverständlichen Reglementierungen ...“[166]. Ohne auf diese Einzelmaßnahmen einzugehen, wollen wir die wesentlichen Entwicklungstendenzen, wie sie sich in unserem Zahlenmaterial abzeichnen, zu deuten versuchen.

Auffallend ist vor dem Hintergrund der beschriebenen großen Steuerreform das zwar nicht gleichmäßige, doch grosso modo bis 1963 parallel zum Gesamtsteueraufkommen und zum Bruttosozialprodukt erfolgende Wachstum des Aufkommens aus der Belastung der Einkommen der Haushalte mit direkter, progressiver Steuer, welches sich 1964 noch erheblich beschleunigt. Diese Erscheinung wird noch erklärungsbedürftiger, wenn wir berücksichtigen, daß nicht nur zu Anfang der Periode Anhebungen der Steuerfreibeträge erfolgen, sondern in ihrem Verlaufe auch gelegentliche, wenn auch nur geringfügige Umgestaltungen der Steuerstufung, des „barême“[167]. Grundsätzlich bewirkt die progressive Ausgestaltung der Einkommensteuer in einer wachsenden Wirtschaft einmal eine fortwährende Verschärfung der den Steuerpflichtigen aufliegenden formalen Last, selbst wenn deren Einkommen nur der Geldentwertung folgen, und zwar aufgrund des Mechanismus der „versteckten Steuer“, zum andern sorgt sie für eine Zunahme der Masse dieser Steuerpflichtigen. „Zwischen 1959 und 1963 wächst die Anzahl der mit Einkommensteuer (I. R. P. P.) belasteten Haushalte von rund 5 Millionen auf ungefähr 7 Millionen[168].“ Und es ist aus einer Reihe von Gründen wenig wahrscheinlich, daß die erwähnten geringfügigen Einzelmaßnahmen eine Umkehr dieser Tendenz herbeiführen. Welches können diese Gründe sein? Die volkswirtschaftliche Gesamtrechnung, die die Steuerlast der Unternehmen von der der Haushalte absetzt, unterscheidet nicht die Belastungen der verschiedenen Einkommensarten, dennoch wollen wir die nachfolgende Analyse als wesentlichen Beitrag zum Versuch einer Erklärung der erwähnten Entwicklungstendenzen übernehmen. „Man darf auf keinen Fall, wie es zu häufig geschieht, die Umgestaltungen, denen die Steuer-

---

[166] R. *Roussel*, Les impôts, hier et demain, in Le Monde, 13. Oktober 1966, S. 21, Übersetzung der Verfasserin.

[167] Les Comptes de la Nation de l'année 1964 . . ., S. 879.

[168] Les Comptes de la Nation de l'année 1963 . . ., S. 747 f., Übersetzung der Verfasserin.

stufung unterworfen wird, ins Feld führen mit der Begründung, sie seien dazu angetan, die Steuerlast auf die Arbeitseinkommen zu verringern. Tatsächlich favorisieren die Ausweitung der unteren Steuerstufen wie die Anhebung der Steuerfreibeträge und -abzüge — alles durchaus begrüßenswerte Maßnahmen — alle steuerpflichtigen Einkommensempfänger mit wenig hohen Einkommen, die allen Kategorien entstammen. Mit einer Anhebung der Steuersätze in den höchsten Steuerstufen dagegen trifft man nicht nur die Steuerpflichtigen, deren Einkommen dem Kapital entstammen, sondern auch und gerade die höheren Angestellten (cadres). So besteht von dieser Seite nicht die geringste Veranlassung, anzunehmen, daß ab 1963 eine Unterbrechung in der aufsteigenden Tendenz der Entwicklungskurve der Steuerlast für Lohn- und Gehaltsempfänger eintreten könnte[169]." Tatsächlich erlebt das Jahr 1964 einen derart starken Zuwachs im Aufkommen aus der progressiven Besteuerung des Einkommens physischer Personen, daß „daraus eine fühlbare Anhebung der prozentualen Belastung des Bruttoeinkommens der Haushalte resultiert"[170].

Auch die übrigen direkten Steuern, die vorwiegend die Haushalte treffen, behaupten grosso modo ihren Anteil am Gesamtsteueraufkommen und am Bruttosozialprodukt: die Sätze der direkten Gemeindesteuern werden fortlaufend angehoben; das Aufkommen aus der „vignette automobile", der Automobilabgabe, entwickelt sich gemäß der Zunahme der Kraftfahrzeuge.

Demgegenüber sinkt der Anteil des Aufkommens aus der direkten Besteuerung der Unternehmen am Gesamtsteueraufkommen wie am Bruttosozialprodukt unaufhaltsam ab. An dieser Entwicklung ändern auch nichts die in den letzten Jahren häufigen Eingriffe in das System der Besteuerung des Unternehmensgewinns, welche zu resümieren wären unter der Anhebung des Durchschnittsgewinns der kaufmännischen, industriellen und handwerklichen Einzelunternehmen sowie unter der Verschärfung der Betriebsprüfungen und der Einführung eines 10%igen Strafaufschlags bei rückständigen Steuervorauszahlungen, gültig für alle Unternehmen[171]. Die abwärtsgerichtete Tendenz im Aufkommen aus direkter Besteuerung der Unternehmen wird von den Berichterstattern zur volkswirtschaftlichen Gesamtrechnung lediglich konstatiert[172]. Sie dürfte im wesentlichen ihre Erklärung im unveränderten Proportionaltarif der Körperschaftsteuer finden.

---

[169] R. *Roussel*, Les impôts . . ., S. 21, Übersetzung der Verfasserin.

[170] Les Comptes de la Nation de l'année 1964 . . ., S. 882, Übersetzung der Verfasserin.

[171] Vgl. Les Comptes de la Nation de l'année 1964 . . ., S. 882.

[172] Vgl. ebenda.

Tabelle LXXII

Direkte Steuern zu Lasten der Haushalte (in Mill. F)

	1959	1960	1961	1962	1963	1964
Steuern auf das Einkommen physischer Personen	8 203	8 389	9 140	9 807	11 241	14 425
1959 = 100		102,3	111,4	119,6	137,0	175,8
übrige direkte Steuern	2 517	2 758	3 016	3 400	3 679	3 887
1959 = 100		109,6	119,8	135,1	146,2	154,4
insgesamt	10 720	11 147	12 156	13 207	14 920	18 312
1959 = 100		104,0	113,4	123,2	139,2	170,8
Bruttoeinkommen der Haushalte	210 391	233 922	251 972	286 018	317 284	345 827
Anteil (in %) der direkten Steuern am Bruttoeinkommen der Haushalte	5,1 %	4,8 %	4,8 %	4,6 %	4,7 %	5,3 %

Quelle: Les Comptes de la Nation de l'année 1964 . . ., S. 882.

c) Schneller als die Summe der Aufkommen aus den verschiedenen, unter dem Begriff der direkten Steuern zusammengefaßten Abgaben, d. h. schneller als das Aufkommen aus direkter Besteuerung der Unternehmen, aber auch schneller als dasjenige aus direkter, im wesentlichen progressiver Besteuerung der Haushalte wächst ab 1960 (mit Ausnahme des Jahres 1964) der Ertrag aus indirekter und insbesondere aus Umsatzbesteuerung. Die Sätze der T. V. A., der wichtigsten unter den Umsatzsteuern, werden nicht angehoben, doch können sich im Konjunkturaufschwung der Jahre nach 1960 die zahlreichen, während der Vorjahre beschlossenen Tarifverschärfungen für Einzelprodukte[173] auswirken. Die im Vergleich zum Gesamtsteueraufkommen und zum Bruttosozialprodukt überproportionale Ausdehnung im Ertrag ist jedoch Ergebnis von Strukturveränderungen innerhalb der zu besteuernden Produktion, wie sie sich in einer wachsenden Wirtschaft einstellen.

— „Die mit diesen Steuern (Umsatzsteuern) zu belastenden Verwendungen sind Konsum und Investition der Haushalte und der öffentlichen Hand. Der Ertrag der indirekten Steuern variiert fühl-

[173] Vgl. unsere Ausführungen S. 199.

bar mit der Strukturierung der Verwendungen der Inlandsproduktion.

— Andererseits verändert sich die Strukturierung des Konsums: der Anteil der steuerfreien oder steuerbegünstigten Nahrungsmittel am gesamten Konsum der Haushalte nimmt mittelfristig ab; dagegen erhöht sich derjenige der nach Normaltarif oder erhöhtem Tarif besteuerten Produkte[174]."

Auch die Gruppe der übrigen indirekten Steuern enthält Abgaben, deren Aufkommen proportional oder gar progressiv wächst. Wir denken an die Steuer auf Erdölprodukte und an die Lohnsummensteuer.

Die ab 1960 beobachtete Strukturverschiebung innerhalb der gesamten, formalen fiskalischen und parafiskalischen Last, gemessen am Bruttosozialprodukt, zugunsten der Belastung der Einkommensverwendung wird akzentuiert durch die Zunahme des Aufkommens aus Sozialversicherungsbeiträgen. Nach 1956, erinnern wir uns, über-

Tabelle LXXIII

Entwicklung der Tarife und der Lohnplafonds bei der Beitragsberechnung für das „Régime général de Sécurité sociale" (in % und in F)

Daten		Tarife	Lohnplafonds
Situation am:			
1. Januar 1959	Sozialversicherung	18,5 %	6 600
	davon zu Lasten des Arbeitgebers	12,5 %	
	Familienbeihilfen	14,25 %	
1. Juli 1960		unverändert	7 080
1. Januar 1961	Sozialversicherung	19,5 %	7 200
	davon zu Lasten des Arbeitgebers	13,5 %	
	Familienbeihilfen	unverändert	
1. April 1961		unverändert	8 400
1. Januar 1962	Sozialversicherung	20,25 %	9 600
	davon zu Lasten des Arbeitgebers	14,25 %	
	Familienbeihilfen	13,50 %	
1. Januar 1963		unverändert	10 440
1. Januar 1964		unverändert	11 400

Quelle: Les Comptes de la Nation de l'année 1964 . . ., S. 885.

[174] Les Comptes de la Nation de l'année 1964 . . ., S. 883, Übersetzung der Verfasserin.

nimmt der Staat direkt Teile der anschwellenden Soziallasten durch Schaffung des „Fonds national de Solidarité“ und verschärft zu diesem Zweck die Einkommenbesteuerung. Als ab 1958 Maßnahmen ergriffen werden, diesen direkten Beitrag des Staates zu reduzieren[175], versucht die Sozialversicherung ihren, den Trésor letztlich belastenden, chronisch werdenden Defiziten mit Erhöhungen der Tarife und Anhebungen der der Beitragsberechnung zugrunde liegenden Lohnplafonds zu begegnen.

Das hindert allerdings nicht daran, daß der Staat in den letzten Jahren der Sozialversicherung wiederum immer häufiger mit Subventionen, finanziert aus dem Steueraufkommen, zu Hilfe kommen muß. Diese Subventionen stellen 1964 mit einer Summe von über 3 Mrd. F rund 30% aller Transferzahlungen unter öffentlichen Organisationen dar[176].

d) Überblicken wir die Periode von 1959 bis heute und vergegenwärtigen wir uns zusätzlich den seit Kriegsende verflossenen Zeitabschnitt, so beobachten wir, daß sich im Gesamtsteueraufkommen das Verhältnis von den Einkünften aus direkter Besteuerung zu denjenigen aus indirekter Besteuerung temporär als Folge von Konjunkturschwankungen und Eingriffen des Gesetzgebers mit konjunkturund/oder budgetpolitischer Zielsetzung verschiebt, grundsätzlich aber unwesentlich verändert, während gleichzeitig die am Bruttosozialprodukt gemessene fiskalische und parafiskalische Gesamtlast nahezu stetig ansteigt. „Frankreich hat nicht aufgehört, neue Steuern zu schaffen oder die Tarife der schon vorhandenen zu erhöhen, sei es offen, sei es durch ihre Fixierung bei steigenden Nominaleinkommen ... Im Bereich der öffentlichen Einnahmen war die Politik des ‚régime‘ kaum kraft- und wirkungsvoller als die des ‚système‘[177].“ Beziehen wir dieses Globalurteil einzig auf die konjunkturpolitischen Auswirkungen der öffentlichen Einnahmenpolitik, so können wir drei Gründe zu seiner Rechtfertigung anführen.

Die öffentliche Einnahmenpolitik unter der V. Republik ist zum einen deshalb, so will uns scheinen, kaum kraft- und wirkungsvoll, als die erzielten, überproportionalen Mehreinnahmen voll für zusätzliche Ausgaben eingesetzt werden. Nicht nur besteht 1963 nicht der geringste Spielraum, der ein Auffangen der aus der Aufnahme der Algerienflüchtlinge in Frankreich entstehenden, hohen Gemeinkosten zumindest teilweise hätte ermöglichen können — Ergebnis ist ein

---

175 Vgl. unsere Ausführungen S. 190 ff. und S. 213.

176 Vgl. Les Comptes de la Nation de l'année 1964 . . ., S. 887.

177 P. *Uri*, Flambée soudaine ou hausse continue?, in Le Monde, 18. September 1963, S. 11, Übersetzung der Verfasserin.

Anschwellen des Fehlbetrags der Trésorerie auf über 8 Mrd. F[178], und nur ein erneutes, volles Einsetzen der Steuermehreinnahmen zusammen mit einer Beschneidung des Ausgabenvolumens, d. h. ein rigoroser Abbau der „impasse", kann 1964 eine Kassenkrise verhindern —; von einer antizyklischen Steuerpolitik ist wie in den Vorperioden auch ab 1959 nicht die Rede, obwohl die durch die Reform der Einkommensteuer gewonnene „built-in-stability", d. h. die Automatik der Konjunkturdämpfung auf dem Wege der Beschneidung von Konsum und Investition durch die progressiv steigende Steuerbelastung, das ihre zu einem gleichgewichtigen Wachstum hätte beitragen können.

So muß der fast fatale Prozeß 4—6%iger Geldentwertung pro Jahr im Herbst 1963 wieder einmal aufgehalten werden, jedoch mit solch globalen kredit- und preispolitischen Maßnahmen, daß negative Auswirkungen in einer an die Weltwirtschaft angeschlossenen Volkswirtschaft, die konkurrenzfähig bleiben muß, nicht ausbleiben können. „Anstelle der Beschneidung der globalen Nachfrage wäre es nötiger gewesen, sich den eigentlichen Quellen des Übels zuzuwenden; man sollte nicht einen Holzhammer benutzen zur Zerstörung der kleinen, aber zahlreichen Inflationskeime. Zusammen mit einem leichten Bremsstoß hätten Strukturreformen dem Gewebe der Volkswirtschaft die Inflationsbakterien entziehen müssen[179]." Das störungsfreie Wirtschaftswachstum ist erneut verfehlt.

Die öffentliche Einnahmenpolitik erscheint uns zum andern kaum kraft- und wirkungsvoll, da Umfang und Strukturierung des öffentlichen Mittelentzugs, wie schon so häufig in den Vorperioden, auch ab 1959 inflationäre Keime bergen.

Der schon hohe überproportionale Anstieg der indirekten Steuern, gemessen am Gesamtsteueraufkommen und am Bruttosozialprodukt, wird noch erheblich verstärkt durch die Zunahme der Arbeitgeberbeiträge zur Sozialversicherung. Auswirkungen auf das Preisniveau können nicht ausbleiben.

Komplexer ist das Problem des Beitrags des öffentlichen Mittelentzugs mit Hilfe der direkten Besteuerung zur schleichenden Geldentwertung unter der V. Republik. Grundsätzlich erscheint die private Investitionsquote nicht wesentlich gehemmt[180] durch eine Verschärfung der Gewinnbesteuerung. Dies wird selbstverständlich, wenn wir uns daran erinnern, daß von einer solchen Verschärfung nach

---

178 Vgl. später den Kassenbericht des Trésor für das Jahr 1964.

179 G. *Mathieu*, Le Plan de stabilisation a deux ans, in Le Monde, 29./30. August 1965, S. 5, Übersetzung der Verfasserin.

180 Vgl. Tabelle LXVII, S. 222.

1959 kaum die Rede sein kann. Vergegenwärtigen wir uns hier noch einmal, daß die direkte Steuerlast sich zunehmend auf die Haushalte verlagert. Brauchen wir mit einer Vorwälzung zusätzlicher direkter Steuerlast auf die Preise bei dieser Entwicklung nicht zu rechnen, so um so mehr mit Versuchen einer Rückwälzung seitens der betroffenen Lohn- und Gehaltsempfänger. Dürfen wir uns nun aber der Argumentation anschließen, daß die beschriebene Entwicklung auf eine wachsende Belastung der Empfänger mittlerer und hoher Einkommen, im wesentlichen aus Löhnen und Gehältern, abzielt[181], so können wir organisierte Kampfmaßnahmen zur Anhebung der zu-

Tabelle LXXIV

Die im Mutterland realisierte Gesamtinvestition und ihre Finanzierung (in Mrd. F)

	1959	1960	1961	1962	1963	1964 prov. Berechn.
Gesamtinvestition im Mutterland	50,8	55,2	62,9	70,2	79,1	88,8
davon finanziert durch:						
a. Öffentliche Gelder	12,4	12,5	13,4	15,8	15,9	17,0
in % der Gesamtmasse	24,4 %	22,7 %	21,1 %	22,5 %	20,1 %	19,1 %
b. Eigene Quellen der Spezialinstitute und Versicherungen	3,2	4,6	4,9	6,4	7,9	9,5
in % der Gesamtmasse	6,3 %	8,3 %	7,7 %	9,1 %	10,0 %	10,8 %
c. Kreditmarkt	6,6	6,7	8,4	9,5	10,3	11,8
in % der Gesamtmasse	13,0 %	12,2 %	13,3 %	13,6 %	13,0 %	13,2 %
d. Mittelfristiger Kredit	4,9	6,1	7,9	8,3	8,3	9,7
in % der Gesamtmasse	9,6 %	11,1 %	11,6 %	11,6 %	10,5 %	10,9 %
e. Saldo der übrigen Aufwendungen und Quellen	23,7	25,3	28,9	30,2	36,7	40,8
in % der Gesamtmasse	46,7 %	45,7 %	46,2 %	43,2 %	46,4 %	46,0 %

Quelle: Dixième rapport du Conseil de Direction . . ., S. 817.

[181] Vgl. R. *Roussel,* Les impôts . . ., S. 21.

nehmend durch die progressive Steuer beschnittenen Einkommen als unwahrscheinlich vernachlässigen. Ungleich wahrscheinlicher ist mit solchen Kampfmaßnahmen als Folge der wachsenden Konsumbelastung mit Umsatzsteuern, Verbrauchsteuern, Arbeitgeberbeiträgen zur Sozialversicherung und Lohnsummensteuern zu rechnen. Sie mögen ihren Niederschlag in den Lohnsteigerungen inflationären Charakters der unmittelbaren Vergangenheit gefunden haben.

Doch die steigende Belastung der Haushalte mit direkter progressiver Steuer, und innerhalb dieser der mittleren und hohen Einkommenschichten, hat andere, schwerwiegende, wenn auch nur bedingt konjunkturpolitische Auswirkungen, deren ganze Breite einer Sonderanalyse bedürfte. Begnügen wir uns mit einigen Hinweisen. Ein Blick auf Tabelle LXXIV zeigt uns die Unfähigkeit des lang- und mittelfristigen Kredits, mehr als rund 13%, bzw 11%, zur Finanzierung der Gesamtinvestition beizusteuern, und dies trotz einiger steuerpolitischer Maßnahmen zur Förderung des Kapitalmarktes in der jüngsten Vergangenheit[182]. Bei einer Stabilisierung des Beitrags der Selbstfinanzierung wird die sinkende Beteiligung der öffentlichen Gelder durch den wachsenden Einsatz der mittelfristigen Kredite ausgeglichen.

Drittens erscheint uns die öffentliche Einnahmenpolitik nach 1959 der Kritik ausgesetzt — immer mit Blick auf unsere konjunkturpolitische Fragestellung —, als sie in dem Maße, wie das zusätzliche Aufkommen aus progressiver Belastung der mittleren und hohen Einkommenschichten der Finanzierung zusätzlicher Sozialausgaben dient, eine Einkommensumverteilung großen Stils veranlaßt, die auf eine Favorisierung des Konsums und damit auf eine Verstärkung der inflationären Tendenzen in der Volkswirtschaft hinausläuft.

3. Die Kreditaufnahme durch den Trésor

a) Ihren entscheidenden Beitrag zur Reduzierung der der öffentlichen Finanzgebarung in der Vergangenheit eigenen, geldwertgefährdenden Effekte leisten die Parlamente und Regierungen der V. Republik durch ihre Versuche einer fortlaufenden Verminderung des Fehlbetrags der Trésorerie, welche, 1962 und 1963 noch einmal zum Scheitern verurteilt, 1964 und endlich 1965 den Erfolg einer nahezu vollständigen Beseitigung dieser bei der Beurteilung der konjunkturellen Situation zu Recht oder Unrecht in eine Schlüsselstellung gedrängten Größe aufweisen. Dieses spektakuläre Ergebnis soll allerdings teilweise durch eine Entbudgetisierung von Investitionsdarlehen

---

[182] Vgl. G. *Mathieu*, Le Plan de stabilisation . . ., S. 5.

Tabelle LXXV

Überblick über die Lasten und Ressourcen des Trésor Public (in Mrd. F)

A. Ausführung der Finanzgesetze

	1959 —	1959 +	1960 —	1960 +	1961 —	1961 +
A. Operationen definitiven Charakters	59,74	60,44	62,99	65,58	68,81	70,49
(a. Allgemeines Budget)	(58,43	59,11	60,10	62,32	66,06	67,61)
1. Vorjahresbudget	2,62	1,14	2,43	0,95	2,42	0,60
2. Laufendes Budget	54,84	57,97	56,58	61,37	63,64	67,01
Ausgaben:						
Zivilausgaben (Titel I—VI)	37,87		39,87		45,12	
Militärausgab. (Titel III—V)	14,52		14,70		15,60	
Wiederaufbauentschädigungen (Titel VII)	2,45		2,01		1,74	
Einnahmen:						
Fiskaleinnahmen		49,68		53,75		60,80
Übrige budgetäre Einnahmen		7,08		6,39		4,63
Hilfsfonds		1,21		1,23		1,58
3. Budget des folgenden Jahres	0,97		1,09		1,18	
(b. Konten mit spezieller Zuordnung)	1,31	1,33	2,89	3,26	2,75	2,88)
B. Operationen temporären Charakters	7,55	0,57	7,48	0,74	7,09	1,03
(a. Darlehenskonten)	(6,11	0,57	7,43	0,74	7,00	1,03)
Darlehen des F.D.E.S.	3,97		3,83	0,52	3,45	0,58
Darlehen an die Organismen des H.L.M.	2,14		2,13	0,111	2,23	0,32
Konsolidierung der speziellen Baudarlehen	—		1,42	0,07	1,32	0,08
Übrige konsolidierte Darlehen und Vorschüsse	—		0,05	0,04	—	0,05
(b. Übrige Spezialkonten)	(1,44		0,05	—	0,09	)
Operationen insgesamt	67,29	61,01	70,47	66,32	75,90	71,52
Saldo der Ausführung der Finanzgesetze	6,28		4,15		4,38	

Quellen: siehe zu Tabelle LXXVI.

Tabelle LXXVI

Überblick über die Lasten und Ressourcen des Trésor Public (in Mrd. F)

A. Ausführung der Finanzgesetze

	1962 —	1962 +	1963 —	1963 +	1964 —	1964 +
A. Operationen definitiven Charakters	78,53	78,02	89,89	88,41	94,71	98,51
(a. Allgemeines Budget)	(75,07	74,49	86,65	84,94	91,11	94,59)
1. Vorjahresbudget	3,02	0,75	4,32	0,81	2,92	0,96
2. Laufendes Budget	71,26	73,74	81,31	84,13	87,22	93,63
Ausgaben:						
Zivilausgaben (Titel I—VI)	53,55		63,36		69,10	
Militärausgab. (Titel III—V)	16,31		17,00		17,37	
Wiederaufbauentschädigungen (Titel VII)	1,40		0,95		0,75	
Einnahmen:						
Fiskaleinnahmen		66,83		75,48		86,18
Übrige budgetäre Einnahmen		5,32		6,38		5,81
Hilfsfonds		1,59		1,67		1,64
3. Budget des folgenden Jahres	0,79		1,02		0,97	
(b. Konten mit spezieller Zuordnung)	(3,46	3,53	3,24	3,47	3,60	3,92)
B. Operationen temporären Charakters	6,87	1,29	7,86	1,13	6,72	1,34
(a. Darlehenskonten)	(6,24	1,29	6,92	1,13	6,72	1,26)
Darlehen des F.D.E.S.	3,24	0,88	3,31	0,69	2,98	0,74
Darlehen an die Organismen des H.L.M.	2,30	0,22	2,73	0,28	3,16	0,34
Konsolidierung der speziellen Baudarlehen	0,67	0,10	0,68	0,09	0,14	0,10
Übrige konsolidierte Darlehen und Vorschüsse	0,03	0,09	0,20	0,07	0,44	0,08
(b. Übrige Spezialkonten)	(0,63		0,94			0,08)
Operationen insgesamt	85,40	79,31	97,75	89,54	101,43	99,85
Saldo der Ausführung der Finanzgesetze	6,09		8,21		1,58	

Quellen: La Trésorerie et la Dette publique à fin décembre 1964, in SEF, Nr. 198, Juni 1965, S. 701.

La Trésorerie et la Dette publique à fin juin 1963, in SEF, Nr. 180, Dezember 1963, S. 1527.

des Staates erzielt worden sein, durch eine Maßnahme also, welche wohl die Kontrollmöglichkeiten vermindert, nicht aber den traditionellen Prozeß einer Investitionsfinanzierung durch den Trésor mit ihm kurzfristig zur Verfügung gestellten Geldern ausschaltet[183].

b) Die Finanzierungsquellen des Trésor sind ab 1959 wie in den Vorperioden verschiedenartig und von unterschiedlicher Bedeutung in Abhängigkeit vom Konjunkturablauf und vom Umfang der „impasse“. Wie in den Vorperioden ist die Art der Finanzierung des Fehlbetrags der Trésorerie Ausdruck der eigentümlichen Stellung der öffentlichen Kasse im Kreislauf von Geld und Kredit, wie der Bedeutung der ihr zukommenden Aufgaben. Dennoch akzentuieren sich ab 1959 Entwicklungstendenzen, die sich schon im Verlaufe der Vorperioden abzeichneten und die es lohnen, erneut hervorgehoben zu werden.

Überblicken wir die Kassenberichte des Trésor ab 1945, so können wir beobachten, daß unter seinen Finanzierungsquellen die Auflage mittel- und langfristiger Anleihen zwar in Abständen wiederkehrt, prozentual gesehen jedoch von geringer Bedeutung ist, daß die Beiträge des Bankensystems, insbesondere die direkten Zuschüsse der Bank von Frankreich nur sporadisch Gewicht erhalten, daß grundsätzlich die liquide Ersparnis für die Deckung der „impasse“ des Trésor sorgt. In Anlehnung an F. Bloch-Lainé[184] wollten wir unter dem Begriff: liquide Ersparnis die Sichteinlagen von Privaten und Unternehmen beim Trésor, insbesondere über den Kanal der Postscheckkonten — welche unter den Gegenposten der Geldmenge erscheinen —, die Einlagen der Korrespondenten und die von Privaten und Unternehmen gezeichneten „Bons du Trésor“, die „dette flottante“ zusammenfassen, da durch ihren Einsatz „entweder Teile der Geldmenge selbst variiert werden oder aber Guthaben, die in gewissem Sinne das Vorzimmer dieser Geldmenge darstellen und sich unschwer mit ihr vereinen können“[185]. Wir errechnen für 1945 bis 1959[186] einen 25%igen Anteil der mittel- und langfristigen Anleihen, einen 16%igen Beitrag von Bankenapparat und Zentralbank und eine 57%ige Beteiligung der liquiden Ersparnis. 1959 bis 1964 lassen sich aus den in den Kassenberichten aufgezeichneten Bruttobewegungen die entsprechenden prozentualen Anteile der Finanzierungsmittel nicht ohne weiteres errechnen, doch können wir auch für diesen letzten

---

183 Mangels aufbereiteten und kommentierten, offiziellen statistischen Materials für diese letzten Jahre berufen wir uns auf E. *Devaud*, La rue de Rivoli et l'inflation, in Le Monde, 22. August 1964, S. 14.

184 Vgl. unseren Teil A sowie F. *Bloch-Lainé*, a. a. O., S. 247 f.

185 F. *Bloch-Lainé*, a. a. O., S. 247, Übersetzung der Verfasserin.

186 Vgl. Le Trésor et la Dette publique, in Ministère des Finances, Annuaire . . ., S. 1934 f.

Zeitabschnitt beobachten, daß bei einer Beteiligung der mittel- und langfristigen Anleihen, die nur 1963 und 1964 prozentuales Gewicht erhält, bei sporadischer, in ihrer Konsolidierung jedoch zu vernachlässigender Hilfestellung des Bankenapparates und bei gar negativem Beitrag der Zentralbank der Fehlbetrag der Trésorerie und die Amortisierung der öffentlichen Schuld im wesentlichen von der dem Trésor zur Verfügung gestellten, liquiden Ersparnis finanziert werden.

Tabelle LXXVII

Überblick über die Lasten und Ressourcen des Trésor Public (in Mrd. F)

B. Operationen der Kassenführung

	1959		1960		1961	
	—	+	—	+	—	+
A. Amortisationslasten der öffentlichen Schuld	2,69		3,33		3,09	
B. Anleihen						
1. mittel- und langfristig		1,34		0,89		0,58
2. Bons du Trésor:						
a) im Publikum		2,72		1,44	1,28	
b) bei Banken und Zentralbank		3,23		3,38		3,72
3. Vorschüsse der Banque de France	1,71		1,74			1,46
4. Verschiedene Operationen		0,94		0,25	0,61	
Anleihen insgesamt		6,52		4,22		3,87
C. Operationen der Korrespondenten		4,64		3,39		3,86
D. Geldinstitute der Frankenzone	0,11		0,14			0,02
E. Kassenbewegungen	2,08			0,01	0,28	
Deckung des Saldos der Ausführungen der Finanzgesetze		6,28		4,15		4,38

Quellen: La Trésorerie et la Dette publique à fin juin 1963, in SEF, Nr. 180, Dezember 1963, S. 1528.
La Trésorerie et la Dette publique à fin décembre 1964, in SEF, Nr. 198, Juni 1965, S. 702.

Tabelle LXXVIII

Überblick über die Lasten und Ressourcen des Trésor Public (in Mrd. F)

B. Operationen der Kassenführung

	1962 —	1962 +	1963 —	1963 +	1964 —	1964 +
A. Amortisationslasten der öffentlichen Schuld	4,90		2,72		1,90	
B. Anleihen						
1. mittel- und langfristig		0,37		3,20		1,64
2. Bons du Trésor:						
a) im Publikum		2,39		0,85	2,14	
b) bei Banken und Zentralbank		3,44		2,27		0,67
3. Vorschüsse der Banque de France		0,85		0,10		0,23
4. Verschiedene Operationen	0,05		0,40		0,31	
Anleihen insgesamt		7,00		6,02		0,09
C. Operationen der Korrespondenten		4,36		5,46		3,15
D. Geldinstitute der Frankenzone		0,63	0,18			0,06
E. Kassenbewegungen	1,00		0,37			0,18
Deckung des Saldos der Ausführungen der Finanzgesetze		6,09		8,21		1,58

Quellen: Wie zu Tabelle LXXVII, S. 238.

Das Übergewicht der liquiden Ersparnis — zumindest soweit sie den Teil der Einlagen der Korrespondenten betrifft, der als Sichteinlagen der Privaten und Unternehmen, insbesondere auf Postscheckkonten, in die Gegenposten der Geldmenge eingeht — wird gleichfalls ersichtlich aus den nachfolgenden Tabellen.

Beschränken wir uns vorerst auf die Periode 1959 bis 1964 und konstatieren wir nach Studium von Tabelle LXXIX: Wird der Beitrag des Trésor zur Ausweitung der Geldmenge durch die Inanspruchnahme direkter Vorschüsse der Banque de France nur in einem

Jahre, nämlich 1961 bedeutungsvoll, erreicht der Rückgriff des Trésor auf das Bankensystem nur 1959 und 1960 erwähnenswerte Summen, sinkt grundsätzlich der Anteil der öffentlichen Hand an der Gesamtgeldschöpfung von Jahr zu Jahr unaufhaltsam ab, so weisen die Sichteinlagen von Privaten und Unternehmen alljährlich überproportionale Zuwächse auf.

Tabelle LXXX bestätigt diese Entwicklung über die gesamte von uns analysierte Periode 1945 bis 1964.

Wir dürfen folgern: Über den Trésor wird in der französischen Volkswirtschaft nach Kriegsende ein gewaltiger Prozeß positiver Kredittransformation in Bewegung gesetzt und bis heute aufrechterhalten. Die vor allem langfristige Kreditvergabe seitens des Staates wurde und wird in großem Umfang durch kurzfristige Ersparnis, ja durch Liquidität finanziert. Mit Blick auf unsere Frage nach der Bedeutung der Finanzgebarung der öffentlichen Hand für den Geldwert seit 1945 gewinnen für uns zwei Aspekte dieser Erscheinung an Bedeutung.

c) Der erste, mehr kurzfristige Aspekt war für uns automatisch Untersuchungsgegenstand, sobald wir uns mit der Kreditaufnahme seitens des Trésor beschäftigten. Wir wiesen häufig darauf hin, daß sich nach Kriegsende die Institution Trésor dergestalt ausformt, daß auf der einen Seite der Fluß liquider Ersparnis in ihre Kassen zur Übernahme von Verantwortung für die Investitionstätigkeit der Volkswirtschaft führt, daß jedoch auf der anderen Seite bei stetig wachsender Investitionsanstrengung der öffentlichen Hand das Ausbleiben dieser Liquidität eine Kassenkrise, d. h. quantitative Geldwertbedrohung beinhaltet. Die übrigen Finanzierungsquellen werden in diesem System zu Lückenbüßern degradiert, und der dem Trésor mögliche Rückgriff auf Bankensystem und Zentralbank zur Finanzierung eines eventuellen Restbetrags öffnet jederzeit eine Tür in die Inflation. Die Veränderungen des „Geldes Trésor" können die Entwicklung der Kassenhaltung wie die gesamte Geldsituation ernsthaft gefährden, denn je nach Entwicklung der Konjunktur und der Kreditpolitik kann dieser Anteil der Gesamtgeldmenge die Wirkungen der öffentlichen Finanzgebarung auf die monetäre Situation eindämmen oder ausweiten.

Wir gewannen im Verlaufe unserer Analyse die Überzeugung, daß das Finanzierungssystem der Lasten des Trésor die Inflationsdrohung in sich trägt und daß bei hohem Fehlbetrag es von Jahr zu Jahr lediglich einer Fülle günstiger Umstände zu verdanken ist, auf die wir jeweils eingingen, daß Kassenkrisen mit ihren mehr als wahrscheinlichen Auswirkungen auf den Geldwert während der Periode 1945 bis 1964 relativ selten auftreten.

Tabelle LXXIX

Überblick über die Geld- und Quasigeldmenge und ihre Gegenposten (in Mill. F)

	1959	1960	1961	1962	1963	1964
Geld- und Quasigeldmenge	90 200	104 800	122 330	144 580	164 330	178 030
Vorjahr = 100	112	116	115	118	114	180
davon: Banknoten im Umlauf	48 210	55 340	65 000	79 140	92 210	100 440
Sichteinlagen	34 950	39 320	44 350	50 080	55 780	59 540
A. Kredite an den Trésor	31 310	33 330	34 620	37 550	41 330	41 010
Vorjahr = 100	101	107	104	108	110	99
in % der Geld- und Quasigeldmenge	34,7 %	31,8 %	28,3 %	26,0 %	25,2 %	23,1 %
davon: 1. Forderungen der Banque de France	9 910	7 990	9 430	9 160	9 710	9 940
direkte Vorschüsse	9 140	7 400	8 860	8 670	8 770	9 000
Vorjahr = 100	84	81	120	98	101	103
2. Öffentliche Papiere im Portefeuille	10 980	12 640	10 320	10 570	11 340	8 660
Vorjahr = 100	129	115	82	102	107	76
Banken	9 240	10 980	9 520	10 170	11 010	8 030
Banque de France	1 740	1 660	800	400	230	630
3. Forderungen von Unternehmen und Privaten	10 420	12 700	14 870	17 820	20 380	22 410
Vorjahr = 100	115	122	117	120	114	110
davon auf Postscheckkonten	8 820	10 610	12 470	15 030	17 150	18 770
B. Kredite an die Wirtschaft	53 810	62 040	73 290	87 640	98 340	109 000
Vorjahr = 100	111	115	118	119	112	111
in % der Geld- und Quasigeldmenge	59,7 %	59,2 %	59,9 %	60,6 %	59,8 %	61,2 %
C. Gold und Devisen	7 160	10 480	15 270	20 060	24 220	28 020
Vorjahr = 100		146	146	131	120	115
in % der Geld- und Quasigeldmenge	7,9 %	10,0 %	12,5 %	13,9 %	14,7 %	15,7 %
Diverse	— 2 080	— 1 050	— 850	— 670	440	1 120

Quellen: La monnaie et le crédit, in SEF, Nr. 180, Dezember 1963, S. 1531, sowie La monnaie et le crédit, in SEF, Nr. 204, Dezember 1965, S. 1638.

Tabelle LXXX

Auszug aus dem Überblick über die Geld- und Quasigeldmenge und ihre Gegenposten: Kredite an den Trésor Public (in Mill. F)

Jahr	Guthaben der Banque de France	Öffentliche Papiere im Portefeuille	Guthaben von Unternehmen und Privaten	Guthaben beim Trésor Public insgesamt
1945	4 550	2 690	510	7 750
1946	5 660	3 000	740	9 400
1947	7 200	2 920	1 040	11 160
1948	7 640	3 530	1 660	12 830
1949	7 700	4 200	2 170	14 070
1950	7 100	4 300	2 460	13 860
1951	7 460	5 120	3 120	15 700
1952	8 060	6 250	3 640	17 950
1953	9 390	7 010	4 150	20 550
1954	9 610	7 570	5 040	22 220
1955	8 450	7 850	5 980	22 280
1956	7 890	9 020	7 230	24 140
1957	12 990	9 130	8 010	30 130
1958	13 510	8 510	9 080	31 100
1959	9 910	10 980	10 420	31 310
1960	7 990	12 640	12 700	33 330
1961	9 430	10 320	14 870	34 620
1962	9 160	10 570	17 820	37 550
1963	9 710	11 240	20 380	41 330
1964	9 940	8 660	22 410	41 010

Quellen: La monnaie et le crédit, in SEF, Nr. 180 . . ., S. 1531, sowie in SEF, Nr. 204 . . ., S. 1638, wie schließlich in Ministère des Finances, Annuaire . . ., S. 2019.

Die rigorose Beschneidung des Fehlbetrages der Trésorerie, wie sie ab 1958 versucht wird, vermindert selbstverständlich das Risiko einer Kassenkrise, ohne es jedoch, wie wir wissen, völlig zu bannen.

d) Der zweite, längerfristige Aspekt konkretisiert sich, unter Einbeziehung der kurzfristigen, an die verschiedenen Konjunktursituationen und die Kreditpolitik gebundenen Folgen für den Liquiditätsbedarf des

Trésor, in der auf einer erweiterten Ebene gestellten Frage, ob der dargestellten, positiven Kredittransformation durch das Schatzamt inflationistische oder im Gegenteil konjunkturstabilisierende Wirkungen zuzuschreiben sind.

Zur Beantwortung dieser Frage berufen wir uns auf die grundlegende Studie von J. Marchal[187], welcher nach Aufbereitung des vom „Conseil national du crédit“ gelieferten Materials für die Jahre 1953 bis 1962 den Umfang dieser vom Trésor in Zusammenarbeit[188] mit den Spezialkreditinstituten wie „Crédit National“, „Crédit agricole“, „Caisse de dépôts et consignations“, „Crédit Foncier de France“ vorgenommenen Kredittransformation wie folgt spezifiziert:

— Die Institutionengruppe außerhalb des Bankenapparates ist als Durchgangsstelle für Mittel anzusehen, die der Wirtschaft seitens des Bankensystems zufließen. Diese Mittel erreichen 1953 bis 1962 zwischen 4% und 16% der Gesamteinnahmen der Institutionengruppe; sie finanzieren zwischen 58% und 82% der seitens der Finanzinstitutionen während der gleichen Periode der Wirtschaft gewährten kurz- und mittelfristigen Kredite.

— Die Finanzinstitutionen leiten an den Trésor einen wesentlichen Teil der Beträge, die ihm von der öffentlichen Hand zur Verfügung gestellt wurden. Diese Restitution erfolgt vor allem durch die „Caisse de dépôts et consignations“. Sie ist jedoch nur partiell und variiert 1953 bis 1962 zwischen 45% und 75%*. Die netto berechnete Beihilfe des Staates an die Wirtschaft läßt sich aus diesen Zusammenhängen ablesen.

— Die Finanzinstitutionen außerhalb des Bankenapparates sammeln mittel- und langfristige Kapitalien, um sie langfristigen Verwendungen zuzuführen. Sehen wir von den öffentlichen Fonds ab, so sind diese Quellen nicht bedeutend. Sie decken 1953 bis 1962 zwischen 19% und 24% der vergebenen langfristigen Kredite.

— Schließlich kassiert die Institutionengruppe, insbesondere die „Caisse de dépôts et consignations“, in großem Umfange liquide Mittel, die sie zur mittel- und langfristigen Kreditvergabe an Staat und Privatwirtschaft verwendet. Während der hier statistisch erfaßten Periode wird ein Liquiditätsanteil, der 86% nicht unterschreitet, unkündbaren mittel- und langfristigen Verwendungen zugeführt; es wird ein Anteil der mittel- und langfristigen, unkünd-

187 Vgl. J. *Marchal,* Monnaie . . ., S. 211 ff.

188 Vgl. dazu den Teil A unserer Ausführungen.

* der Gesamtsumme.

baren Verwendungen, der 46% nicht unterschreitet, durch kurzfristige Mittel finanziert.

In Anschluß an diese Beobachtungen stellt auch J. Marchal die Frage[189]: Ist eine derart in Frankreich nach Kriegsende bis heute seitens des Staates und der halbstaatlichen Finanzinstitutionen gestaltete Politik der Investitionsfinanzierung als inflationsfördernd oder aber als konjunkturstabilisierend anzusehen? Ist eine Politik dieser Art annehmbar? Setzt sich das Gesamt der Institutionen außerhalb des Bankenapparates nicht schweren Gefahren aus, wenn es fast die Hälfte seiner mittel- und langfristigen, unkündbaren Placierungen kurzfristig deckt und diese Liquididäten in einem Verhältnis von fast 90% immobilisiert?

Handele es sich um eine Organisation mit mikroökonomischer Aktivität, so führt Marchal aus, so wäre die Antwort ohne Zweifel bejahend. Keine Bank geringerer Bedeutung ließe sich ohne sträflichen Leichtsinn dazu herbei, 90% ihrer Liquidität zu immobilisieren. Doch auf makroökonomischer Basis stelle sich das Problem anders. Die Gefahr bestehe darin, daß die Einleger auf Sparkassen- oder Postscheckkonten, beim Trésor oder bei den „Caisses de crédit agricole", die Eigentümer von kurzfristigen Schatzscheinen eine Auszahlung in Zentralbankgeld verlangten. Berühre die Nachfrage bedeutende Summen, so hätten die fraglichen Organisationen in ihrer Gesamtheit keine andere Möglichkeit, als um Hilfe beim Bankenapparat nachzusuchen.

Nach einem Blick auf die heilsamen Folgen eines solchen Prozesses in einer Situation der Unterbeschäftigung kommt Marchal zur Wirtschaft mit Vollbeschäftigung. In diesem Falle sei nämlich die Ausweitung der wirksamen Nachfrage bei mangelnder Produktionselastizität mit dem Risiko inflationistischer Preissteigerungen verbunden. Um dieser Hausse zu begegnen, sähe sich die öffentliche Hand dann gezwungen, Maßnahmen zur Einschränkung des Konsums oder der Investition zu ergreifen. Doch solche Maßnahmen seien unpopulär und im allgemeinen nicht unmittelbar wirksam.

Marchal fährt fort: „Die Politik eines Rückgriffs auf Liquiditäten zur Investitionsfinanzierung kann gerechtfertigt werden, wenn aus unterschiedlichen Gründen die Bevölkerung eine übermäßige Liquiditätspräferenz aufweist und auf diese Weise die Realisierung einer befriedigenden Wachstums- und Beschäftigungsquote unmöglich macht. Diese Politik, wie jede, die eine hohe Beschäftigungsquote erzielen will, trägt ein Inflationsrisiko in sich; sie bedarf einer sorgfältigen Überwachung durch den Staat. Wir sind der Ansicht, daß nach Beendigung des letzten

---

189 Vgl. J. *Marchal*, Monnaie . . ., S. 218 ff.

Krieges vielfältige, unzulänglich analysierte Gründe auftraten, die die französische Bevölkerung zur kurzfristigen Anlage in einem Übermaß veranlaßten. In der Folgezeit gesellten sich als Ergebnis des sich erhöhenden Lebensstandards neue soziale Schichten den Sparern hinzu, die kaum mit dem Gedanken einer langfristigen Placierung vertraut waren und es um so mehr vorzogen, ihre Ersparnisse den Sparkassen oder dem Trésor anzuvertrauen, als annehmbare Zinssätze lockten[190]." Andererseits verschöben sich die Konsumbedürfnisse zugunsten des Ankaufs dauerhafter Verbrauchsgüter: Wohnungen, Automobile, Haushaltsgeräte. Solche Güter seien relativ kostspielig. Ihr Ankauf setze die Ansammlung genügender Liquidität seitens der eventuellen Käufer voraus, um den Preis oder bei Teilzahlungskauf die erste hohe Rate zu entrichten. Schließlich sei es möglich, daß das Inflationsklima, das mit einigen Unterbrechungen die französische Wirtschaft seit Ende des ersten Weltkrieges kennzeichne, viele Sparer von langfristigen Placierungen abhielte, die bei Berücksichtigung der Geldentwertung oft negative Realzinsen aufwiesen. Und Marchal beendet: „Unter diesen Umständen kann das Ingangsetzen eines Mechanismus, der trotz allem gewissermaßen gewaltsam einen Teil der liquiden Ersparnis langfristiger Verwendung zuführt, seine Rechtfertigung finden[191]."

Doch es bleibt ein Zweifel, mit Blick auf die Vergangenheit und mit Rücksicht auf die Zukunft. Eine solche Politik bedarf, wie wir hörten, einer sorgfältigen Überwachung. Die Institutionen Trésor Public und Banque de France machen sie theoretisch möglich. Doch sind die Interessen der öffentlichen Kasse und Bank und die der Zentralbank in jeder Konjunktursituation gleichgerichtet, ist eine abgestimmte Politik dieser Institutionen der öffentlichen Gewalt in Hinblick auf den erweiterten Aufgabenkreis des Trésor möglich, war sie in der Vergangenheit gegeben? Der Liquiditätsbedarf des Trésor ist u. U., wie wir sahen, dann besonders hoch, wenn die Zentralbankpolitik auf eine Verknappung der Liquidität abzielt. Die Beseitigung des Dilemmas durch konsequente Anpassung der Budgetpolitik an die von der Konjunktursituation geforderten Maßnahmen der Zentralbank gelingt der Regierung selten so, wie z. B. 1959. In den vorgelagerten Perioden wurde der Trésor häufig zum Mitläufer in der Jagd nach Liquidität und damit zum Gegenspieler der Banque de France, um 1957 dann seinerseits die Verantwortung für das Ingangsetzen des Inflationsprozesses fast allein übernehmen zu müssen.

In der unmittelbaren Vergangenheit und für die Zukunft sind diese Inflationsgefahren keineswegs ausgeschlossen. Frankreich bleibt ein

---

[190] J. *Marchal,* Monnaie . . ., S. 220, Übersetzung der Verfasserin.

[191] Dgl., S. 221, Übersetzung der Verfasserin.

Land, in dem kurzfristig gespart und langfristig investiert wird. Bemühungen in den allerletzten Jahren um eine Änderung dieses Zustandes durch Favorisierung des Kapitalmarktes über Steuererleichterungen gezielter Art sind bis heute ohne Erfolg geblieben. Doch akzeptiert, mit den Worten von J. Marchal, jede Politik, die auf einen hohen Beschäftigungsgrad abzielt, notwendig das eine oder andere Inflationsrisiko, und so auch Frankreich nach 1945.

Schluß

Zusammenfassung und Beurteilung

Am Ende unserer Analyse des 1959 beginnenden Zeitabschnittes, der gleichzeitig das Ende einer Periodenkette darstellt, beschleicht uns Resignation.

Ist es uns grundsätzlich gelungen, die Vorstellung von einer Neutralität der Finanzgebarung der öffentlichen Hand im Konjunkturablauf für die gesamte, von 1945 bis 1964 reichende Periode ad absurdum zu führen, erweist sich vielmehr diese Finanzgebarung als wesentlicher, gelegentlich ausschlaggebender Faktor für den Geldentwertungsprozeß auf der einen Seite, für Versuche zu seiner Eindämmung auf der anderen, so fällt es uns nicht leicht, inflationsfördernde Effekte der öffentlichen Einnahmen- und Ausgabengebarung ohne weiteres und einzig auf grobe Vernachlässigungen des konjunkturpolitischen Aspektes bei ihrer Gestaltung zurückzuführen.

Selbstverständlich mußten Vernachlässigungen, insbesondere in Hinblick auf die chronische politische Instabilität vor 1958, von uns berücksichtigt werden, doch wir erkannten, daß grundsätzlich als vorrangig angesehene, zumeist wachstums- und sozialpolitische Zielsetzungen den Weg zu einer geldwertbewußten öffentlichen Finanzpolitik erschweren — wie hervorragend während der Zeitabschnitte 1945 bis 1948 und 1959 bis heute zu beobachten —, während periodisch militärische Unternehmungen zusätzliche Hindernisse aufbauen — wie während der politisch so bewegten Zeitabschnitte zwischen 1949 und 1958.

Unsere Resignation mündet in der Frage: Wie müßte denn eigentlich die öffentliche Finanzgebarung gestaltet sein, sollten bei Berücksichtigung anderer Zielsetzungen als derjenigen der Geldwertstabilität die Klippen der Inflation vermieden werden, ganz abgesehen davon, daß von dieser Finanzgebarung auch die Bildung eines Gegengewichts gegen die übrigen inflationären Tendenzen der Volkswirtschaft gefordert werden könnte. Die Beantwortung dieser Frage bleibt uns erspart.

Summary

In the first part, the author places her empirical research within an institutional, historical and theoretical frame-work. A representation of the French „Trésor Public“ and its relations to the money and credit system is followed by the description of the economic trends in France from 1945 up to the present, divided into five relative periods, as well as by a theoretical basis for the possible significance of the public income and expenditure policy on the value of money.

In the second part, which deals with the empirical analysis, the author, using numerous statistical data, seeks to verify the supposed causality between the public income and expenditure policy as well as the credit-taking by the „Trésor Public“, and the fluctuations in the value of money observed during this period.

The author comes to conclusions for the five relative periods, by means of a valuation of the importance of the various factors having their origin within the public financial policy, which have a bearing upon the fluctuations in the value of money, and by taking into consideration other factors that are likewise accountable for these fluctuations. Postulating a valid conclusion for the whole period from 1945 up to the present, to the effect of a decisive or even a preponderant significance of the public financial policy on the development of the value of money, is however not possible.

Resumé

Dans la première partie l'auteur trace le cadre institutionnel, historique et théorique dans lequel il a procédé à son analyse empirique. A la description de l'institution du Trésor Public et de ses relations avec le système de la monnaie et du crédit fait suite celle de l'évolution de la conjoncture en France de 1945 à nos jours et l'exposé théorique de l'importance possible pour la monnaie des dépenses et des recettes publiques.

Dans la deuxième partie consacrée à l'analyse empirique, l'auteur tente à l'aide d'un matériel statistique très important de vérifier les relations de cause à effet supposées entre dépenses et recettes publiques et ainsi que la demande de crédit du Trésor Public d'une part et les variations de la valeur de la monnaie constatées dans la période envisagée d'autre part.

Pour les cinq sous-périodes l'auteur dégage un certain nombre de conclusions en tenant compte de l'importance des différents facteurs de la politique financière publique qui provoquent les variations de la valeur de la monnaie et d'autres facteurs également responsables de ces variations. Pour toute la période de 1945 à nos jours on ne saurait cependant pas en conclure le rôle décisif ou même prépondérant de la politique financière publique sur le développement de la valeur de la monnaie en France.

Literaturverzeichnis

a) Bücher

R. *Aron,* Immuable et changeante de la IVème à la Vème République, Paris, Calman-Lévy, 1959.

P. *Aymard,* La Banque et l'Etat, Paris, 1960.

A. *Barrère,* Politique financière, Paris, Dalloz, 1959.

W. *Baumgartner,* Le franc, mythe et réalité, Paris, 1953.

W. B. *Bing,* Wirtschaft und Währung Frankreichs im Spiegel der Jahresberichte der Banque de France, Frankfurt 1956.

F. *Bloch-Lainé* et P. *de Vogüé,* Le Trésor Public et le mouvement général des Fonds, Paris, PUF, 1960.

P. *Caubue,* La masse monétaire, Paris, Ed. de l'épargne, 1960.

P. *Dieterlen,* Quelques renseignements de l'évolution monétaire récente 1948—1952, Paris, Colin, 1954.

Divisia, Dupin et *Roi,* A la recherche du franc perdu, 2 vol., Paris, Ed. Homme et Mondes, 1954—1955.

J. *Fauvet,* Von de Gaulle bis de Gaulle, Frankreichs Vierte Republik, Tübingen 1961.

H. *Haller,* Finanzpolitik, Tübingen—Zürich 1957.

J. M. *Jeanneney,* Forces et faiblesses de l'économie française 1945—1959, Paris, Colin, 1959.

H. *Laufenburger,* Budget et Trésor, Paris, Sirey, 1948.

L. *Laurat* et M. *Pommera,* Le drame économique et monétaire français depuis la libération, Paris, 1953.

J. *Marchal,* Rendements fiscaux et conjonctures, Paris, Médicis, 1942.

— Monnaie et crédit, Paris, Cujas, 1964.

— Economie Politique, Licence 2e année, Policopié, La Cité du Droit, Paris, 1964—1965.

J. G. *Mérigot* et P. *Coulbois,* Le franc (1938—1950), Paris, 1950.

R. A. *Musgrave,* The theory of Public Finance, New York—Toronto—London 1959.

Nogaro, Problèmes contemporains de finances publiques, Paris, 1940.

Passet, Les subventions économiques et la lutte contre l'inflation, Paris, 1956.

L. *Reboud,* Systèmes fiscaux et Marché commun, Paris, Sirey, 1961.

H. C. *Recktenwald,* Steuerinzidenzlehre, Grundlagen und Probleme, Berlin 1958.

R. *Sedillot,* Le franc: Histoire d'une monnaie des origines à nos jours, Paris, Sirey, 1953.

— ABC de l'inflation, Paris, 1958.

— Du franc Bonaparte au franc de Gaulle, Paris, Calman-Lévy, 1959.

G. *Schmölders,* Allgemeine Steuerlehre, Berlin 1958.

R. *Schneider,* Die französische Geld- und Kreditpolitik 1945—1955, Dissertation, Freiburg (Breisgau) 1960.

F. *Terhalle,* Die Finanzwirtschaft des Staates und der Gemeinden, Berlin 1948.

G. C. *de Verdière,* Conjoncture et monnaie, Paris, Sirey, 1960.

K. F. *Wolff,* Die Leitungsorgane der Bankwirtschaft in Frankreich, Dissertation, Tübingen 1962.

b) Aufsätze

A. *Barrère,* Le Trésor et le Budget, Rapport général au Congrès de Barcelone de l'Institut International des Finances Publiques, Madrid—Bruxelles 1960.

P. *Bauchet,* Les investissements de la Ve République, in Revue Economique, September 1959.

E. *Devaud,* La rue de Rivoli et l'inflation, in Le Monde, 22. August 1964.

W. *Ehrlicher,* Geldwert und öffentlicher Haushalt, in Schriftenreihe der Friedrich-Naumann-Stiftung zur Politik und Zeitgeschichte Nr. 4, Stuttgart.

C. *Föhl,* Kritik der progressiven Einkommensbesteuerung, in Finanzarchiv, N. F., Bd. 14.

H. *Guitton,* Finances et cycles, in Public Finance, Nr. 1, 1954.

T. *Haavelmo,* Multiplier Effects of an Balanced Budget, in Econometrica, Bd. 13, 1945.

J. *Le Bourva,* La théorie de l'inflation, le rapport des experts et l'opération de décembre 1958, in Revue Economique, September 1959.

— Discussions sur la gestion de la Trésorerie Publique au Congrès de Barcelone de l'Institut International de Finances Publiques, Madrid—Bruxelles, 1960.

J. *Marchal,* L'incidence des impôts cédulaires sur le revenu, in Openbare Financien, 1949.

R. *Martinot,* Investissements publics et inflation, in Revue de Sciences financières, 1960.

G. *Mathieu,* Le Plan de stabilisation a deux ans, in Le Monde, 29./30. August 1965.

F. *Neumark,* Problèmes de progressivité dans une fiscalité rationelle, in Revue de Science et de Législation financières, Nr. 3, 1950.

A. *Page*, Subventions et inflations, in Revue Economique, 1952.

R. *Roussel*, Les impôts, hier et demain, in Le Monde, 13. Oktober 1966.

Tabatoni, La rationalité économique des choix financiers, in Economie Appliquée, 1955.

P. *Uri*, La querelle des subventions, in Réalités, April 1951.

— Flambée soudaine ou hausse continue? in Le Monde, 18. September 1963.

M. *Wiebel*, Das französische Wirtschaftswunder, in Frankfurter Allgemeine Zeitung, 22. April 1961.

c) Publikationen ohne Angabe des Autors

Abkürzung: SEF für Statistiques et Etudes financières

Les Comptes de la Nation 1949—1955, in SEF, Nr. 85, Januar 1956.

Les Comptes de la Nation 1949—1959, in SEF, Nr. 140, August 1960.

Les Comptes de la Nation 1954—1957, in SEF, Nr. 113, Mai 1958.

Les Comptes de la Nation de l'année 1958, in SEF, Nr. 130, Oktober 1959.

Les Comptes de la Nation de l'année 1960, in SEF, Nr. 151, Juli 1961.

Les Comptes de la Nation de l'année 1961, in SEF, Nr. 163—164, Juli—August 1962.

Les Comptes de la Nation de l'année 1964, in SEF, Nr. 199—200, Juli—August 1965.

Rapport sur les Comptes Provisoires de la Nation de 1953 et le Budget économique de 1954, Paris, Imprimerie Nationale, 1954.

Cinquième rapport de la Commission des investissements, in SEF, Suppl. Finances françaises Nr. 17, 1953.

Septième rapport . . ., in SEF, Suppl. Nr. 74, Februar 1955.

Premier rapport du Conseil de Direction du Fonds de développement économique et social, in SEF, Suppl. Nr. 89, Mai 1956.

Troisième rapport . . ., in SEF, Suppl. Nr. 110, Februar 1958.

Cinquième rapport . . ., in SEF, Suppl. Nr. 132, Dezember 1959.

Sixième rapport . . ., in SEF, Suppl. Nr. 147, März 1961.

Huitième rapport . . ., in SEF, Suppl. Nr. 174, Juni 1963.

Neuvième rapport . . ., in SEF, Suppl. Nr. 190, Oktober 1964.

Dixième rapport . . ., in SEF, Suppl. Nr. 198, Juni 1965.

Les Comptes de la Nation de l'année 1963, in SEF, Nr. 187—188, Juli—August 1964.

Conjoncture économique, Rapports présentés au nom du Conseil économique et social par MM. J. Dumontier et A. Malterre, in Journal Officiel.

Finanzbericht, Nr. 12, herausgegeben vom Bundesministerium der Finanzen, Bonn, April 1959.

Les investissements publics en France et à l'Etranger: France, in SEF, 2e année, 1950.

Ministère des Finances, Annuaire de Statistiques financières 1930—1959, in SEF, Suppl. Nr. 144, Dezember 1960.

— Les Budgets annexes.

— La Caisse autonome de la Reconstruction.

— Le Commerce extérieur.

— La monnaie et le crédit.

— Les principaux indices économiques.

— Les recettes budgétaires de l'Etat.

— Les dépenses budgétaires de l'Etat.

— Les recettes des Départements et Communes.

— La Sécurité Sociale.

— Le Trésor et la dette publique.

Quatrième Plan de développement économique et social (1962—1965), in Cahiers annexés au Journal Officiel, 7. August 1962.

Rapport sur la situation financière, auch Rueff-Rapport, Ministère des Finances, in SEF, Suppl. Nr. 121, Januar 1959.

Statistiques et documents pour la mise à jour de l'Inventaire de la situation financière, auch Inventaire Schuman, in SEF, Suppl. Statistiques 1949.

Sachregister